Protection de l'enfance
et familles étrangères

Un rapport socio-politique institutionnalisé

Logiques sociales
Collection dirigée par Bruno Péquignot

En réunissant des chercheurs, des praticiens et des essayistes, même si la dominante reste universitaire, la collection « Logiques Sociales » entend favoriser les liens entre la recherche non finalisée et l'action sociale.

En laissant toute liberté théorique aux auteurs, elle cherche à promouvoir les recherches qui partent d'un terrain, d'une enquête ou d'une expérience qui augmentent la connaissance empirique des phénomènes sociaux ou qui proposent une innovation méthodologique ou théorique, voire une réévaluation de méthodes ou de systèmes conceptuels classiques.

Dernières parutions

Paul NICOLAS, *La fabrique d'une communauté transnationale, les Jummas entre France et Bangladesh*, 2018.
Claire TAILLANDIER, Philippe CIBOIS, *Adieu à l'Église. Sociohistoire d'un départ*, 2018.
Véronique MATEMNAGO TONLE, *Conflits, coutume et deuil en Afrique subsaharienne, Négociations, transactions sociales et compromis parmi les Bamiléké de l'Ouest Cameroun*, 2018.
Clio CHAVENEAU, *Les internationaux en Palestine, Portrait d'une migration singulière*, 2018.
Sita DIALLO, *La grève des 68 travailleurs sans-papiers de Creil, L'histoire d'un nouveau mouvement social, (12 octobre 2009 - 7 juillet 2013)*, 2018.
Jean CAUNE, *Formes artistiques et pratiques culturelles, Enjeux théoriques et politiques*, 2018.
Roland GUILLON, *Réflexion sociologique sur le macronisme*, 2018.
Paul NICOLAS, *La fabrique d'une minorité, Les Jummas au Bangladesh*, 2018.
Mara TOGNETTI BORDOGNA, *Femmes de la migration, Pour une sociologie dynamique des populations*, 2017.
Léa MESTDAGH, *Jardiner entre soi*, 2017.
Tanguy DESCAMPS, Louis DRUET, *Techno et politique. Etude sur le renouveau d'une scène engagée*, 2017.
Michel BONNET, *Des manières d'exister et de se déplacer. Les rythmes de vie des citadins*, 2017.
Marjorie LELUBRE, *Le prix de l'insertion, Accompagner vers le logement comme solution au sans-abrisme ?*, 2017.
Didier CORNUEL, *Marché du logement et aides publiques*, 2017.
Christophe GUIBERT et Benjamin TAUNAY (dir.), *Tourisme et sciences sociales, Postures de recherches, ancrages disciplinaires et épistémologiques*, 2017.
Sandrine GAYMARD et Teodor TIPLICA (dir.), *Sécurité routière : états des lieux et initiatives dans le monde*, 2017.
Dorina COSTE, *Une école de management à l'épreuve des cours d'art*, 2017.
Nicolas BOURGOIN, *Surveiller et punir. L'ère de la pénalité prédictive*, 2017.
Florence DOUGUET et Thierry FILLAUT, *Grossesse et alcool. Représentations et appropriations d'une priorité de santé*, 2017.

Lionel CLARIANA

Protection de l'enfance et familles étrangères

Un rapport socio-politique institutionnalisé

© L'Harmattan, 2018
5-7, rue de l'Ecole-Polytechnique, 75005 Paris

www.editions-harmattan.fr

ISBN : 978-2-343-14406-1
EAN : 9782343144061

À mon père,

À Séverine, Yan et Margaux

Introduction

Traiter le rapport entre le dispositif institutionnalisé de protection de l'enfance et une population singularisée à partir de son statut – l'étranger –, c'est postuler l'existence d'une relation particulière et parfois paradoxale entre un système d'aide et de soutien à vocation universaliste et des individus catégorisés en fonction de leur origine et de leur situation administrative. Car pour les étrangers plus que pour les nationaux, la légalité de l'action publique se confronte régulièrement à la légitimité acquise dans la proximité des interactions. Et quand l'extranéité se double d'une précarité conjoncturelle (absence d'emploi) ou structurelle (absence de statut), les pouvoirs publics ont tendance à privilégier l'intérêt social, économique et politique de la satisfaction du besoin plutôt que l'universalité des pratiques. L'ensemble de ce processus d'appréhension différencié des problématiques sociales en fonction de l'origine conduit alors à une définition éducative singulière de la notion de risque de danger pour un mineur et à des constructions de stratégies institutionnelles et de pratiques professionnelles particulières pour le traiter.

Principalement depuis le début des années 1980, en même temps que les banlieues focalisent l'origine du sentiment d'insécurité sur les immigrés postcoloniaux et leur descendance, la crise économique et sa gestion libérale introduisent des principes conditionnels et méritocratiques dans les mécanismes d'attribution de l'aide sociale et éducative. La recherche de l'accord et de la demande sous-tend une collaboration active que toutes les familles ne sont pas en mesure d'offrir. La lutte contre la pauvreté et la précarité laisse progressivement place à une appréciation singularisée des comportements sociaux qui rend l'individu, et non plus le système censé le soutenir, responsable de sa difficulté et des termes de son traitement. De son côté, en rapprochant l'élu du citoyen et en confiant la mise en œuvre des politiques de protection de l'enfance aux départements et de prévention de la délinquance aux communes, la décentralisation a positionné les exécutifs politiques locaux au plus près des préoccupations des administrés. Mais ce rapprochement, moteur d'une adaptation dans la proximité des dispositifs aux réalités des problématiques, exacerbe à son tour l'impact de l'opinion publique sur la conception locale des politiques sociales en direction de populations marquées négativement.

Alors que pendant toute la deuxième moitié du XXe siècle le dispositif de protection de l'enfance tente de s'émanciper du traitement de l'enfant dangereux, les années 2000 voient resurgir les velléités de contrôle et de régulation d'une jeunesse dangereuse pour l'ordre social et public dont la cause se trouverait dans une défaillance parentale. Particulièrement cantonnés aux quartiers dits « sensibles », ces jeunes sont les membres visibles des espaces de relégation où se confondent précarité sociale et proportions élevées d'immigrés. Dans un contexte de durcissement législatif des conditions d'entrée et de séjour, la légitimité de l'étranger à être et à rester sur le territoire national est fonction d'une équation « simple » : le profit économique qu'il génère doit être supérieur au coût social de son maintien. Cette logique de rentabilité socio-économique contribue à stigmatiser la très majoritaire « immigration subie » – familiale – pour tenter de la supplanter par une « immigration choisie » – de travail[1]. Le procédé colle à la famille étrangère une étiquette négative qui se renforce lorsque les adultes sont éloignés du monde du travail, et vient à son tour légitimer de la part des pouvoirs publics une action de normalisation des comportements.

Depuis les émeutes de 2005 et la volonté de Philippe Bas, alors ministre délégué à Famille, de doter la protection de l'enfance d'outils éducatifs coercitifs[2], la tentation est grande de faire de l'action sociale un moyen de lutte à la fois contre les formes de marginalisation auxquelles sont particulièrement exposées les familles étrangères, et de régulation des déviances et des incivilités des précaires. En filigrane émerge la question de la capacité de la famille étrangère à intégrer un contrat social national aux relents parfois identitaires. Traversés par ces débats sociétaux, les services départementaux d'aide sociale à l'enfance sont tentés d'inclure dans leur action le souci du

---

[1] WHITOL DE WENDEN Catherine, L'immigration, Paris, Éditions Eyrolles, 2017.
[2] Intégrant le discours sécuritaire, Philippe Bas dira pendant les émeutes de 2005 : « aggraver la situation d'une famille qui est déjà en lourde difficulté n'est pas une solution. Mais en revanche, il y a aussi des cas où l'on abuse des prestations familiales sans pour autant exercer la fonction parentale, qui est la mission des parents à l'égard de leurs enfants » [Le Monde, 14 novembre 2005]. Les propos du ministre font écho à l'évocation quelques jours avant d'un projet de loi prévoyant la suspension des prestations familiales pour les parents dont les enfants sont en situation de déviance ou de délinquance. La mesure vise particulièrement la population des quartiers classés en Zone urbaine sensible peuplés d'une forte proportion d'immigrés. Ces propos seront suivis quelques mois plus tard par la promulgation de la loi dite de Cohésion sociale et la création du Contrat de responsabilité parentale dans lequel, contrairement à son affichage, le volet coercitif devient une fin éducative. Philippe Bas est à l'origine de la loi du 5 mars 2007 réformant la protection de l'enfance.

bien-faire parental en même temps que celui du *bien-faire* société. C'est portée par cette logique que la présence des représentants des collectivités départementales n'a de cesse d'être recherchée dans les dispositifs interinstitutionnels de régulation des comportements sociaux et de prévention de la délinquance (Conseils des droits et devoirs des familles, Cellules de citoyenneté et de tranquillité publique, Groupements locaux de prévention de la délinquance, Conseils communaux ou intercommunaux de prévention de la délinquance et de la radicalisation, etc.). La vocation émancipatrice du dispositif de protection laisse alors place à la primauté de la normalisation des conduites éducatives. Dans un monde dominé par le référentiel sécurité et une inflation législative coercitive et répressive, le transfert de la responsabilité factuelle du jeune vers les membres de la sphère familiale renvoie les comportements parentaux déficients à une altération volontaire du processus d'intégration. Inclure dans le travail social la dynamique « sécurité » porteuse dans l'opinion publique conduit à dévaloriser l'aide et l'accompagnement pour lui préférer le dépistage et le contrôle, dans tous les cas la correction des trajectoires. On assiste alors à la légitimation de l'immixtion des pouvoirs publics dans la sphère privée à partir d'une conception hétéronormée du risque de danger et de son traitement à la fois pour l'individu et l'ordre social.

Ces dispositions normatives ont obligatoirement un impact sur les systèmes de représentation des professionnels et la conception formelle des aides socio-éducatives individuelles. En basculant en 2007 de la maltraitance au risque de danger et au danger[3], le dispositif de protection de l'enfance change de paradigme. Il ne s'agit plus seulement de traiter la situation de danger pour un mineur dans sa famille, mais de fournir une appréciation du risque que les comportements parentaux pourraient faire courir dans l'évolution de l'enfant. Ce n'est plus le fait qui guide l'action des services socio-éducatifs, mais les systèmes de représentation qui accompagnent les évaluateurs dans la lecture des pratiques éducatives. Mais sans réelle grille de référence de ce qui fait risque, les pouvoirs publics sont alors tentés de mettre en correspondance le traitement d'une situation à risque pour l'individu et la préservation d'un certain ordre social et public. Particulièrement exposées aux représentations et stéréotypes, les familles étrangères voient plus que les autres

---

[3] Loi n°2007-493 réformant la protection de l'enfance.

l'évaluation de leurs comportements éducatifs fluctuer en fonction de l'appréciation des professionnels de l'enfance et de l'influence du politique et des cadres institutionnels sur les pratiques.

C'est ainsi qu'au regard de l'accès aux droits et aux dispositifs de droit commun, l'unité que confère à l'étranger sa définition juridique[4] ne peut seule suffire à qualifier la complexité des rapports qu'il entretient avec les institutions sociales et éducatives. Car au-delà de l'extranéité, il apparaît que le statut administratif est un facteur déterminant de la qualité du lien avec les services socio-éducatifs. L'entrée dans le dispositif d'aide et de soutien étant généralement sociale, le lien avec les familles étrangères se constitue donc à partir des possibilités d'accès au marché du travail, à un logement, aux prestations familiales, aux minima sociaux, etc. En privilégiant la focale de l'accès aux droits, deux grandes catégories statutaires d'étrangers émergent : les *réguliers* – les étrangers qui bénéficient d'une autorisation de séjour par statut ou par titre[5] – et les *non-réguliers*[6] – le plus souvent dénommés à partir de leur manque : les sans-papiers, les clandestins, etc. Mais ce découpage binaire ne suffit pas à traduire la complexité des rapports qu'entretiennent les familles étrangères avec les services sociaux. En effet, force est de constater dans les pratiques que ces deux grandes catégories se déclinent à leur tour en deux sous-catégories : d'un côté le *régulier inclus* qui bénéficie de l'intégralité des droits du national à l'exception de ceux politiques sinon partiellement (participation possible aux scrutins locaux et européens), et le *régulier admis* qui n'a qu'un accès partiel aux dispositifs de droit commun (droit aux minima sociaux après le cinquième renouvellement du titre de séjour, etc.) ; de l'autre côté, le *non-régulier admis* qui bénéficie de droits sociaux très partiels dont celui de rester sur le territoire national (mineurs étrangers, bénéficiaire d'un récépissé de dépôt de dossier de demande de régularisation, etc.) et le *non-régulier exclu* de la très grande majorité

---

[4] Dans son article L111-1, le Code d'entrée et de séjour des étrangers et des demandeurs d'asile définit les étrangers comme les « personnes qui n'ont pas la nationalité française, soit qu'elles aient une nationalité étrangère, soit qu'elles n'aient aucune nationalité ».

[5] Étrangers de l'espace Schengen ou détenteurs d'une carte de séjour temporaire (CST), de résident, etc.

[6] L'appellation *non-régulier*, à notre avis moins stigmatisante, fait référence au pouvoir discrétionnaire préfectoral et son potentiel constant de régularisation quelle que soit l'origine de l'étranger.

des droits sociaux à l'exception globale de la santé (Aide médicale État) et de la protection de l'enfance.

Du fait de cette diversité des profils, en même temps que le travailleur social compose avec les représentations qui accompagnent chacune de ces catégories, il doit prendre en compte dans son suivi les possibilités ouvertes par le statut et l'agrégation potentielle d'une ou plusieurs catégories et sous-catégories au sein d'une même sphère familiale. Car derrière l'unité que véhicule le discours politique sur l'étranger et la famille se cache une multiplicité de configurations qui ne cesse de modifier les termes de l'action sociale et éducative. Loin d'être figées, nombreuses sont les interventions sociales et éducatives qui doivent s'adapter à un père qui bénéficie d'une carte de résident de dix ans (*régulier inclus*), à sa femme entrée en dehors des règles du regroupement familial (*non-régulier exclu*) et exposée à une Obligation à quitter le territoire national (OQTF), et à une fratrie dont un enfant est né à l'étranger qui pourra au mieux à sa majorité prétendre à un titre de séjour, et l'autre, né en France, à la nationalité française. Contrairement au Français dont l'accès au dispositif d'aide sociale est de droit, la diversité des profils statutaires de l'étranger ouvre des perspectives qui varient au gré des configurations et dans le temps. Car pour paraphraser Robert Castel, les étrangers ne sont donc pas des valides seulement invalidés par la conjoncture, mais des valides structurellement invalidés par le système politique, juridique, économique et social.

Cet ouvrage portant sur les mécanismes de constitution d'un rapport institutionnalisé des services de protection de l'enfance aux familles étrangères est le résultat d'une recherche sociologique réalisée entre 2011 et 2015 réactualisée en 2016. L'enquête a porté sur la population des quartiers anciennement « Zone urbaine sensible » (ZUS) et aujourd'hui Quartier prioritaire de la politique de la ville (QPV) du Petit-Bard – La Pergola à Montpellier et du Faubourg – Centre-ville à Béziers (Hérault). Elle s'appuie d'une part sur la réalisation de 19 entretiens ethnographiques auprès des habitants des QPV, des professionnels de l'enfance, de la protection et des associatifs venant en aide aux étrangers sur les secteurs, d'autre part sur une observation participante au sein de deux groupes institutionnels départementaux traitant de l'aide éducative à domicile, et enfin sur une immersion de près de deux ans dans un « Collectif de parents sans-papiers » à Béziers[7].

Notre réflexion se scinde en deux grandes parties.

À partir d'une analyse des politiques publiques, la première partie ambitionne de montrer les ressorts de la construction juridico-politique de la notion de risque de danger pour un mineur dans sa famille et les mécanismes de son appréhension au quotidien par les professionnels de l'enfance. En délaissant partiellement l'approche des problématiques éducatives par la maltraitance pour lui préférer celle par le risque, en dehors du fait qu'il produit un abaissement des critères de légitimation de l'intervention au sein des familles, le processus tend à s'appuyer sur des référentiels fluctuants sensibles aux évolutions sociétales et aux considérations personnelles des travailleurs sociaux chargés de déterminer les situations « à risque ». Comme le montre l'étude des évaluations des informations préoccupantes dans les deux quartiers « sensibles » des principales villes héraultaises, la dimension du risque prend une forme particulière lorsque l'évaluation touche des populations « culturellement » marquées d'une étiquette négative (les « Roms », les « Gitans », les « musulmans », etc.) dont la sensibilité éprouve régulièrement l'opinion. La manière d'être et de faire de l'étranger statutaire, catégorisé à partir d'une origine réelle ou supposée et/ou de critères phénotypiques particuliers, est sans cesse renvoyée à des « prêts-à-penser » comportementaux qui induisent des accompagnements et des interrelations singuliers.

Dans la deuxième partie, en s'appuyant sur le vécu des acteurs des quartiers de Petit-Bard – La Pergola à Montpellier et du Faubourg – Centre-ville à Béziers, seront abordés les enjeux sociaux et éducatifs de l'institutionnalisation de l'action publique en direction des familles étrangères. À partir de l'insécurité systémique que provoque le droit au séjour, nous verrons d'abord comment les familles étrangères créent des rapports à chaque fois particuliers aux différentes institutions en fonction du pouvoir réel ou supposé qu'elles leur prêtent. Ensuite, à partir de deux outils régulièrement sollicités par les étrangers dans le traitement de leurs difficultés sociales

---

[7] CLARIANA Lionel, *Sociologie du rapport des services de protection de l'enfance aux familles étrangères dans le département de l'Hérault. Approche socio-éducative de la notion de risque de danger dans contexte sécuritaire*, Thèse de sociologie, Avril 2015, 702 pages.

(l'hébergement et l'aide financière), nous aborderons comment, loin de l'universalisme dont se prévalent habituellement les politiques sociales et éducatives, se constituent des stratégies de contournement ou d'adaptation des textes réglementaires ou législatifs pour préserver la sensibilité politique des interventions d'aide et de soutien en direction des familles étrangères. Ces pratiques, qui se développent en marge de celles habituelles, poursuivent l'objectif parfois paradoxal de satisfaire la réalité du besoin en invisibilisant l'action publique. L'évaluation de la notion de risque socio-éducatif et son traitement deviennent alors aléatoires et fonction de facteurs externes à la situation familiale (la détention ou non d'un titre de séjour, la présence ou non d'un enfant né en France, etc.). C'est ainsi que la recherche d'une vie décente et digne ou la complexe définition des « ressources suffisantes » pour garantir les conditions d'exercice d'une « bonne » parentalité, sont autant d'éléments tributaires de la construction d'un *effet seuil* entre la réalité des situations et les points de vue professionnels et institutionnels nécessitant une adaptation constante aux vécus des familles. Enfin, en s'appuyant sur les concepts de désaffiliation (Robert Castel), de disqualification sociale et parentale (Serge Paugam) et de reconnaissance et de mépris (Axel Honneth), nous mettrons d'une part en évidence la difficile application des grilles référentielles d'analyse du travail social dès qu'elles s'adressent aux populations étrangères, et d'autre part comment des institutions censées être garantes d'une égalité de traitement soumettent leurs actions aux impératifs du « politiquement acceptable » et au « nécessaire » maintien dans la non-visibilité des familles tout en leur offrant la possibilité d'intégrer des processus de reconnaissance singuliers.

1ère partie :
Du risque de danger à la normalisation des comportements

Le désengagement progressif de l'État dans le traitement des difficultés sociales des familles, l'exacerbation de la responsabilité individuelle et la normalisation des comportements caractérisent l'évolution récente de la prise en compte sociale et éducative des problématiques familiales. Dans ce contexte, les services de protection de l'enfance n'ont pas d'autres choix que d'instaurer des rapports particuliers avec les usagers qui oscillent entre souci éthique d'émancipation et régulation des rapports sociaux. Les outils de traitement des difficultés conjoncturelles à disposition peinent alors à s'adapter aux incapacités structurelles de certains parents à faire face à la réalité des besoins de l'enfant. De fait, l'institutionnalisation de ce rapport oblige de se poser la question des lieux et des modalités de la définition de ce qui fait risque pour le mineur au domicile de sa famille et les perspectives ouvertes par son traitement.

La construction socio-politique du risque de danger en protection de l'enfance

Á partir de 1984 et l'Acte I de la décentralisation, le transfert de la compétence d'aide sociale à l'enfance aux collectivités départementales renforce la dynamique de protection administrative et l'aide à domicile, autrement dit les mesures éducatives formalisées à partir de l'accord ou de la demande des responsables légaux de l'enfant[8]. Cette démarche, qui se veut participative, entend renverser la logique à l'œuvre dans les interventions judiciaires pour préférer à la « simple » adhésion de la famille sa collaboration active. Mais l'absence de cadre de référence partagé pour définir le risque ou le danger rend relativement aléatoire l'immixtion des services de protection de l'enfance dans la sphère familiale et laisse une grande place à l'interprétation subjectivée des comportements parentaux.

En juillet 1989, le législateur s'intéresse tout particulièrement au constat du danger et oblige au signalement de tout fait de maltraitance[9]

---

[8] Loi n°84-422 du 6 juin relative aux droits des familles dans leurs rapports avec les services chargés de la protection de la famille et de l'enfance et au statut des pupilles de l'État et loi n°86-17 du 6 janvier adaptant la législation sanitaire et sociale aux transferts de compétences en matière d'aide sociale et de santé, dite « Loi particulière ».
[9] Loi n°89-487 du 10 juillet relative à la prévention des mauvais traitements à l'égard des mineurs et à la protection de l'enfance.

en contraignant les conseils généraux à penser les modalités du recueil d'informations. Mais il faut attendre le milieu des années 2000 pour que l'Observatoire national de l'action sociale d'un côté (ODAS)[10] et l'Organisation mondiale de la santé de l'autre (OMS)[11] amorcent une taxinomie officielle de l'enfance en danger. Dans l'intervalle, le champ de la protection de l'enfance est traversé par plusieurs « affaires » dramatiques (d'Outreau, d'Angers, de Drancy, etc.) fortement médiatisées auxquelles l'Appel des 100 fait écho[12]. Chacune vient à sa manière poser crûment la question négligée en 1989 de l'anticipation, du dépistage et du suivi des faits de maltraitance dès l'émergence de la situation à risque, et celle plus large de la prévention individualisée des comportements éducatifs problématiques.

La loi du 5 mars 2007 réformant la protection de l'enfance[13] ambitionne de combler cette lacune et oblige toute personne qui met en œuvre cette politique ou lui apporte son concours à transmettre sans délai au président du conseil départemental « toute information préoccupante sur un mineur en danger ou risquant de l'être »[14]. Pour nombre de professionnels et d'institutionnels, le changement de focale est paradigmatique : le travail à partir du fait de maltraitance laisse place à l'anticipation projective des conséquences de l'acte éducatif. Sans grille de lecture clairement référencée et portée par une certaine

---

[10] Pour l'ODAS, *l'enfant maltraité* est la « victime de violences physiques, d'abus sexuels, de violences psychologiques, de négligences lourdes, ayant des conséquences lourdes sur son développement physique et psychologique », tandis que *l'enfant en risque* est celui qui « connaît des conditions d'existence risquant de compromettre sa santé, sa sécurité, sa moralité, son éducation ou son entretien, sans pour autant être maltraité » [ODAS (Les cahiers de l'), *Protection de l'enfance : observer, évaluer pour mieux adapter nos réponses*, avril 2005, http://odas.net/Politiques-de-soutien-a-l-enfance].

[11] L'Organisation Mondiale de la Santé donne une lecture de la maltraitance entre les violences physiques, sexuelles, psychologiques et les négligences [OMS et International Society for Prevention of Child Abuse and Neglect, 2006, *Guide sur la prévention de la maltraitance des enfants : intervenir et produire des données*, http://apps.who.int/iris/bitstream/10665/43686/1/9789242594362_fre.pdf].

[12] Le 8 septembre 2005, lors d'une conférence de presse, cent personnalités (élus locaux, parlementaires, professionnels, associatifs) intervenant dans le domaine de la protection de l'enfance ou intéressées par son devenir, lancent un appel à l'Assemblée Nationale pour le renouveau de la protection de l'enfance.

[13] Loi n°2007-293 du 5 mars.

[14] Article L226-2-1 du Code de l'Action Sociale et Familiale (CASF).

« frénésie sécuritaire »[15], pour les professionnels l'appréhension de la notion de risque renvoie autant à une conception hétéronormée des frontières de l'intolérable[16] qu'à une construction normative dominante d'un certain *bien-faire* parental. L'ensemble du processus semble alors inscrire l'évaluation du risque et son traitement dans une perspective téléologique qui, de manière paradoxale, mêle le souci de préserver l'individu ainsi que l'ordre social et public dans une dynamique ambitieuse d'émancipation et de normalisation des comportements.

Notion de risque et logique de prévention

Entre risque et danger : une conceptualisation du champ de la protection

Selon Patrick Peretti-Wattel, le risque est à la fois un danger sans cause et un dommage sans faute qui pourtant présente la caractéristique de devenir possible et calculable[17]. Il est un construit sociétal mouvant qui agit à la fois comme cause et conséquence de la notion de danger. Attardons-nous quelques instants sur l'étymologie du terme. « Risque » viendrait de l'italien *risco* ou de l'espagnol *riesgo*, eux-mêmes issus du latin *resecum* (« ce qui coupe »), désignant d'abord l'écueil qui menace les navires, ensuite la série de dangers qu'encourent les marchandises en mer et qui vient justifier l'apparition des assurances[18]. Du risque découle donc l'élaboration d'un système destiné à protéger celui qui peut en subir directement ou indirectement les conséquences, voire à réparer le préjudice subi. De son côté, « danger » vient du latin populaire *dominarium*, autrement dit le pouvoir de dominer. Au contraire de la nébuleuse qui entoure

---

[15] Selon Laurent Mucchielli, et notamment à partir du tournant des années 2000, elle se caractérise par cinq processus : une dramatisation des faits (diffusion de contrevérités), une criminalisation accrue (inflation législative), une déshumanisation (délinquance comme choix rationnel), une « *disciplinarisation* » (idéologie du retour à l'ordre), et une désocialisation (négation des facteurs sociaux dans l'origine des faits) [MUCCHIELLI Laurent (dir.), *La frénésie sécuritaire. Retour à l'ordre et nouveau contrôle social*, Paris, La Découverte, 2008, pp. 10-16].
[16] BOURDELAIS Patrice, FASSIN Didier., *Les constructions de l'intolérable*, Paris, la Découverte, 2005.
[17] PERETTI-WATEL Patrick, *La société du risque*, Paris, La Découverte, 2010, pp. 6-7.
[18] CALON Michel, LASCOUMES Pierre, BARTHE Yannick, *Agir dans un monde incertain. Essai sur la démocratie technique*, Paris, Seuil, 2001, p. 32.

l'origine du risque, dans le danger existe une cause directe qui se résume à la présence d'une volonté adverse, ce qui peut être traduit par une « menace qui compromet la sûreté, l'existence d'une personne ou d'une chose »[19]. La prévisibilité du risque ou son estimation font que sa construction et la présomption qu'il survienne sont inscrites dans une temporalité à la fois subjectivée et rationalisée. On peut donc considérer les possibilités qu'il advienne et le coût social, économique et politique qu'il entraîne pour celui qui le subit, pour celui chargé de traiter ses conséquences et pour celui qui a un intérêt à éviter qu'il se produise. Parler donc de « risque de danger » comme le fait le dispositif de protection de l'enfance, c'est évoquer un lien entre une construction subjectivée et une réalité empirique en même temps que des pratiques singulières pour l'appréhender. Car pour Ulrick Beck, le risque s'assimile alors à une menace dont les perspectives dictent sans cesse la réalité présente, ce qui fait que « dans la société du risque, le passé perd sa fonction déterminante pour le présent » laissant l'avenir s'y substituer, « et c'est alors quelque chose d'inexistant, de construit, de fictif, qui devient la "cause" de l'expérience et de l'action présente »[20]. Rien n'empêche alors les interprétations idéologisées de ce qui fait risque et son traitement partisan.

La logique sécuritaire tend à s'emparer du principe de prévisibilité pour le traduire en sentiment d'insécurité et en déterminisme politique. Ainsi, le risque n'est plus appréhendé seulement de manière individuelle mais aussi collective au regard d'une dégradation « forcément » attendue d'un certain ordre social et public. Le prévenir revient alors à privilégier le dépistage précoce dans une perspective conjoncturelle plutôt que d'agir sur les risques structurels qui concourent à sa formation et à sa manifestation. Avec la transformation de l'État providence (*welfare state*) en État social actif (*workfare state*), dans l'apparition et le traitement du risque on bascule d'une responsabilité systémique sur une responsabilité individuelle. L'État n'est plus le garant du mieux-être des citoyens mais simplement des conditions pour l'atteindre. L'égalité des chances supplantant alors la recherche d'une égalité structurelle de

---

[19] BOUQUET Brigitte, *La prévention : concept, politiques, pratiques en débat*, Paris, L'Harmattan, 2005, p. 47.
[20] BECK Ulrich, *La société du risque. Sur la voie d'une autre modernité*, Paris, Champs, 2008, p. 61.

résultat, à charge pour chacun de s'emparer des outils mis à disposition sous peine d'être renvoyé à une absence de volonté de surmonter ses difficultés. Ce renversement de perspectives justifie alors les postures étatiques de contrôle et de coercition. Selon que les pouvoirs publics privilégient la protection de l'individu ou celle de la société, cette bascule s'accompagne de la formation d'une terminologie prédictive et radicale dans l'élaboration des politiques publiques en direction de l'enfance (« risque zéro ») et de la jeunesse (« tolérance zéro »). Le déterminisme qui accompagne ce processus d'individualisation s'inscrit dans l'essentialisation des comportements dits « à risque » pour les déconnecter, comme nous l'aborderons plus loin, de la plupart de leurs causes environnementales et sociales. Ainsi, au cours de ces vingt dernières années, les pouvoirs publics préfèrent tendanciellement traiter les conséquences sociétales des situations de risque que leur origine individuelle[21].

Le poids des normes dans la définition du risque : entre étiquetage et déviance

Dans le champ spécifique de la protection de l'enfance, impossible d'aborder la définition de ce qui fait risque sans s'attarder sur les cadres de référence à l'origine de l'évaluation d'un écart entre le comportement éducatif réel et celui attendu. Car de la mesure de ce *delta* dépendent l'apparition de la notion de risque et la constitution d'un comportement déviant, en même temps que les conditions de son traitement.

Avec Howard S. Becker, nous pouvons nous accorder sur le fait que la déviance est le résultat de la transgression de normes créées et défendues par différents groupes sociaux. Elle est donc le produit d'une transaction entre un groupe social et un individu ou un collectif d'individus. Le déviant est « celui auquel cette étiquette a été appliquée, et le comportement déviant est celui auquel la collectivité attache cette étiquette »[22]. Un individu est étiqueté déviant au regard d'une norme de référence tandis que la déviance s'attache aux comportements de catégories d'individus. Cet étiquetage est présent dans le champ de la protection de l'enfance et dans l'évaluation des

---

[21] CLARIANA Lionel, « Le risque de danger à l'épreuve de la "question musulmane" », *Le Sociographe*, n°58, 2017, pp. 25-35.
[22] BECKER Howard S., *Outsiders. Études de sociologie de la déviance*, Paris, Métailié, 1985, pp. 32-33.

comportements éducatifs dans le sens où il fait correspondre certaines attitudes parentales à une « action publiquement disqualifiée »[23] à partir d'une conception dominante du *bien-faire* éducatif. Dans ce cas, deux types de normes émergent : les normes légales dont la précision fait habituellement référence au groupe dans son ensemble, et les normes informelles basées sur la coutume – *i.e.* un ensemble de systèmes de valeurs localement constitué – plus largement ouvertes aux interprétations divergentes et aux appréciations locales[24]. En s'appuyant sur les lois (et leur large champ d'interprétation en matière de protection de l'enfance) et les pratiques localement référencées, les pouvoirs publics, au sens large, et les travailleurs sociaux, en particulier, fonctionnent en qualité d'« entrepreneurs de morale »[25] : ils sont à la fois producteurs de normes comportementales, chargés de veiller à leur application et de sanctionner les non-respects. En rendant la famille actrice de son devenir, la mesure éducative fonctionne comme une coproduction normative qui justifie le terme d'accompagnement. Pour celle qui par contre la subit, la mesure, le plus souvent judiciaire, s'inscrit dans un étiquetage qui prend alors aisément la forme d'une assignation ou d'une injonction à être inscrite dans des rapports de domination qui poussent l'individu à se confronter régulièrement au système de protection et à ses représentants.

Toujours dans le champ de la protection de l'enfance, la question du groupe d'appartenance rejoint le rapport introduit par Norbert Elias et John L. Scotson entre « groupes installés » (dont les valeurs sont véhiculées par les représentants des services de protection de l'enfance) et « groupes intrus » (les familles « à risque »). Sont concernées les populations conjoncturellement ou structurellement précarisées (bénéficiaires des minima sociaux, chômeurs, immigrés, sans-papiers, habitants des Quartiers prioritaires de la politique de la ville, etc.) ou caractérisées de manière collectives au regard de critères ethnicisés ou racialisés (les « Roms », les « Gitans », les « musulmans », etc.). En même temps qu'il tend à attribuer à son groupe intrus les caractéristiques « mauvaises » de ses « pires » éléments (la minorité anomique), le groupe installé calque sa propre image sur sa section la plus « nomique » ou normative dénommée la

---

[23] *Ibid.*, p. 186.
[24] *Ibid.*, p. 71.
[25] GOFFMAN Ervin, *Stigmate*, Paris, Éditions de Minuit, 1975.

« minorité des meilleurs »[26]. La norme se construit donc au regard d'une minorité exemplaire du groupe de référence (relayée en l'occurrence par les travailleurs sociaux) et prend la forme d'une aristocratie normative qui justifie son statut dominant au regard des autres groupes sociaux. Au-delà des indications législatives censées faire référence pour l'ensemble des groupes, le processus de légitimation de la norme résulte des interactions interindividuelles qui sont à l'origine d'une acceptation, le plus souvent tacite, de l'ensemble des membres. Rapporté à la protection de l'enfance, l'effort jugé non-consenti pour correspondre aux comportements éducatifs attendus fait entrer les parents dans le groupe « à risque » pour leur enfant ; si par contre ils refusent l'introduction d'un tiers malgré l'évaluation du risque, l'intervention se rapproche du traitement de la notion de danger en même temps qu'elle situe la famille au sein d'une minorité anomique et en rejet de toute forme de cohésion et d'adaptation au groupe dominant. La crainte d'une « infection anomique »[27] et de ses conséquences individuelles et sociétales prédomine alors et agit comme justification de l'intervention socio-éducative et légitimation d'une position de surplomb des travailleurs sociaux.

Logique de prévention et gestion du risque éducatif

Impossible d'aborder le champ de la protection et ce qui fait risque pour l'enfant sans faire un détour préalable par les éléments constitutifs d'une démarche de prévention socio-éducative en direction des familles. Marquée du sceau interprétatif et normatif de celui qui veut la définir, la prévention construit en creux une approche des risques qu'elle entend éviter ou combattre : prévention des risques psychologiques, du danger moral, d'une faute éducative, de la séparation physique parents/enfant, de la saisine de l'autorité judiciaire, d'une dégradation de la relation, d'un trouble à l'ordre public, etc. Elle se singularise en fonction des besoins, des attentes et du statut de celui qui organise sa mise en œuvre. Ainsi, le « simple » citoyen, le bénévole associatif, le travailleur social ou médico-social et l'élu de la collectivité territoriale, tous s'accordent sur la nécessité d'élaborer des politiques de prévention. Mais leur définition

---

[26] ELIAS Norbert, SCOTSON John L., 1997, *Logiques de l'exclusion*, Paris, Fayard, p. 34.
[27] *Ibid.*, pp. 38-39.

conceptuelle reste tributaire de la place et du rôle attribués ou négociés par chacun d'eux dans l'ordre des relations sociales. Sans prendre le risque de la caricature, dans le champ de la protection de l'enfance nous pouvons affirmer que la prévention est contenue dans n'importe quel acte ou stratégie d'action dès lors qu'à partir d'un référentiel pré-défini il s'agit d'éviter ou d'enrayer des formes avérées ou supposées de dégradations relationnelles, affectives et sociales, qui remettraient en question l'intégrité et le devenir de l'enfant en même temps que l'ordre social et/ou public. Dans le discours commun, impossible donc de dissocier la logique de prévention d'une conception formalisée d'un système de relations et d'un état référencé meilleur qu'il convient de maintenir ou de retrouver. Son inscription systématique dans une temporalité en fait un processus dynamique et évolutif qui implique l'individu autant que le système social et relationnel dans lequel il évolue. Elle ne peut se concevoir sans tentatives d'inflexion des trajectoires et intervention d'un tiers plus ou moins intrusif en fonction d'un objectif – d'émancipation, de normalisation, de coercition – qui transcende l'ensemble des acteurs.

D'un point de vue étymologique, le terme *prévention* a le sens de « devancer », « aller au-devant de ». Dans son sens courant, c'est une dynamique qui se retrouve dans un ensemble de mesures chargées d'empêcher la production de certains phénomènes aux effets estimés négatifs pour l'individu et la société. Or selon la focale choisie et les objectifs recherchés, sa définition varie. De son côté, Brigitte Bouquet évoque trois niveaux de prévention socio-éducative. La première, sociale, intervient sur le contexte de vie « pour transformer la relation des habitants à leur environnement et faire évoluer leur qualité de vie ». La deuxième, éducative, est chargée d'atteindre « des individus et ou des groupes – essentiellement jeunes – exposés à des risques » dans une dimension plus personnelle. Enfin en troisième position une prévention situationnelle qui « cherche à partir des circonstances à ce que l'incident n'ait pas lieu par une action anticipative et dissuasive »[28]. Dans cette définition, la prévention se détache de la précaution dans le sens où, d'un point de vue théorique, elle veut contrôler l'émergence de risques avérés et non hypothétiques ou potentiels.

---

[28] BOUQUET Brigitte, *op. cit.*, 2005, p. 95.

Pourtant, dans un contexte sécuritaire, force est de constater le rapprochement entre la prévention situationnelle et une approche judiciaire du terme de prévention[29]. La dynamique s'inscrit alors dans l'imminence de la sanction individualisée, la défense de la société par rapport à de présumés coupables. Cette acception est régulièrement convoquée par les lois de prévention de la délinquance, dont celle du 5 mars 2007[30], qui met en évidence la responsabilité des maires dans la constitution d'un espace de prévention de l'acte pénalement répréhensible, principalement en direction des jeunes et leurs parents. Les pratiques révèlent des procédures particulièrement stigmatisantes notamment en direction des individus qui évoluent dans des milieux structurellement précarisés. S'inspirant de cette définition, une note d'orientation du Conseil national des villes recommande une « politique nationale qui renforcerait la prévention primaire (action sociale visant à empêcher l'apparition de la délinquance) conjuguée à des actions de prévention secondaire (empêcher une forme déjà connue et repérée de délinquance) et tertiaire (traitement de la délinquance) »[31]. Le risque est donc la transgression de la loi pénale, mais pas seulement. Par les outils interinstitutionnels (les Conseils des droits et devoirs des familles, les Cellules de citoyenneté et de tranquillité publique ou plus récemment les cellules préfectorales anti-radicalisation) auxquels sont activement associées les collectivités départementale au titre de la protection de l'enfance, la dynamique de prévention entre dans un processus de normalisation et de correction des comportements garanti par des institutionnels (le maire, le président du conseil départemental, le représentant de la Caisse d'allocations familiales, de la préfecture, du commissariat, etc.) dès la production de l'incivilité ou du comportement déviant. Dans un contexte politique mouvant et partisan, ces structures, plus interinstitutionnelles donc qu'interprofessionnelles, organisent l'action des pouvoirs publics à partir d'une appréciation subjectivée des faits

---

[29] En l'associant à « avertissement », « citer en justice », « mise en accusation », d'où les extensions de « prévenus » et de « détention préventive » [BECQUEMIN Michèle, « Pour une critique de la prévention. A travers le prisme des réformes », *Informations sociales*, 2007/4, n°140, p. 77-78].
[30] Loi n°2007-297 du 5 mars relative à la prévention de la délinquance.
[31] Conseil National des Villes, « Note d'orientations sur la réduction des violences, la prévention et le traitement de la délinquance, l'aide aux victimes, 13 septembre 2012, http://www.ville.gouv.fr/IMG/pdf/cnv-ptd-note_note_orientations-13092012.pdf, page consultée la 15 novembre 2016.

éducatifs. De manière factuelle, elles se positionnent en expertes *ès* conditions parentales sans autre compétence que le statut conféré par la représentativité institutionnelle. Ce qui fera dire à deux anciens secrétaires généraux du syndicat de la magistrature que dans la société sécuritaire la tendance de l'action publique est de se constituer collectivement à partir d'une théorie des incivilités entretenue par les pouvoirs publics, et où président « la confusion, l'amalgame entre ce qui est punissable et ce qui ne l'est pas, entre le sentiment ressenti face à un comportement et l'intention qui y préside »[32].

Dans le champ plus particulier de la protection de l'enfance, Manuel Boucher propose trois grandes sphères de la prévention des risques auxquelles il associe des typologies d'intervention psycho-socio-éducatives. La sphère de la « prévention primaire » est caractérisée par un soutien et/ou un entretien du lien social et familial qui poursuivent l'objectif de favoriser les phénomènes de bientraitance des enfants. C'est le champ par exemple de la Protection maternelle infantile (PMI) ou encore de l'action sociale en polyvalence de secteur dans le traitement des demandes ponctuelles. La « prévention secondaire » de son côté concerne les familles déjà identifiées par les acteurs sociaux et qui font l'objet d'interventions spécifiques. On peut y associer les actions menées dans le cadre de la protection administrative de l'enfance, celles donc réalisées à partir de l'accord ou de la demande des représentants légaux de l'enfant. Et enfin une troisième sphère constituée par la « prévention tertiaire » où les intervenants sociaux agissent de manière contraignante en direction de familles dont les difficultés socio-éducatives sont avérées, apanage majoritaire de la protection judiciaire de l'enfance[33]. Cette répartition s'opère à partir d'une définition du risque selon qu'il est à éviter ou à traiter, et selon que les acteurs sociaux s'inscrivent dans une démarche préventive ou curative de la difficulté.

Ces trois approches du terme et de la logique de prévention révèlent une situation à risque qui varie selon l'objectif poursuivi par celui chargé de la définir et de la traiter. C'est ainsi que la prévention, qu'elle soit primaire, secondaire ou tertiaire, devient polysémique selon que l'acteur est *constitué* – *i.e.* inscrit dans une logique

---

[32] SAINATI Gilles, SCHLALCHLI Ulrich, *La décadence sécuritaire*, Éditions La Fabrique, Paris, 2007, p. 80.
[33] BOUCHER Manuel, « Le travail social face aux familles populaires : la "nébuleuse" de la parentalité en question », *Pensée plurielle*, 2012/1 n°29, p. 82.

interindividuelle de coproduction de l'évaluation des difficultés et de l'accompagnement – ou *institué* – *i.e.* inscrit dans une logique institutionnelle de surveillance et de contrôle. Pour les évaluateurs, les représentations et les valeurs qui transforment les comportements en situations à risque portent en germe les termes différenciés de leur traitement. Pensée collectivement (par les politiques, le législateur, les pouvoirs publics), la logique de prévention se trouve à l'origine de définitions singulières qui, par leurs objectifs, articulent l'émancipation et la normalisation des comportements individuels ou collectifs, le tout dans une temporalité qui est moins portée par les individus qu'un système institué et reconnu comme tel.

Pour une nouvelle approche préventive du risque et du danger

Extrêmement présente dans une conception hygiéniste des rapports sociaux, la logique de prévention prévaut dans l'action socio-éducative principalement dans la deuxième moitié du XXe siècle. La prévention de la rupture du lien parents/enfant est généralement portée par une conception familialiste de l'intervention sociale qui garantit la primauté de sa permanence. Dès la fin des années 1950, elle se conçoit à partir d'une intervention au domicile des familles concrétisée par la parution de deux décrets dont le premier induit un changement de référentiel dans la conception de la pratique éducative : il prévoit que le Directeur départemental de la Population et de l'aide sociale « suscite de la part des parents toutes les mesures utiles et notamment, s'il y a lieu, une demande de placement appropriée ou d'action éducative »[34]. En priorisant le maintien du mineur au domicile de sa famille et la participation des parents à la décision, la mesure se veut donc préventive, mais les indications du législateur restent dans les faits peu suivis d'effets.

En fait, consécutivement aux rapports Dupont-Fauville[35] et Bianco – Lamy[36], la dynamique préventive éclot essentiellement avec les lois de décentralisation des années 1980 et l'avènement de la

---

[34] Décret n°59-100 du 7 janvier 1959 relatif à la protection sociale de l'enfant en danger.
[35] DUPONT-FAUVILLE Antoine, *Pour une réforme de l'Aide sociale à l'enfance. Texte du rapport Dupont-Fauville et documents*, Paris, Editions ESF, 1973.
[36] BIANCO Jean-Louis, LAMY Pascal, *L'aide à l'enfance demain : contribution à une politique de réduction des inégalités*, Paris, La Documentation Française, 1980.

protection administrative. Or si elle est généralement envisagée comme une intervention « en amont », sa déclinaison pratique résulte de deux approches complémentaires : d'une part une conception théorique et législative guidée par une volonté de réduire les coûts humains et financiers consécutifs à la séparation physique entre l'enfant et ses parents : le placement judiciaire ne s'accompagnant d'aucun réel travail de retour dans la famille, l'efficacité et la pertinence de la mesure sont remises en cause. D'autre part une construction empirique qui découle de l'observation et de l'évaluation des besoins en termes d'accompagnement par les acteurs sociaux qui progressivement réfutent leur rôle normalisateur. Dans le champ socio-éducatif, la dynamique de prévention se constitue donc à partir d'une inclusion à la logique de protection découlant de l'accord ou de la demande des responsables légaux de l'enfant (une situation où chacun est acteur de son devenir), et dans un à-côté au regard d'un éventuel recours à la judiciarisation de l'intervention qui associe la mesure à la sanction. Ce n'est qu'au terme des années 2000 que, pour le ministère de la Santé et de la Solidarité, « prévenir la dégradation des situations, la détérioration des liens, accompagner les parents pour qu'ils trouvent ou retrouvent leur place et puissent exercer leurs compétences et obligations vis-à-vis de l'enfant » devient un objectif préventif en même temps qu'une lecture en creux des risques à éviter[37]. Rendre tous les membres de la famille acteurs de leur devenir en les associant aux décisions qui les concernent devient un leitmotiv et fait de la protection administrative de l'enfance le fer de lance de la démarche préventive, comme le souligne officiellement en 2005 le rapport Nogrix[38] et le confirme six ans plus tard celui de l'ONED (6ème rapport remis au gouvernement).

Pour de nombreux professionnels et institutionnels chargés de l'exercice des mesures, relèvent donc de la prévention les pratiques en polyvalence de secteur d'accompagnement social, les consultations de la Protection maternelle infantile (PMI), et les suivis éducatifs non formalisés (prévention spécialisée) ou qui le sont administrativement.

---

[37] Ministère de la Santé et des Solidarités, *La cellule départementale de recueil, de traitement et d'évaluation*, Guide pratique, protection de l'enfance, 2008, p. 28.
[38] Qui entend également « intensifier et professionnaliser » la coordination en matière d'enfance maltraitée notamment au travers du partage d'informations entre partenaires constitués [NOGRIX Philippe, *Rapport du groupe de travail "l'amélioration de la procédure de signalement de l'enfance en danger"*, avril 2005, p. 23].

Plus qu'un objectif de travail, la *prévention* est une dynamique qui inclut à la fois l'enfant, ses parents, mais aussi le professionnel et l'institution qui la portent, et qui s'entend à partir d'une coproduction de l'accompagnement. À l'opposé, forment le champ générique de la *protection* toutes les mesures décidées par le magistrat des mineurs parce qu'elles supposent une forme de déni ou de refus de collaboration de la famille et s'appuient sur un cadre contraignant. Cette construction empirique et pragmatique de la prévention se double d'une appréciation singulière des notions de risque et de danger, dans le sens où la prévention agit sur le risque de danger, et la protection sur le danger avéré.

Le découpage à l'apparence simpliste risque/prévention/protection administrative d'un côté, et danger/protection/protection judiciaire de l'autre a été bousculé par la réaffirmation du législateur de 2007 du principe de subsidiarité de la mesure judiciaire sur celle administrative : la décision administrative doit être la règle, celle judiciaire l'exception[39]. Comme la législation actuelle le prévoit, le refus de la famille ou l'impossibilité de travailler avec elle est un motif de saisine de l'autorité judiciaire[40]. Un changement de perspective s'opère : il ne s'agit plus pour le travailleur social de s'attarder sur le fait éducatif problématique pour déterminer le cadre du suivi, mais sur les postures des responsables légaux au regard des faits à anticiper ou avérés. La conscientisation de la difficulté éducative et l'acceptation formelle de l'intervention des tiers pour la résoudre deviennent les moteurs de l'action préventive. De fait, le cadre éducatif ne s'arrête plus à la considération singulière du risque, mais à la capacité de la famille à le conscientiser et à en accepter le traitement. Pour le dire de manière synthétique, si la famille ne collabore pas au diagnostic de sa situation et refuse ou évite son traitement, le risque devient danger et entraîne la saisine de l'autorité judiciaire ; au contraire, à partir de la prise en compte commune de la difficulté éducative et de la mesure d'aide et d'accompagnement, la situation de danger devient situation à risque et s'inscrit dans le champ de la protection administrative de l'enfance. Ce qui revient à introduire de nouvelles corrélations systémiques – conscientisation/risque/mesure administrative, et déni ou refus/danger/mesure judiciaire.

---

[39] BIANCO Jean-Louis, LAMY Pascal, *op. cit.*, 1980.
[40] Article L226-4 du CASF auquel en 2016 le législateur ajoute la gravité et l'immédiateté de danger.

Ce que l'on peut synthétiser comme suit :

	Évaluation du comportement éducatif parental	Dynamique à l'œuvre	Logique opérationnelle
Sans application du principe de subsidiarité	Situation de risque	Prévention	Protection administrative
	Situation de danger	Protection	Protection judiciaire
En application du principe de subsidiarité	Situation de risque	Conscientisation	Protection administrative
	Situation de danger	Déni ou refus	Protection judiciaire

L'information préoccupante à l'épreuve de la parentalité et du contrôle social

Entre parentalité positive et bientraitance : approche socio-politique de la notion de protection

Affirmer comme l'a fait le législateur que l'autorité parentale est un « ensemble de droits et devoirs ayant pour finalité l'intérêt de l'enfant »[41] renvoie autant aux obligations des parents qu'à celles des pouvoirs publics en leur qualité de garants de cet exercice. Bien au-delà de la conception durkheimienne conduisant à l'avènement de l'être individuel et de l'être social[42], l'éducation est devenue ces dernière décennies affaire de compétences à acquérir regroupées sous le néologisme de *parentalité*[43]. L'exercice de l'autorité parentale, comme la relation qu'un enfant construit avec chaque membre de la famille, ne sont plus circonscrits au respect d'un cadre ou de règles éducatifs, mais obéissent à des principes le plus souvent contractuels respectueux de l'individualité de l'enfant. L'enfant gagnant en droits et le parent en devoirs, on assiste à un nivellement des places sans égalité des rôles. Ce

---

[41] Article 371-1 du Code civil.
[42] DURKHEIM Emile, *Education et sociologie*, Paris, PUF, 2009 [1922], p. 51.
[43] DAUPHIN Sandrine, « Les pratiques éducatives, la société et l'Etat : bref historique », *Informations sociales*, 2009/4, n°194, p. 11.

qui, en fonction de l'objectif poursuivi, renvoie à la responsabilité des individus la constitution d'un cadre normatif cohérent et aux professionnels le respect de son agencement. La « traditionnelle » autorité par la contrainte instaure un rapport de domination adulte/enfant qui s'assimile alors à un comportement violent qu'il convient de corriger[44]. Et parce qu'ils sont l'objet permanent de négociations intergénérationnelles, décisions et positionnements parentaux engagent aujourd'hui peut-être plus qu'avant la responsabilité individuelle de ceux qui les prennent.

De son côté, en promouvant la *parentalité positive*, le Conseil de l'Europe affiche la prétention de produire un référentiel de « bonne parentalité » chargé d'influer sur l'élaboration des politiques publiques des États membres en matière de protection de l'enfance. Elle est conçue comme « un comportement qui privilégie l'intérêt de l'enfant en l'éduquant, développant son autonomie, en lui donnant des orientations et une reconnaissance, tout en lui conférant des limites pour lui permettre de s'épanouir pleinement »[45]. La documentation promotionnelle de la conférence de lancement de ce Conseil insiste sur l'instauration nécessaire d'un environnement non-violent « où les parents n'utilisent pas les châtiments corporels ou physiquement humiliants pour résoudre les conflits ou envisager la discipline ou le respect ». Dans la continuité de ses travaux et à partir des objectifs poursuivis par la convention des Nations-Unies pour les droits de l'enfant, la conférence des ministres européens des Affaires familiales affine sa propre conception du bien-être :

> L'éducation répond au besoin de l'enfant d'une nourriture affective, de sécurité, d'appartenance et d'attachement bien sûr. La chaleur des parents, leur capacité à accepter, leur sensibilité, réceptivité, implication et soutien sont les caractéristiques qui répondent à ce besoin. Les parents favorisent l'épanouissement de l'enfant lorsqu'ils lui témoignent des sentiments positifs comme l'amour, la gaieté, lui parle des questions qui le touchent et répondent aux autres besoins fondamentaux de l'enfant […]. L'enfant a besoin de limites pour assurer sa sécurité physique et

---

[44] GAVARINI Laurence, « l'enfant abusé, nouvelle figure de l'enfance en danger », *Mouvements*, 2002/4 n°23, p. 137.
[45] Conseil de l'Europe, *Les idées-forces. Construire une Europe pour et avec les enfants*, Conférence de lancement, Monaco, 4-5 avril 2006.

psychologique et le développement de la responsabilité personnelle et sociale et de ses propres valeurs.[46]

Quatre processus articulent donc la parentalité positive vis-à-vis des jeunes enfants : la réalité et l'authenticité des parents, leur sensibilité, la synchronie et la pratique de la contingence répétée[47], et enfin la qualité effective des échanges[48]. Autant de processus qui participent à la définition du « bon » parent et constitue le cadre normatif à partir duquel s'apprécie le comportement déviant, autrement dit le risque éducatif. Les pouvoirs publics se rapprochent alors d'une conception morale de la relation parent(s)/enfant qui s'apprécient au croisement des systèmes de valeurs familiaux (eux-mêmes constitués de systèmes normatifs individuels) avec ceux dominants. Á la fin de l'année 2006, cela conduit le législateur européen à concevoir la parentalité comme « l'ensemble des fonctions dévolues aux parents pour prendre soin des enfants et de les éduquer » en favorisant leur intérêt supérieur. Cet intérêt supérieur consiste alors à élever et à responsabiliser l'enfant, à adopter un comportement non violent à l'origine d'un processus de reconnaissance et d'assistance, et à établir un ensemble de repères favorisant son plein développement[49].

Cette conception rejoint celle développée par l'Observatoire national de l'enfance en danger (ONED)[50]. Dans son rapport de 2007, il montre le glissement du terme de compétence vers les capacités d'un parent à répondre aux besoins de l'enfant à partir de compétences de savoir nécessitant un apprentissage, de compétences de savoir-faire et de savoir-être. Dès lors, être parents signifie moins « faire valoir à partir d'une position d'autorité, un modèle moral d'en haut, que se situer dans un modèle de "proximité" où chaque parent est chargé de créer un environnement propice à l'individualisation de son enfant ». Cette modélisation du fonctionnement parental suppose un capital social – au sens social, économique et « culturel » – qui permet une

---

[46] Conférence des ministres européens chargés des Affaires familiales de Lisbonne, *La parentalité positive dans l'Europe contemporaine*, « *Évolution de la parentalité : enfants aujourd'hui, Parents demain* », XXVIIIème session, 16-17 mai 2006, p. 21.
[47] Comportement parental adapté à l'évolution des besoins de l'enfant.
[48] Conférence des ministres européens chargés des Affaires familiales de Lisbonne, *op. cit.*, p. 27.
[49] REC 2006-19 du 13 décembre 2006.
[50] A partir de la loi n°2016-297 du 14 mars relative à la protection de l'enfant, l'Observatoire National de la Protection de l'Enfance (ONPE) remplace l'Observatoire National de l'Enfance en Danger (ONED).

adaptation du système de valeurs de référence familial à celui normatif dominant. Dans ce mécanisme, les individus en marge, sans être maltraitants, peuvent être perçus comme « à risque » par l'écart qui les sépare du référentiel majoritaire. Et en délaissant l'influence du contexte socio-éducatif des familles sur les pratiques éducatives, les parents sont préalablement dotés par les pouvoirs publics de potentiels d'évolution éducative identiques. La considération de la stricte fonction parentale prédomine sur celle que lui ajoute la prise en compte de la précarité de la situation. De fait, dans l'évaluation du risque passe au second plan l'influence de la difficulté des adultes à faire face à la gestion complexe des aléas quotidien (achat de nourriture, de vêtements, de fournitures scolaires, etc.).

Alors que la Communauté Européenne impose comme référentiel des politiques publiques la *parentalité positive*, en France institutionnels et professionnels du champ développent en parallèle la notion de *bientraitance*. Née dans les années 1990, la bientraitance obtient une consécration politique en apparaissant dans un rapport ministériel de 1997[51]. Le terme renvoyait alors au cheminement des professionnels en quête de moyens pour faire face à la gestion des situations de maltraitance. Il décrivait une démarche « impliquant avant tout, malgré les séparations et les ruptures, de respecter la continuité du développement de l'enfant dans son histoire, non plus à court terme, mais envisagée dans un projet d'avenir […] »[52]. Là où la parentalité positive renvoie à la responsabilité parentale, la notion de bientraitance implique l'ensemble des acteurs concernés dans le projet de prise en charge et du devenir de l'enfant, avec l'objectif de faire émerger l'ensemble de ses potentialités et compétences[53]. Cette émergence se situe dans une responsabilité partagée et non contrainte qui se réfère à la qualité de l'aide et de l'accompagnement. Dans ce type d'approche, institutionnels et professionnels sont coresponsables dans la lutte contre les facteurs de risque et l'apparition de la notion de danger, ce qui les oblige à prendre en compte et à traiter les éléments conjoncturels autant que structurels à l'origine des difficultés éducatives. Cette coresponsabilité est peut-être une des raisons pour

---

[51] Ministère de l'Emploi et de la Solidarité, Comité de pilotage de « L'opération pouponnière », *L'enfant en pouponnière et ses parents, conditions et propositions pour une étape constructive*, Paris, La Documentation française, 1997.
[52] RAPOPORT Danièle, *La bientraitance envers l'enfant*, Paris, Belin, 2006, p. 20.
[53] RAPOPORT Danièle in DE SINGLY François (dir.), 2004, *Enfants – adultes, vers une égalité de statut ?*, Paris, Universalis, p. 94.

laquelle, au-delà de l'affichage et des discours politiques, la notion de bientraitance est l'une des moins usitées par les pouvoirs publics dans les déclinaisons instrumentales des dispositifs de protection de l'enfance.

En fait, dans les conceptions opérationnelles de l'évaluation des pratiques parentales, les éléments qui constituent la parentalité positive et la bientraitance se télescopent avec ceux élaborés localement. De manière empirique, ils constituent une grille à chaque fois singulière du *bien-faire* éducatif à l'origine d'une conception locale et normalisée du risque de danger. Dans une perspective téléologique, en ne concevant l'intervention sociale et éducative qu'à partir d'un modèle à atteindre, les comportements qui s'en éloignent s'assimilent à de la déviance, et donc à une situation de risque. Selon qu'ils acceptent la mesure d'accompagnement ou s'installent dans le refus ou le déni de cette réalité, les parents justifient alors une action d'accompagnement corrective ou coercitive de la part des pouvoirs publics. C'est ce dernier aspect que le Conseil de l'Europe qualifie de *parentalité négative*, autrement dit une parentalité « où le développement psychoaffectif de l'enfant est gêné par des actes ou des omissions dus à des manquements du respect des parents vis-à-vis des principes de l'intérêt supérieur de l'enfant et de son droit à un développement maximal »[54]. Aux droits de l'enfant répondent des devoirs parentaux dont l'absence partielle ou totale induit l'émergence du risque ou du danger et légitime l'immixtion de la sphère publique dans celle privée. La négligence qui en découle s'apparente alors à une « absence de disponibilité affective », à une « non réceptivité » à reconnaître les besoins de l'enfant, à une « présomption négative ou erronée » portée sur son comportement, à une « incapacité » à reconnaître son individualité et à favoriser son adaptation sociale, ce qui devient chez Sandrine Garcia une altération de la « sincérité de l'attachement » néfaste à l'évolution de l'enfant[55]. Á partir d'un tel cadre référentiel, et contrairement à ce que la bientraitance induisait comme responsabilité collective et systémique, la constitution de la notion de risque éducatif tend à délaisser les facteurs contextuels et structurels dans l'apparition des difficultés éducative pour lui préférer

---

[54] Conférence des ministres européens chargés des Affaires familiales, *op. cit.*, 2006, p. 21
[55] GARCIA Sandrine, *Mères sous influence. De la cause des femmes à la cause des enfants,* Paris, La Découverte, 2011, p. 124.

une forme d'intentionnalité consciente ou non dans l'expression des capacités et des volontés parentales. En même temps que l'évaluation s'inscrit dans ce mécanisme, elle induit des perspectives de traitement qui se limitent à une volonté de modifier ou de corriger les comportements individuels, plaçant au second plan l'action sur les causes contextuelles de leur apparition.

Cette conception singulière de l'intervention socio-éducative s'inscrit dans la constitution d'une norme socio-politique du risque qui tente de rapprocher les comportements éducatifs d'un idéal-type wébérien, sous prétexte de « l'intérêt supérieur » de l'enfant et à partir d'un modèle politiquement construit de fonctionnement parental[56]. En découle alors une norme dominante qui fournit un cadre de référence à l'appréciation socio-politique du *bien-faire* éducatif. Mais d'un point de vue sociologique, cet idéal-type a tendance à mésestimer les effets des interactions de proximité des individus avec leur environnement dans la constitution de systèmes de référence singuliers qui font sens pour ceux qui, au quotidien, les pratiquent. La persistance dans une tentative récurrente de modélisation des comportements risque de produire une homogénéisation des populations en les dotant de manière identique des savoirs, savoir-faire et savoir-être légitimes en matière d'attitudes éducatives. Dans cette acception, le critère de bientraitance peut faire d'une « distinction sociale » une « distinction morale »[57] où il ne s'agirait plus de penser les compétences éducatives des parents au regard du capital social dont ils disposent pour élever leur enfant, mais à partir d'une conception strictement capacitaire et volontaire qui sur-responsabilise les individus. Le contexte sécuritaire actuel crée une catégorie de familles productrices d'un risque pour elles-mêmes ou la société et qui ne sont plus des familles sur lesquelles pèse un risque et que la société doit protéger. Cette catégorisation étiquette « à risque » des familles à partir des représentations dominantes, ce qu'Ervin Goffman nomme « l'ordinaire », à l'origine d'un système normatif singulier d'appréciation de ce qui fait risque et qui fluctue selon les individus et les lieux où ils s'élaborent[58]. Cette fluctuation des interprétations détermine

---

[56] LAFORE Robert, « Les mutations institutionnelles de la protection de l'enfance : sens et portée », *Les Cahiers Dynamiques*, 2010/4 n°49, p. 25.
[57] SCHULTHEIS Franz, FRAUENFELDER Arnaud, DELAY Christophe, *Maltraitance. Contribution à une sociologie de l'intolérable*, Paris, L'Harmattan, 2007, p. 28.
[58] GOFFMAN Erving, *Asiles. Etudes sur la condition sociale des malades mentaux et autres reclus*, Paris, Éditions de Minuit, 1979 [1961], p. 73.

une forme mouvante de déviance éducative qui peut transformer la dynamique de prévention en une pratique de dépistage.

L'information préoccupante : origine et définition

Contrairement au signalement à l'autorité judiciaire, la notion d'*information préoccupante* sur le mode de vie d'un enfant abaisse le seuil de gravité à partir duquel elle est transmise au dispositif de protection de l'enfance et enclenche une procédure formelle d'évaluation, en distinguant notamment « l'enfant en danger » de celui « en risque de l'être »[59]. La notion d'information inquiétante ou préoccupante a officiellement été introduite par l'ONED dans son rapport de 2005. Elle se constitue à partir de « tout élément d'information susceptible de laisser craindre qu'un enfant puisse avoir besoin d'aide ». Se référant à l'article 375 du Code civil, il s'agit des informations qui peuvent laisser craindre que la santé, la sécurité, la moralité d'un enfant pourraient être en danger, ou que les conditions d'éducation, de développement physique, affectif, intellectuel et social sont ou pourraient être gravement compromises. En ne précisant pas ce qu'il entend par « besoin d'aide » et avec le renforcement des interventions précoces, le législateur de 2007 prend le risque d'amalgamer repérage et dépistage, et de confondre le processus d'évaluation avec le contrôle normatif du comportement parental. Comme le note Delphine Serre, il devient alors difficile de différencier ce qui relève de la « préoccupation » et de la « situation préoccupante »[60]. Alors que la première sous-tend une action d'aide et d'accompagnement, la deuxième légitime l'ingérence et un processus correctif. C'est ce qu'euphémise à son tour Jean-Louis Sanchez quand il craint que l'information préoccupante soit évoquée à propos d'inquiétudes aléatoires risquant de provoquer une contradiction entre l'affichage d'aide et de soutien et la généralisation de la suspicion[61].

Ce déficit structurel dans la définition de l'information préoccupante a rapidement et officiellement été perçu. Un an après la promulgation de la loi l'instaurant, le ministère de la Santé produit un

---

[59] Article L226-2-1 du CASF.
[60] SERRE Delphine, « Les assistantes sociales face à leur mandat de surveillance des familles. Des professionnelles divisées », *Déviance et Société*, 2010/2 Vol. 34, p. 158.
[61] SANCHEZ Jean-Louis (dir.), *La place des parents dans la protection de l'enfance. Contribution à une meilleure adéquation entre les pratiques et le droit*, Les Cahiers de l'ODAS, ODAS, juin 2010.

Guide pratique dans lequel il tente de préciser le concept. Il définit alors l'information préoccupante comme « tout élément d'information, y compris médical, susceptible de laisser craindre qu'un enfant se trouve en situation de danger, puisse avoir besoin d'aide, et qui doit faire l'objet d'une transmission à la cellule départementale pour évaluation et suite à donner »[62]. Malgré ces précisions toutes relatives, l'année suivante la Cour des Comptes doute de la fidélité des informations transmises aux départements. En cause l'absence de définition légale qui laisse une marge d'appréciation importante et rend aléatoire l'efficacité des procédures de signalement[63]. En l'absence de référentiel commun, l'augmentation des personnes soumises à une obligation de transmission accroît les données nominatives transmises sans pouvoir garantir qu'elles sont en lien direct avec une situation de risque ou de danger pour l'enfant[64]. Face à ce constat, l'ODAS et l'ONED proposent en juin 2010 une définition commune de l'information préoccupante :

> « L'information préoccupante au sens de l'article L226-2-1 du CASF désigne toute information ["Information : tout élément factuel récent, ou faisceau d'indices concordants concernant une situation présente ou récente, directement constatée par l'émetteur de l'information préoccupante ou qui lui a été rapportée", NDLR] laissant supposer qu'un enfant est – ou risque d'être – en danger au sens des articles 375 du Code civil et L221-1 du CASF et qu'il ne bénéficie d'aucune aide ou de décision de protection visant à le mettre hors de danger, ou que l'aide ["Aide : désigne aussi bien celle que son entourage familial et social peut lui apporter pour surmonter ses difficultés que l'aide professionnelle apportée dans le cadre d'une intervention professionnelle non référencée dans les articles L221-1 à L225-5 du CASF", NDLR] ou la décision de protection ["Décision de protection : action d'aide, d'accompagnement, d'assistance ou d'accueil réalisées en référence à l'article L221-1 du CASF ou des articles 375 et suivants du Code civil"] ».[65]

---

[62] Ministère de la Santé et des Solidarités, *La cellule départementale de recueil, de traitement et d'évaluation*, Guide pratique, protection de l'enfance, 2008, p. 9.
[63] Cour des Comptes, *La protection de l'enfance*, Rapport public thématique, octobre 2009, pp. 15-23.
[64] L'Observatoire National de l'Enfance en Danger (ONED) – aujourd'hui Observatoire National de la Protection de l'Enfance (ONPE) – notait entre 2007 et 2010 un accroissement des informations préoccupantes de plus de 30% pour 11 départements sur 32 étudiés (ONED, rapport 2012, p. 42).
[65] SANCHEZ Jean-Louis (dir.), *op. cit.*, p. 30.

Dans le même temps (mars 2010), les États généraux de l'enfance se risquent aussi à une définition de l'information préoccupante qui entrera dans la rubrique des « bonnes pratiques » de l'Agence nationale de l'évaluation et de la qualité des établissements et services sociaux et médico-sociaux (ANESM). Ainsi l'information préoccupante devient :

> « Une information transmise à la cellule départementale pour alerter le président du conseil [départemental] de l'existence d'un danger ou risque de danger pour un mineur bénéficiant ou non d'un accompagnement : soit que la santé, la sécurité ou la moralité soient considérées comme pouvant mettre en danger ou en risque de danger le mineur ; soit que les conditions de son éducation ou de son développement physique, affectif, intellectuel et social soient considérées comme pouvant être gravement compromises ou en risque de l'être. La finalité de cette transmission est d'évaluer la situation d'un mineur et de déterminer les actions de protection et d'aide dont ce mineur et sa famille peuvent bénéficier ».[66]

Malgré cet effort de redéfinition, l'ANESM ne fournit pas la qualification du risque ou du danger, mais seulement les bases pratiques de son estimation. Elle précise par contre les objectifs poursuivis par la transmission qu'elle situe dans une dynamique de protection avant l'aide et le soutien.

Ce florilège de définitions montre le tâtonnement institutionnel et l'ambiguïté de la traduction opérationnelle d'une notion juridique aux contours flous. Selon les logiques institutionnelles et politiques, et selon les professionnels qui la pratiquent au quotidien, la marge d'interprétation comportementale qu'elle implique fait du dispositif de l'information préoccupante un outil aléatoire de l'intervention socio-éducative. Le risque le plus prégnant est de rapprocher cette logique de celle à l'œuvre dans l'enquête sociale et ses perspectives normatives commandée par le magistrat. De la même manière que d'un point de vue sociologique le secours désigne le pauvre et le déclasse dans l'échelle des normes socialement admises, l'information préoccupante crée la catégorie du « parent pauvre » d'un point de vue éducatif. Cet étiquetage ne correspond pas seulement à la pose d'un stigmate durable pour la famille, mais à un processus plus large de traçabilité des conduites parentales déviantes qui s'accompagne d'une

---

[66] ANESM, *Recommandation de bonnes pratiques professionnelles. Le partage d'informations à caractère secret*, Décembre 2010, p. 10.

obligation de transmettre aux autres départements toute information concernant une famille qui déménage. Et ce n'est pas la définition des termes de la transmission qu'en apporte le législateur en 2013 qui atténue la portée normative du dispositif[67].

Alors que la loi du 14 mars 2016 relative à la protection de l'enfant aborde à nouveau la question[68], c'est par un décret de novembre 2016 que sont enfin précisés les modalités pratiques et les objectifs poursuivis par l'évaluation de l'information préoccupante[69]. Cette évaluation doit obligatoirement porter sur la fratrie et sur l'ensemble des adultes qui en ont la charge effective (et pas seulement sur le mineur à l'origine de l'information préoccupante et sur ses responsables légaux). En outre elle doit être réalisée par une équipe pluridisciplinaire spécialement dédiée à cet effet dans une temporalité fixée à trois mois. L'évaluation doit alors porter sur l'appréciation du danger ou du risque de danger « au regard des besoins et des droits fondamentaux, de l'état de santé, des conditions d'éducation, du développement, du bien-être et des signes de souffrance éventuels du mineur ». Elle propose des réponses adaptées à la capacité du représentant légal à se mobiliser selon ses ressources et son environnement. La solution n'est pas seulement éducative mais également sociale, et porte sur la sphère relationnelle élargie de l'enfant. La dominante familialiste qui jusqu'alors prédominait dans la conception de l'ensemble des dispositifs législatifs semble maintenant abandonnée au profit de la satisfaction stricte de l'intérêt et des besoins du mineur.

Information préoccupante et contrôle social

Comme l'avance Xavier Bouchereau, une évaluation sociale – et par extension éducative – n'est que la vérité d'un moment pour un ou plusieurs individus dans leurs interactions[70]. Pour la rendre pertinente et efficace, elle doit se soumettre à la discussion, à la contradiction, à la négociation, et s'inscrire dans une temporalité qui ne fige pas les

---

[67] Article R226-2-2 du CASF créé par le décret n°2013-994 du 7 novembre, article 1.
[68] Loi n°2016-297 du 14 mars 2016 relative à la protection de l'enfant.
[69] Décret n°2016-1476 du 28 octobre 2016 pris en application de l'article L226-3 du CASF et relatif à l'évaluation de la situation de mineurs à partir d'une information préoccupante, réalisée par une équipe pluridisciplinaire de professionnels.
[70] BOUCHEREAU Xavier, *Les non-dits du travail social. Pratiques, polémiques, éthique*, Toulouse, Erès, 2012, p. 96.

individus dans leurs actes mais décline leurs potentialités. Dans une logique sécuritaire, la prévention précoce peut facilement se confondre avec la « prédiction féroce »[71], et l'évaluation d'une information préoccupante facilement négliger la considération singulière des besoins et l'intérêt de l'enfant pour lui préférer une appréciation normalisée des conditions de vie et du fonctionnement de la famille. La conséquence sera alors une méfiance accrue de ses membres dans un dispositif pourtant conçu au départ pour les aider et les soutenir[72]. Pour les professionnels de l'enfance propulsés au premier rang de la transmission, l'opportunité de rapporter certains comportements parentaux s'estime alors à l'aune d'un processus d'anticipation projective de l'acte éducatif qui prend le risque de privilégier ses conséquences sociétales plutôt qu'émancipatrices. L'augmentation constante du nombre d'informations préoccupantes depuis 2007 est loin de témoigner d'un accroissement des faits de maltraitance ou des situations de risque et ne se corrèle pas non plus automatiquement à un dépistage amélioré des problématiques familiales[73]. Elle est plutôt la conséquence de l'évolution de l'appréciation qu'ont des tiers de ce qui fait problème dans la relation éducative, le comportement de l'enfant ou celui des parents. On assiste moins à une augmentation des faits qu'à une modification dans la façon de les appréhender avec, en filigrane, la crainte des conséquences pénales que provoquerait une absence de dénonciation de certaines pratiques éducatives, autrement dénommés « signalements parapluies »[74]. Par conséquent, dans le processus de transmission et le traitement de l'information préoccupante se télescopent pêle-mêle le souci de protéger l'enfant, la considération objective de ceux qui s'en occupent, la prise en compte des singularités, la reconnaissance des compétences professionnelles et la préservation d'un certain ordre moral et social.

---

[71] PARAZELLI M., « L'expérience de la prévention précoce au Québec », 2012, www.pasde0deconduite.org.
[72] DERVILLE Grégory, « Le système territorialisé de protection de l'enfance : enjeux et difficultés de la mise en œuvre de la réforme du 5 mars 2007 », *Informations sociales*, 2010/6 n°162, p. 125.
[73] Dans le département de l'Hérault, de 2008 à 2011 le nombre de saisines de l'autorité judiciaire n'a pas proportionnellement augmenté au regard du nombre d'informations préoccupantes traitées [IGAS, *Contrôle du service d'aide sociale à l'enfance de l'Hérault*, RM2012-061P, juin 2012].
[74] SCHULTHEIS et *al.*, *op. cit.*, 2007, p. 53.

Dans une telle dynamique, le dispositif peut d'autant plus être considéré comme intrusif qu'il légitime l'intervention d'un tiers dans la sphère privée et la publicisation de l'intime (au sens d'une visibilité accrue dans la sphère publique[75]). Cette publicisation qu'impose l'information préoccupante est pour les familles notamment précaires logiquement génératrice de craintes et d'attitudes de fuite ou d'évitement, dans tous les cas de méfiance envers un dispositif dont l'intérêt pour l'enfant et ses parents est immédiatement sujet à caution. L'inquiétude se renforce par l'absence de maîtrise par les familles de l'utilisation des données recueillies et des conclusions qui, sous prétexte d'objectivation, analysent les comportements en des termes qui échappent à leur compréhension. En devenant le lieu de l'intervention, le domicile familial acquiert le statut de « territoire professionnel », ce qui fait que l'intervenant social et éducatif devient un agent de transformation de la personne dont il a la charge[76].

Mais selon la focale choisie par les pouvoirs publics, rien n'empêche qu'une information préoccupante s'inscrive dans des dispositifs administratifs de surveillance et serve à répertorier les comportements familiaux potentiellement déviants pour l'ordre social. Dans ce contexte, l'évaluation s'apparente à une enquête et la mesure d'aide et d'accompagnement à une sanction. Selon la fin poursuivie, le dispositif de l'information préoccupante peut contribuer à ce que Loïc Wacquant nomme le « social-panoptisme », un dispositif qui revêt de manière intrinsèque un aspect prédictif pour les populations auxquelles il s'adresse[77]. Car le fait même de consigner une information et de la conserver dans un ou plusieurs dossiers institutionnels (mairie, conseil départemental), créent les conditions d'une réutilisation ultérieure à des fins et pour des motifs éloignés du seul souci de maintenir l'enfant au domicile de la famille. Au-delà de la question de son épanouissement, le risque est de voir les travailleurs sociaux et médico-sociaux considérer prioritairement la conformité des comportements parentaux aux normes dominantes plutôt que leur capacité d'adaptation à des événements singuliers. Le législateur n'ayant fixé que récemment un délai dans le traitement de

---

[75] DJAOUI Élian, « Travailler avec l'intimité des familles. Tensions et paradoxes », *Informations sociales* 2006/5, n°133, p. 21.
[76] DJAOUI Élian, « Intervention au domicile : gestion sociale de l'intime », *Dialogue*, 2011/2 n°192, p. 16.
[77] WACQUANT Loïc, *Les prisons de la misère*, Paris, Raisons d'Agir, 1999, p. 117.

l'information préoccupante, les collectivités départementales avaient réglementairement et de manière pragmatique décidé son terme sur la base de critères administratifs aléatoires. Le simple fait qu'une famille entre dans le dispositif permet l'ouverture d'un « dossier famille » dont les conditions de conservation restent adaptables, laissant planer une suspicion permanente sur les capacités des parents à offrir un cadre éducatif cohérent. L'ensemble du processus est constitutif d'une forme de *casier administratif* transmissible d'une collectivité territoriale à l'autre. La quête du « risque zéro » en matière de protection de l'enfance s'accompagne alors d'une traçabilité des familles « à risque » que le législateur a consacrée à partir de 2012 et qui depuis n'a cessé de se renforcer[78].

La production interactive du risque

Quand le législateur crée des passerelles entre risque de danger et danger, il produit les conditions d'élaboration du stigmate en direction de familles principalement issues des classes populaires et précarisées[79]. Faire de la difficulté éducative une caractéristique individuelle contribue à négliger l'influence du contexte social et économique dans la production du risque et le sens de l'intervention des services de protection en termes sociaux et éducatifs. Très présent dans l'élaboration des politiques de prévention de la délinquance, ce processus d'hyper-responsabilisation individuelle dédouane les institutions chargées du traitement du risque d'une action sur les causes systémiques de la détérioration des conditions de vie de la famille. Autrement dit, sans résolution des causes sociales, la prise en compte strictement éducative des situations ne peut que se justifier et durer dans le temps[80]. Dans la logique néolibérale actuelle, le procédé participe à une essentialisation du fonctionnement parental, renvoyant aux individus l'entière responsabilité de leurs difficultés et par là même des troubles de l'enfant. La marge d'interprétation des textes

---

[78] Cf. la loi n°2012-301 du 31 mars à l'origine des articles L221-3 et L226-3-2 du CASF.
[79] RENOUX Marie-Cécile, *Réussir la protection de l'enfance avec les familles en précarité*, Éditions Quart-Monde, Paris, 2008 ; SERRE Delphine, *Les coulisses de l'État social. Enquêtes sur les signalements d'enfant en danger*, Paris, Raison d'agir, 2009.
[80] CLARIANA Lionel, « Protection de l'enfance et familles étrangères non-régulières : une précarité sociale structurellement entretenue ? », *Sciences et action sociale* [en ligne], n°3 | 2016, mis en ligne le 29 janvier 2016.

législatifs se double d'une absence de critères objectifs d'évaluation du risque, ce qui confère aux pouvoir publics et aux professionnels une forme d'omnipotence situationnelle qui se renforce en fonction de la précarité des situations sociales et du statut administratif auquel les familles peuvent prétendre. Moins qu'une « police des familles »[81] qui agit en surveillance et gestion corrective de l'acte éducatif, les institutions et leurs représentants prennent le risque d'anticiper idéologiquement les effets des comportements parentaux, ce qui justifierait les postures de contrôle et les injonctions à bien-faire. Les pouvoirs publics et les travailleurs sociaux ne sont plus seulement les garants d'un certain ordre moral, social ou public, ils contribuent à la définition même de l'ordre et à sa mise en œuvre opérationnelle.

Pour paraphraser la pensée d'Edwin Lemert, ce n'est pas le risque qui engendre l'évaluation et le contrôle socio-éducatif des familles, mais le cadre de référence et les conditions de l'intervention des dispositifs d'évaluation et de contrôle. Ils construisent alors le comportement éducatif déviant et donc le risque « qui doit être repéré et traité par les professionnels mandatés pour s'occuper de ceux qui enfreignent les codes légaux et sociaux »[82]. Dans ce changement de perspective, la revendication institutionnelle d'une dynamique de prévention participe à la normalisation des comportements dont les écarts créent les stigmatisations. La prévention devient alors porteuse d'une idéologie de progrès assimilée à la reproduction d'un certain ordre social qui ne fait pas obligatoirement sens chez toutes les populations concernées[83]. Pour les familles étrangères par exemple, proportionnellement plus nombreuses dans les couches les plus paupérisées, le processus de normalisation se rapproche d'une quête de standardisation des comportements. L'objectif est de les rendre conformes aux canons d'une intégration proche de l'assimilation moins portée par le système que par les individus. De fait, dans la phase d'évaluation, le factuel détermine principalement le danger, mais concernant le risque, le poids des représentations et des stéréotypes oriente constamment les conclusions et le choix des outils pour son traitement. Comme l'évoquait Aaron Cicourel au sujet de la

---

[81] DONZELOT Jacques, *La police des familles*, Paris, Minuit, 2005 [1977].
[82] LEMERT Edwin, *Human Deviance, Social Problems and Social Control*, Englewood Cliffs, Practice Hall, 1967, *in* OGIEN, Albert, *Sociologie de la déviance*, Paris, PUF, 2012, p. 158.
[83] BOUQUET Brigitte, *op. cit.*, 2005, p. 30.

délinquance, la qualification de « famille à risque » pour l'individu ou l'ordre social et public procède d'une construction normative et cognitive en même temps que d'une tentative référencée d'objectivation des faits et de leurs conséquences pour l'avenir[84]. À force de rapports, notes et transmissions à des institutions diverses mais reliées entre elles par des systèmes organisés d'échanges d'informations, la famille est moins actrice qu'objet et motif de l'intervention socio-éducative, ce qui justifie sa traçabilité et la mise à nu répétitive de ses mécanismes de fonctionnement. Par la fonction de régulation sociale que l'État sécuritaire tente de conférer au champ de la protection de l'enfance, les pouvoirs publics sont producteurs d'une efficacité symbolique qui, au regard des normes dominantes, peut faire des services sociaux les garants d'une forme idéalisée de cohésion sociale assez éloignée des bases émancipatrices sur lesquelles sa logique s'est construite.

Enfin, pour illustrer les tentations de ce glissement, la loi du 5 mars 2007 réformant la protection de l'enfance qui insiste sur le dépistage précoce, place les services de la Protection Maternelle Infantile (PMI) au centre d'un dispositif formel de protection à vocation préventive. En renvoyant quasi exclusivement au médical la détection des troubles éducatifs, l'action de la PMI peut s'inscrire dans des formes d'essentialisation des comportements parentaux faisant de la question éducative déviante une pathologisation de la relation parents/enfant qui n'est pas sans rappeler la polémique soulevée par le rapport de l'Inserm en 2005[85]. En plaçant la focale sur le risque, autrement dit en faisant de l'avenir un déterminant du présent, la dynamique de prévention se donne une perspective déterministe qui justifie les actions correctives par anticipation. Par l'information préoccupante, et au-delà par le signalement à l'autorité judiciaire, le législateur a doté le champ de la protection de l'enfance des outils du contrôle par la normalisation attendue des comportements familiaux, ce qui fera dire à Romuald Bodin que le fer de lance de cette volonté politique de contrôle sécuritaire « réside dans la procédure de signalement en référentiel non seulement de la protection de l'enfance, mais plus encore de l'ensemble des interventions considérées jusqu'alors

---

[84] CICOUREL Aaron V., *The Social organization of Juvenil Justice*, Transaction Publishers (1549), 1995.
[85] INSERM, *Troubles de conduites des enfants et des adolescents*, Paris, Éditions de l'Inserm, 2005.

comme éducatives »[86]. Et ce n'est pas la demande du ministère de l'Intérieur en 2012 d'associer systématiquement les services protection de l'enfance et de PMI départementaux aux démantèlements des campements Roms[87] qui permettra de préserver l'image émancipatrice que les services médico-sociaux tentent de se doter depuis les années 1980, mais plutôt celle d'un service qui s'impose comme auxiliaire de police et participe à une normalisation des comportements garante du maintien et de la reproduction d'un certain ordre social et public.

Construction de la notion de risque de danger : enjeux et réalités de l'évaluation socio-éducative

La question de l'évaluation traverse de part en part le champ socio-éducatif au point de devenir consubstantielle à la conception de l'aide et de l'accompagnement des familles. Selon qu'elle est pensée avec ou sans l'usager, qu'elle intervient antérieurement à la mesure, pendant ou en fin, qu'elle répond à un besoin individuel ou à un souci d'ordre social ou public, l'évaluation implique des postures singulières qui allient anticipation, systèmes de représentation de ce qui fait problème et de sa résolution, et production de grilles de valeurs référentielles. Dans les systèmes de représentation personnels, la manière de l'aborder et les objectifs poursuivis mêlent à la fois éthique, morale et déontologie, et en font autant un outil potentiel d'émancipation que de correction des comportements. Lorsque l'évaluation est portée par la morale et qu'elle correspond pour celui qui la subit à une intervention « pour son bien », elle s'inscrit alors dans des rapports de domination plus globaux qui rendent le travailleur social détenteur quasi unique du savoir et donc d'une certaine forme de pouvoir[88]. A l'opposé, un processus évaluatif partagé positionne d'emblée l'ensemble des intervenants comme potentiels acteurs du traitement de la difficulté et dilue le principe de responsabilité entre les individus et le système. Pour celui qui la

---

[86] BODIN Romuald, *Les métamorphoses du contrôle social*, Paris, La Dispute, 2012, p. 134-135.
[87] Circulaire interministérielle NOR INTK1233053C du 26 août relative à l'anticipation et à l'accompagnement des opérations d'évacuation des campements illicites.
[88] FOUCAULT Michel, *Surveiller et punir*, Gallimard, Paris, 1975, p. 36.

manie, de manière séparée ou concomitante, l'évaluation peut donc être un fait qui s'impose à tous ou un objet permanent de négociation, un facteur de soumission à vocation corrective des comportements ou un vecteur émancipateur du changement.

A partir des réalités observées dans les quartiers du Faubourg – Centre-ville à Béziers et Petit-Bard – La Pergola à Montpellier, un enjeu principal émerge : l'élaboration et l'appropriation d'un référentiel partagé du risque et du danger par les acteurs du champ. Car comme le met en évidence Patrick Péretti-Wattel, « l'évaluation du risque dépend de quel point de vue on se place »[89].

Les objectifs de l'évaluation socio-éducative

L'évaluation sociale

Dans son sens commun, évaluer signifie apprécier, juger les qualités d'une chose, de façon approximative, sans recourir à la mesure directe, ce qui revient à placer l'évaluation dans le registre de la subjectivité et non celui de la scientificité. En matière de protection de l'enfance, dès la décentralisation, elle entre dans le droit et devient une obligation qui s'inscrit dans le processus d'attribution d'une ou plusieurs prestations d'aide sociale à l'enfance. Elle se traduit aujourd'hui législativement par la prise en compte de « l'état du mineur, la situation de la famille et les aides auxquelles elle peut faire appel dans son environnement »[90]. L'évaluation soumet donc l'ensemble des membres de la famille à ses impératifs et de sa précision dépendront la décision et la qualité de l'aide et du soutien à apporter. Dans un contexte qui se veut parfois contraint, l'évaluation devient l'outil par excellence de normalisation des comportements par la fonction corrective qui lui est régulièrement associée. Alors que le fait de prétendre à une aide sociale relève le plus souvent d'un droit, pour l'obtenir la famille n'a pas d'autre choix que de se soumettre aux mécanismes de l'évaluation et ses corollaires, ce qui l'oblige à faire la preuve du besoin et de son incapacité à le satisfaire par ses propres moyens. En faisant de l'évaluation une obligation préalable, la demande d'aide sociale ou éducative jette automatiquement la suspicion sur la démarche engagée par la famille. Ce qui légitime

---

[89] PÉRETTI-WATEL Patrick, *op. cit.*, 2010, p. 28.
[90] Article L223-1 du CASF, modifié par les articles 21 et 26 de la loi n°2016-297 du 16 mars 2016 relative à la protection de l'enfant.

alors l'immixtion d'un professionnel dans la sphère privée et une forme de mise en visibilité maximale de la situation personnelle du demandeur. Pour les familles étrangères, cette suspicion se superpose à celle de l'État qui, par son dispositif législatif, ses services ou ses procédures, ne cesse de remettre en question la légitimité de sa présence et de son maintien sur le territoire national et l'oblige à fournir la preuve de sa volonté d'intégration. La démarche intégrative de l'étranger passe souvent par des mécanismes d'invisibilité des conduites (caricaturée par l'expression « se fondre dans la masse »), or solliciter une aide provoque paradoxalement une visibilité accrue. Cette obligation d'évaluation est d'autant plus vécue comme une intrusion dans l'intime et une démultiplication du risque de rétorsion qu'elle s'adresse à des étrangers le plus souvent structurellement invalidés par le système administratif et juridique. Ainsi, en se pliant aux exigences de transparence que nécessite l'évaluation, l'étranger s'expose à des mesures coercitives qui peuvent aller jusqu'à la conduite en centre de rétention administrative et l'expulsion[91] alors que sa demande n'a pas d'autre objet que de satisfaire les besoins essentiels de son enfant. Dès 2005, l'Inspection Générale de l'Action Sociale (IGAS) affirme que l'intervention sociale n'a pas pour seul objet l'accès aux prestations mais à rendre les individus autonomes en modifiant leurs conditions de vie. Pour les familles structurellement invalidées, force alors est de constater que l'obligation d'évaluation obère l'enclenchement du processus de coproduction dans l'élaboration et la mise en œuvre de la mesure d'aide et de soutien. En satisfaisant aux exigences de l'évaluation, l'usager prend le risque d'être maintenu dans un statut de prétendant plutôt que d'acteur de son devenir et transforme le travailleur social en « annexe du pouvoir »[92]. Car outre l'aide qu'il peut apporter, pour atteindre ses objectifs normatifs l'évaluateur détient les moyens de contraindre.

---

[91] Au moment de la recherche (2011-2015), l'aide au séjour irrégulier est encore un délit passible d'une condamnation pénale, ce qui fait que dès 2008 la Commission éthique et déontologie du Conseil Supérieur du Travail Social (CSTS) s'est alarmée « des opérations de recherche des sans-papiers dans des structures du secteur social, des centres d'hébergement, d'accueil et de soins » [Commission éthique et déontologie du CSTS, Avis, 3 juin 2008]. Même si la législation a aujourd'hui évolué pour les professionnels, le soutien aux « illégaux » demeure un sujet sensible dans les institutions.

[92] Sens du travail social très largement interrogé dans les années 1970, lire particulièrement à ce sujet DOMENACH Jean-Marie, GIROS Patrick, LAFONT

En dehors du résultat attendu, l'évaluation contribue aussi à catégoriser les « populations à problème »[93]. Elle procède de deux manières : soit à partir d'une phase dynamique de l'usager qui sollicite l'aide sociale et qui entre dans la catégorie des précaires potentiels bénéficiaires ; soit à partir d'une démarche active du professionnel qui, après analyse de la difficulté et définition du besoin, positionne l'usager en qualité d'objet de l'intervention sociale. L'impératif d'évaluation transforme parfois la correspondance entre la situation de l'usager et les droits auxquels il peut prétendre plutôt en vérification du bien-fondé de la demande qu'en accompagnement à satisfaire le besoin. Les situations singulières ont alors tendance à être transformées en situation régulières[94]. Mais la validité du raisonnement ne vaut que pour des usagers en capacité de prétendre à un accès égal aux dispositifs de droit commun (*minima* sociaux, droit au travail, etc.). Les populations sans statut administratif régulier en sont exclues. Pour paraphraser Robert Castel, les étrangers ne sont pas des valides invalidés par une conjoncture qui annihile leurs prétentions à régulariser leur situation administrative sur le territoire national, mais des valides structurellement invalidés par le système administratif, social et politique. Ils deviennent alors des sans-droits strictement porteurs de devoirs, et l'invalidité structurelle prend la forme du stigmate du handicap en rejaillissant sur le statut et la fonction parentaux[95]. La formule régulièrement accolée aux usagers du service social de « personnes en difficulté » fonctionne comme une caractéristique négative qui, de sujet désirant et reconnu dans ses potentialités, transforme l'individu en objet captif de l'action sociale.

Hubert, MEYER Philippe, THIBAUD Paul, VIRILIO Paul, « Le travail social, c'est le corps social en travail », in *Pourquoi le travail social ?*, Esprit, n°4-5, avril-mai 1972, p. 236-253.
[93] Robert Castel appelle « populations à problème » les « individus ou les groupes qui souffrent d'un déficit d'intégration, qui ne s'inscrivent pas ou s'inscrivent mal dans le système réglé des échanges sociaux, qui n'arrivent pas à trouver une place ni à tenir une place dans la société » [CASTEL Robert, « Du travail social à la gestion sociale du non-travail », *Esprit*, n°3-4 mars/avril, avril 1998, p. 128].
[94] LENOIR Rémi, « Contrôle (du) social. La construction d'une notion et ses enjeux », *Informations sociales*, 2005/6, n°126, p. 11.
[95] Le terme de « handicap » se définit là comme une invalidation qui s'impose à l'individu qui est dans l'impossibilité par lui-même de résoudre l'intégralité des problèmes soulevés par son handicap, et peut simplement espérer une amélioration de ses conditions de vie, ce qui oblige celui qui le subit à « vivre avec », et celui qui le prend en charge à « faire avec ».

Cette conception restrictive s'éloigne de la dynamique qui tend à prévenir une aggravation de la situation relationnelle intrafamiliale sans permettre de s'émanciper du travail social[96]. On se rapproche de ce qu'Élisa Chelle appelle « *conditionnaliser* » les individus, autrement dit soumettre l'autre à une puissance d'arbitrage qui confie « des comportements à un regard extérieur, un regard qui, *ex post*, classe et hiérarchise, écoute et récompense »[97].

L'évaluation éducative

Lorsque la « saillie » est éducative[98], l'entrée professionnelle est de faire reposer le raisonnement assistantiel sur un schème familialiste qui impute une causalité parentale aux comportements des enfants[99]. Comme le relève l'ONED, l'évaluation des capacités parentales tend à mesurer l'écart entre le « modèle idéal-type d'éducation de l'enfant »[100] et le fonctionnement observé. Deux perspectives à l'évaluation s'ouvrent alors. La première participe du démarrage de l'action sociale et éducative et pose avec la famille les bases partagées de la résolution de la difficulté. La deuxième s'entend dans le *continuum* de l'intervention ou dès son démarrage, mais poursuit un strict objectif de diagnostic des forces et faiblesses de la famille[101]. Au cours de l'intervention, l'évaluation répond à un triple besoin inscrit dans une logique descendante du professionnel vers l'usager : « connaître si une action a ou non des effets véritables, être en mesure de savoir si ces effets sont vraiment positifs, permettre à partir de là une régulation effective des modes d'agir »[102]. Cette dernière conception participe d'une logique de protection liée à « l'agir sur » plutôt qu'à la démarche préventive du « faire avec ». Prise dans un

---

[96] KARSZ Saül, Pourquoi le travail social ? Définition, figures, clinique, 2ème édition, Paris, Dunod, 2011, p. 163.
[97] CHELLE Elisa, Gouverner les pauvres. Politiques sociales et administration du mérite, Rennes, PUR, 2012, p. 34.
[98] Est appelée « "saillie" la dominante familiale qui détermine l'angle professionnel par lequel la problématique rencontrée tente d'être résolue » [KARSZ Saül, « Le social à l'épreuve du néolibéralisme », *Les Cahiers de la recherche sur le travail social*, n°14/88, Université de Caen/Centre de recherche sur le travail social].
[99] SERRE Delphine, *op. cit.*, 2009, p. 73-75.
[100] ONED, *op. cit.*, 2011, Chapitre III.
[101] ONED, *8ème rapport au Gouvernement et au Parlement*, Paris, La Documentation française, mai 2013.
[102] BOUTANQUOI Michel, MINARY Jean-Pierre, *L'évaluation des pratiques dans le champ de la protection de l'enfance*, L'Harmattan, Paris, 2008, p. 23.

contexte de maintien d'un certain ordre social et public, l'évaluation peut rapidement se transformer en contrôle des formes de parentalité et s'éloigner de la recherche qualitative du mieux-être de l'individu. Si le contrôle prétend rendre objectivement compte de faits en fonction de critères normatifs précis, « l'évaluation ouvre et discute, remet en jeu, redéploie l'analyse »[103].

En l'état de la réflexion, et selon les discours des professionnels de l'enfance chargés des informations préoccupantes dans les quartiers étudiés, trois processus évaluatifs se déploient ensemble ou séparément en fonction du (des) objectif(s) recherché(s) par l'intervention. D'abord *l'évaluation administrative*. Plus particulièrement à l'œuvre dans le traitement de la question sociale, elle a pour fonction de permettre la résolution de la demande ou du besoin définie à partir de critères objectifs. Elle interroge directement la question du statut administratif du potentiel bénéficiaire et vérifie la conformité de la demande au regard des critères d'attribution de l'aide. L'évaluation administrative ne s'inscrit pas dans un processus de co-élaboration, la famille n'étant que productrice d'éléments ou de pièces justifiant sa situation et le bien-fondé de sa demande. Ce type d'évaluation est imposé par les règles et les procédures, et fait entrer le travail social dans une logique de « guichet ».

Vient ensuite *l'évaluation émancipatrice*. C'est une évaluation qui participe tout autant à la mise en œuvre de l'intervention qu'à son suivi. Elle sous-tend l'idée d'un processus co-construit et d'une démarche participative entre les professionnels de l'intervention sociale et la famille. Elle poursuit l'intérêt unique de faire advenir l'individu dans ses potentialités. Elle s'inscrit dans une démarche qui se veut préventive dans le sens où elle contribue aux phases de co-diagnostic de la problématique, de co-évaluation des besoins et de co-définition des objectifs de son traitement. Elle intervient également dans la phase de coproduction de la mesure d'aide et de soutien par les processus de réajustement que pratiquent les intervenants socio-éducatifs. Interactif et garanti par un système coopératif, ce type d'évaluation suppose une volonté institutionnelle de rendre le potentiel bénéficiaire de l'aide acteur de son devenir et le professionnel accompagnateur de la démarche.

---

[103] *Ibid.*, p.30.

L'*évaluation normative* enfin. Proche du contrôle, elle part d'un postulat correctif des attitudes et des comportements des individus. Construite dans une logique descendante, elle s'appuie sur une grille référentielle basée sur un système de valeurs apanage exclusif de celui qui évalue et qui sert de modèle pour les objectifs recherchés. Elle justifie sa pertinence dans la mesure de l'écart entre des comportements individuels et les attentes normatives dominantes. L'évaluation normative est davantage au service d'un système socio-politique que du potentiel bénéficiaire de la mesure d'aide et d'accompagnement, et consacre l'asymétrie des places entre l'intervenant socio-éducatif et les responsables de l'enfant. Au lieu d'être un vecteur de développement singulier, elle inscrit la fonction parentale dans une perspective de performance en fonction d'une norme préétablie. De fait, pour la famille, faire part ou montrer d'une forme d'incompétence ou d'impuissance dans l'exercice de la parentalité revient à renforcer l'ingérence des pouvoirs publics dans la sphère privée et à renoncer à son intimité[104]. L'adhésion à la démarche évaluative devient alors la soumission à un système normatif qui peine à prendre sens parce que peu ou pas partagé avec l'évaluateur, notamment lorsque le processus s'adresse aux familles étrangères.

Formé de responsables de structures éducatives, un « groupe départemental de travail Aide Éducative à Domicile »[105] voit le jour en 2009 au conseil départemental de l'Hérault et met en évidence deux conceptions différenciées et utilitaristes de la dynamique d'évaluation dans le champ éducatif. La première consiste en une sorte d'évaluation/orientation qui regroupe les phases de l'évaluation administrative et émancipatrice. Dans le département, les mesures d'Aide éducative à domicile (AED, administratives) et d'Action éducative en milieu ouvert (AEMO, judiciaires) sont exercées au domicile de l'enfant par des prestataires associatifs. Par contre, la phase qui consiste à évaluer et à formaliser l'intervention et à recueillir l'adhésion des familles est exclusivement l'apanage des travailleurs sociaux ou médico-sociaux des agences départementales de la solidarité. Il existe donc au niveau des intervenants éducatifs une séparation formelle entre l'évaluation/orientation des problématiques familiales et l'exercice même de la mesure. Cette deuxième

---

[104] ODAS, Rapport, *La place des parents*, juin 2010, p. 14-15.
[105] Compte-rendu du groupe de travail AED, du 6 février 2009 au 10 novembre 2009, réunion du 22 septembre 2009.

conception de l'évaluation est incluse dans l'exercice même de la mesure et se confond avec elle dans le discours des responsables éducatifs. Plus proche dans sa présentation de l'évaluation normative, elle est partie prenante de l'acte éducatif sans que les contours n'en soient clairement définis. Elle est pourtant au service des objectifs poursuivis et permet les réajustements nécessaires pour les atteindre. En séparant de la sorte la phase d'élaboration et de réalisation, les responsables des structures éducatives associatives mettent en évidence une première étape dépourvue selon leurs termes de tout caractère éducatif, et une deuxième quasi exclusivement éducative où l'évaluation vient au strict service des objectifs poursuivis. En sériant de la sorte les interventions, l'évaluation passe de fin en soi (1ère phase) à un moyen pour atteindre des objectifs qui restent encore à déterminer (2ème phase).

Cette conception différenciée de l'utilité de l'évaluation a pour conséquence deux démarches dans l'établissement d'une relation socio-éducative avec les familles. La première consiste à intégrer dans l'accompagnement une phase préalable obligatoire de rupture qu'induisent l'évaluation par les services départementaux et la réalisation de la mesure par ceux associatifs. Mais ce processus, s'il connaît une logique gestionnaire évidente, ne s'inscrit pas dans la démarche préventive telle que définie. Le co-diagnostic de la situation, la co-évaluation des besoins et la co-définition des objectifs sont séparés de la dynamique de production d'une mesure qui en fait s'impose autant à la famille qu'au nouvel intervenant éducatif et prend alors la forme effective d'une prestation de service délivrée par un tiers qui ne s'inscrit pas d'emblée dans la co-élaboration de l'aide et du soutien. La deuxième démarche consiste à établir un transfert des responsabilités entre les professionnels et la famille. En favorisant la co-élaboration du suivi, professionnels et famille s'approprient l'évaluation en devenant les acteurs de la décision. On assiste alors à une forme d'internalisation de la responsabilité par les différents protagonistes dans une logique ascendante. Alors qu'en différenciant les étapes et les intervenants, le processus décisionnel est externalisé : l'évaluation de la situation et la définition des besoins appartiennent à certains professionnels, la production de la mesure à d'autres, le tout dans une logique descendante. De fait, les professionnels sont plutôt enclins à vérifier les potentialités familiales sur la base d'objectifs non atteints que les soutenir. Ce processus provoque de la part de certaines familles peu à l'aise dans leurs relations avec les administrations des attitudes de fuite et d'évitement qui se caractérisent par une absence de formalisation de l'intervention éducative à l'issue du processus d'évaluation/orientation avec pour conséquence l'arrêt de l'intervention d'aide et de soutien ou la saisine de l'autorité judiciaire.

L'externalisation de l'évaluation confère au professionnel une position de surplomb en grande partie rejetée par les travailleurs sociaux des agences départementales qui voient dans cette rupture un facteur de déstabilisation de la relation, notamment avec les familles structurellement fragilisées par le système[106]. À cause des difficultés de compréhension de la langue française et une forte inquiétude provoquée par le cadre souvent contraignant des dispositifs administratifs, le travail d'évaluation auprès des familles étrangères doit s'inscrire dans le temps long pour favoriser l'émergence de la parole et l'élaboration d'une relation de confiance minimale. De ce fait, pour ces familles, la perspective de formalisation/contractualisation de l'intervention et le changement d'intervenant rompent l'ébauche de la relation de confiance et crée une méfiance non pas liée à l'objectif même de la mesure, mais au cadre administratif de sa mise en œuvre. Autre conséquence, l'individu social est séparé de l'individu éducatif. En effet, une fois la mesure mise en place, le bénéficiaire constate la séparation entre le traitement de sa problématique sociale – dont le suivi est toujours confié aux travailleurs sociaux du département – avec sa problématique éducative – assuré par le service prestataire. Le procédé induit un cloisonnement des interventions qui ne favorise pas la prise en compte socio-éducative de la difficulté familiale tout au long du suivi. Ce processus sérié individu social/individu éducatif joue le rôle de facteur démultiplicateur dans le phénomène d'acceptation ou non de l'intervention pour ces familles dont le comportement passe sous les fourches caudines sécuritaires à cause de leur origine, leur statut, leur précarité ou pauvreté, leurs conditions de vie et/ou leur lieu d'habitation.

Morale et éthique dans la constitution de la norme

Évoquer un système de valeurs de référence revient à qualifier les éléments constitutifs de la norme et ceux qui s'en détournent. Dès la fin du XIXᵉ siècle, la question de la morale est régulièrement convoquée dans la constitution du champ de la protection de l'enfance. Pour Émile Durkheim, est moral « tout ce qui est source de

---

[106] Entretien n°10, Assistante de service social, Béziers ; entretien n°14, assistante de service social, Montpellier.

solidarité, tout ce qui force l'homme à compter avec autrui, à régler ses mouvements sur autre chose que les impulsions de son égoïsme »[107]. Prendre en compte alors les enfants « moralement abandonnés » tel que prôné par la loi du 24 juillet 1889[108] participe à la fois au maintien des principes de cohésion sociale et au respect de l'individu en qualité de victime d'un système familial défaillant. En même temps il devient un outil de régulation des couches les plus paupérisées victimes de l'industrialisation et de la perte des solidarités mécaniques consécutive à l'exode rural massif. Rapportée aux réalités du travail socio-éducatif du XXIe siècle, la morale, encore présente dans l'article 375 du Code civil[109], a tendance à s'inscrire en fin de l'intervention sociale, comme un « ensemble de règles de conduite socialement considérées comme bonnes »[110]. Cristina de Robertis ajoute que cette notion recouvre « l'ensemble des prescriptions, les règles de conduite ou de comportement admises à une époque et dans une société donnée »[111]. En qualité de cadre de référence aux conduites, la morale fonctionne comme système de valeurs inscrit dans une temporalité qui fait sens pour un groupe d'individus circonscrits dans un espace et un réseau délimités. Par conséquent, le non-respect des règles communément admises par le groupe de référence conduit à la marginalisation ou à l'exclusion du système social dans lequel l'individu et ses proches évoluent. Pour l'intégrer il convient de se conformer à un cadre préexistant qui joue le rôle de ciment social entre les différents membres. La morale se compose donc d'un ensemble de règles sociales transmissibles qui soumettent l'individu dans sa relation à l'autre et qui, dans leurs interactions

---

[107] DURKHEIM Émile, *op. cit.*, 2007 [1930], p. 394.
[108] Loi du 24 juillet relative à la protection des enfants maltraités ou moralement abandonnés, dite loi Roussel.
[109] Article 375 du Code civil : « Si la santé, la sécurité ou la moralité d'un mineur non émancipé sont en danger, ou si les conditions de son éducation ou de son développement physique, affectif, intellectuel et social sont gravement compromises, des mesures d'assistance éducative peuvent être ordonnées par justice à la requête des père et mère conjointement, ou de l'un d'eux, de la personne ou du service à qui l'enfant a été confié ou du tuteur, du mineur lui-même ou du ministère public […] ».
[110] VERDIER Pierre, « Morale, éthique, déontologie et droit », *Les Cahiers de l'Actif*, n°276/277, 2010, p. 18.
[111] DE ROBERTIS Cristina (dir.), *Le contrat en travail social*, Paris, Bayard éditions, 1993, p. 125.

procèdent par injonctions dans le but de composer un collectif cohérent globalement géolocalisé.

De son côté, en tant qu'ensemble de principes à la base des conduites de chacun[112], l'éthique procède d'une individualisation des systèmes de valeurs de référence. Elle correspond à un idéal à atteindre. Au « fondement de la morale, [l'éthique] étudie le sens, la portée des concepts fondamentaux tels que le bien, le devoir, l'obligation »[113]. Si elle est également soumise à une temporalité, l'éthique transcende le lien et l'espace dans lesquels elle s'inscrit pour devenir un critère de référence partagé et dicte des principes de fonctionnement. Particulièrement revendiquée dans le champ du travail social, elle est à la base de toutes les actions qui visent à influer sur les comportements individuels par les références qu'elle suppose et les objectifs qu'elle poursuit. La démarche évaluative renvoie à ce que Max Weber nomme respectivement l'éthique de la conviction et l'éthique de la responsabilité[114]. Bien que selon lui elles soient irrémédiablement opposées, ces deux formes d'éthique articulent le sens de l'évaluation en faisant se confronter les valeurs individuelles qui permettent la lecture du sens éducatif de l'acte, et ses effets escomptés au regard des référentiels sociétaux qui commandent l'intervention sociale et éducative. Également en proie à la morale, l'éthique met en tension le professionnel dans ce qui fonde sa légitimité d'intervention et son envie d'être et d'apparaître[115]. À cette tension interne s'ajoute une autre externe issue de la confrontation entre le référentiel professionnel et celui de l'évalué. De ces tensions permanentes découle l'élaboration d'une grille de lecture normative des comportements qui permet d'appréhender la réalité individuelle et collective dans laquelle les familles évoluent en même temps qu'elle dicte le champ du possible à l'intervention socio-éducative. Comme l'avance Anna Rurka, « le travail social est un travail sur la norme et autour de la norme » qui influe sur la définition de la notion de risque et de danger en l'inscrivant dans une réalité temporelle et un contexte spécifique[116]. Les principes normatifs sur lesquels ce travail s'appuie naissent donc des interactions consécutives aux tensions générées par

---

[112] VERDIER Pierre, *op. cit.*, 2010.
[113] DE ROBERTIS Cristina, *op. cit.*, 1993, p. 126.
[114] WEBER Max, *Le savant et le politique*, Paris, Poche, 2002, p. 206.
[115] BOUCHEREAU Xavier, *op. cit.*, 2012, p. 115.
[116] RURKA Anna, *L'efficacité de l'Action éducative d'aide à domicile*, Paris, L'Harmattan, 2008, p. 76.

les systèmes de valeurs de référence des professionnels et des familles et des conséquences des changements envisagés sur la place de chacun dans son contexte d'évolution. Dans le cadre du travail social auprès des familles étrangères, cette confrontation entre morale et éthique exacerbe d'autant plus les tensions que les valeurs de référence à tendance universaliste dont se parent les professionnels pour justifier leur action sont globalement celles des classes moyennes et privilégiées alors qu'elles s'adressent aux couches les plus précaires et que leurs comportements sont déconnectés de leur contexte plus ou moins forcé de production. Ces valeurs de référence produisent alors des grilles de lecture orientées des comportements au croisement des référentiels acquis dans la société d'origine et ceux produits dans la société d'accueil, ce que Franz Schultheis *et al.* nomment les « normes de référence de "savoir éduquer" »[117].

Ce détour par les mécanismes d'élaboration de la norme a d'autant plus d'importance que ni le Code civil ni celui de l'action sociale et des familles ne précisent la notion de risque de danger pour un mineur. De fait, dans leur action d'évaluation, les travailleurs sociaux ne peuvent se départir de leur subjectivité et des cadres de référence personnels. Ils éprouvent des difficultés à se démarquer de leurs propres conceptions morales sur l'éducation d'un enfant et d'une éthique professionnelle que la formation et l'expérience acquise ont développée de manière pragmatique et empirique. Pas plus que des systèmes de représentation ou des stéréotypes qui accompagnent les conditions à l'origine d'un développement dysharmonieux de l'enfant ni enfin d'un réflexe d'autoprotection professionnelle alimenté par l'objectif du « risque zéro » et qui prend régulièrement la forme d'un *réflexe parapluie*. Comme le pointe Saül Karsz :

> Il n'y pas de sévices sans idéologie des sévices, sans représentation de ce qui est permis et de ce qui est interdit, sans désignation de ce dont l'enfant est supposé avoir besoin, en rapport avec ce que le droit prescrit, les sciences sociales et humaines expliquent, la morale ambiante préconise, l'intervenant imagine.[118]

L'évaluation s'appuie donc sur des normes pré-référencées et par sa confrontation aux réalités singulières d'évolution des familles, elle

---

[117] SCHULTHEIS Franz, FRAUENFELDER Arnaud, DELAY Christophe, *op. cit.*, 2007, p. 147.
[118] KARSZ Saül, *op. cit.*, 2011, p. 58.

développe alors des systèmes normatifs qui servent de modérateurs dans la perception du risque et du danger. C'est ainsi que ni la précarité consécutive aux effets du système (vivre dans la rue ou dans une caravane sans eau courante ou électricité)[119] ni la violence utilisée à des fins « éducatives »[120] ne produisent la saisine automatique de la justice pour des situations de risque ou de danger. Ce n'est donc pas l'acte qui dicte l'intervention socio-éducative, mais le sentiment contextualisé qu'il provoque chez le professionnel. La perception subjectivée du fait éducatif revient à produire des facteurs qui aggravent ou relativisent la notion de risque et de danger, facteurs qui varient d'un individu à un autre selon le contexte de sa production.

En même temps que l'évaluation participe d'un processus sociologique qui désigne l'autre potentiellement pauvre d'un point de vue éducatif, elle constitue la famille en qualité d'usager et d'acteur du service social et éducatif. Régulièrement positionné au centre des politiques publiques depuis le début des années 2000[121], l'usager – celui qui bénéficie d'un droit d'usage – voit son individualité engoncée dans des rapports normatifs sociétaux qui peuvent à la fois l'inclure ou l'exclure d'un collectif constitué. La potentielle force agissante sans cesse appelée de ses vœux par les dispositifs législatifs est le résultat d'une forme éthique de l'action sociale qui peine à trouver des débouchés concrets dans l'intervention. L'usager n'est pas acteur de son devenir car les politiques publiques et les institutions socio-éducatives ont tendance à le transformer en objet de l'action publique et à le soumettre à une injonction à être. Loin de satisfaire ses besoins et ses intérêts, l'intervention sociale tend à satisfaire plutôt la société qui veut le voir se conformer à certaines normes dominantes. Le point de rencontre entre l'usager et l'institution se situe donc au croisement du besoin et de la demande et d'un cadre référentiel externalisé (juridique, administratif, social, éducatif et/ou personnel) à vocation normative. Il doit parfois la négation de son positionnement d'acteur à une forme de travail social porteuse de valeurs éthiques qui se déploient dans un mouvement descendant de traitement du risque. La dynamique préventive revêt alors la forme

---

[119] Entretien n°15, assistante de service social, Montpellier ; entretien n°4, animatrice, Béziers.
[120] Entretien n°9, CADA, Béziers.
[121] Notamment par la loi n°2002-2 du 2 janvier 2002 rénovant l'action sociale et médico-sociale.

d'un simple affichage qui n'autorise pas l'émergence de l'usager en qualité d'acteur de la décision. Bien qu'institués en tant que porteurs et garants du droit, familles et professionnels peinent alors à développer une éthique commune dans l'élaboration de la mesure d'aide et de soutien. Lorsqu'elle s'inscrit dans des perspectives normatives, l'action sociale est motivée par une injonction à être doublée d'un devoir-faire qui rend l'usager méritant et l'inscrit dans une dynamique collective de cohésion sociale.

Si donc morale et éthique participent à l'élaboration d'une norme dominante – en ce qu'elles placent l'individu au centre des préoccupations sociales en même temps qu'au service d'un collectif dans une temporalité et un espace circonscrit – la prédominance de la logique sécuritaire confère une perspective utilitaire à la norme. Elle fait du professionnel un exécutant chargé de faire advenir l'usager à la fois en qualité de sujet inclus et en qualité d'objet à modeler de l'action sociale. L'analyse sociologique des discours des professionnels intervenant dans les secteurs étudiés met en évidence un triple caractère à la norme. D'un côté il y a la *norme instituée* par des instances qui font autorité et dont le respect est garanti par un système légal et règlementaire de sanctions qui poursuit un objectif d'ordre et d'idéal de cohésion sociaux. De l'autre une *norme constituée* par les individus eux-mêmes dans le cadre des interactions avec leur milieu d'évolution. Et enfin, au confluent des deux s'élabore une *norme évaluative* qui « se confond alors avec une action de jugement ordinaire (le beau, le simple, l'utile, l'efficace, l'approprié) »[122] et un ensemble de règles tacites qui intègrent l'individu dans un environnement au point de le confondre avec lui. Contrevenir à la norme revient alors à enfreindre un système de prescriptions qui implique et légitime d'abord l'évaluation et ensuite l'action corrective par un tiers, sinon à s'exclure soi-même et délibérément du groupe de référence. Dans les deux cas, la transgression qui en résulte est constitutive d'une déviance qui remet en cause l'ordre individuel et social à un niveau micro ou macro et justifie l'immixtion de la sphère privée dans celle publique.

---

[122] OGIEN Albert, *op. cit.*, 2012, p. 278.

Risque et danger dans les quartiers du Faubourg – Centre-ville à Béziers et du Petit-Bard – La Pergola à Montpellier

L'absence de définition précise de la notion de risque de danger donne plus d'importance aux systèmes de représentation des professionnels de l'enfance dans son appréhension et des acteurs locaux dans leurs signalements. Au contact régulier des populations, les systèmes de représentations des professionnels et des bénévoles associatifs influent à la fois sur les modes de transmission de ce qui fait préoccupation dans la prise en charge éducative d'un enfant, mais aussi sur les termes du traitement de la problématique. S'élaborent alors des grilles d'évaluation des comportements parentaux qui peinent à être partagées entre les évaluateurs et les éventuels bénéficiaires. S'ensuit la définition d'une perspective singulière de la dynamique de prévention au regard de celle de protection, tantôt émancipatrice tantôt régulatrice des comportements individuels et collectifs.

Quelques précisions méthodologiques s'imposent avant d'aller plus avant dans l'exposé. Les données exploitées relatives aux informations préoccupantes des secteurs du Faubourg – Centre-ville à Béziers et du Petit-Bard – La Pergola à Montpellier concernent exclusivement les familles étrangères[123]. Elles sont issues des rapports officiels effectuées par les travailleurs sociaux et/ou médico-sociaux de secteurs. Aucun comparatif quantitatif n'est établi avec les familles « nationales ». Pour mieux cerner les familles étrangères « à risque », seule la définition du profil de l'enfant et de ses responsables (légaux ou non) intéresse notre propos, ainsi que les motivations des évaluateurs avec les perspectives qu'ils ouvrent[124]. S'appuyant sur les années 2011 et 2012, nous avons attaché un intérêt particulier aux caractéristiques suivantes : la composition des familles faisant l'objet d'une évaluation dans le cadre d'une information préoccupante, la

---

[123] Sont considérées comme « familles étrangères » les familles dont au moins un des membres en charge directe de l'éducation d'un enfant n'est pas Français.
[124] Les rapports des travailleurs sociaux et médico-sociaux ne faisant l'objet d'aucun classement ethnique, leur traitement a nécessité une lecture anonymée de chacun d'eux pour préserver le secret professionnel et, comme la mention de l'origine était globalement absente des écrits, un croisement avec les dires des professionnels ayant réalisé l'évaluation. Ce travail long et fastidieux a empêché un recueil de données à trop grande échelle mais a garanti localement leur objectivité.

situation professionnelle des responsables légaux de l'enfant, les motifs de transmission aux services de protection et les orientations préconisées par les professionnels[125]. Les données recueillies au cours des entretiens formeront l'essentiel de l'approche qualitative du secteur, de ses habitants et de leurs problématiques dominantes.

L'information préoccupante au Faubourg – Centre-ville à Béziers en données brutes

Le quartier du Faubourg – Centre-ville à Béziers fait partie des quartiers populaires anciens et a notamment accueilli les Espagnols de la *Retirada* après 1936. Situé à l'ouest de la ville et aux abords immédiat du centre historique, il se déploie dans une zone en grande partie inondable de chaque côté des rives de l'Orb. Ex-Zone urbaine sensible (ZUS) et aujourd'hui Quartier prioritaire de la politique de la ville (QPV), il se caractérise par un nombre important de logements vétustes (dont un certain nombre indécents voire insalubres) aux loyers très modérés. Réputé comme « porte d'entrée » pour les familles modestes qui prétendent s'installer à Béziers, il est un lieu de passage avant une installation plus pérenne dans d'autres quartiers de la ville. Aux Espagnols succèdent maintenant une forte population marocaine et, dans des proportions moindres, algérienne, tunisienne et turque. L'autre particularité du quartier est d'accueillir à sa périphérie immédiate deux Centres d'accueil de demandeurs d'asile (CADA) drainant des populations essentiellement issues de l'est de l'Europe (arménienne, azérie, tchétchène pour l'essentiel) dont une frange importante, une fois déboutée de leur demande d'asile, se saisit des opportunités ouvertes par les nombreux « marchands de sommeil » dont profitent également de très nombreux Français en situation de précarité. Aux franges du territoire se sont installés deux des principaux camps de la ville peuplés principalement de Roms venant de Roumanie, et pour le reste de l'éclatement de l'ex-Yougoslavie (Monténégrins, Serbes et Kosovars). À cause de la crise économique que traverse l'arc latin, de nouvelles populations étrangères ayant

---

[125] Ne sont traitées dans cette étude que les informations préoccupantes ayant fait l'objet d'un enregistrement et d'une évaluation formelle par les travailleurs sociaux et médico-sociaux des agences départementales. Les données recueillies ne sont donc pas l'exact reflet de l'ensemble des actions de soutien à la fonction parentale réalisées sur le secteur dont une grande partie est informelle. Nous restons donc sur celles qui laissent une « trace », c'est-à-dire qui ont fait l'objet d'un enregistrement officiel et de la rédaction d'un rapport contenu dans le « dossier famille ».

bénéficié d'une régularisation en Espagne ou en Italie gagnent la France pour se rapprocher d'autres membres de la famille. Avec des enfants en grande majorité nés en Europe, ces familles connaissent des phénomènes de double déracinement relativement inédits pour le secteur. De nombreuses familles sont dans une situation administrative complexe et espèrent des résolutions pour intégrer d'autres quartiers moins stigmatisés. Mais la destruction des principales barres HLM de la ville fin 2011 est venue sensiblement réduire les propensons à ce déplacement singulier.

Entre 2011 et 2012 donc, la proportion globale des transmissions d'informations préoccupantes impliquant des familles étrangères sur le secteur a sensiblement augmenté pour passer de 14.5% (8 sur 55) à 25% (11 sur 44) sans qu'aucun élément objectif ne permette d'en cerner les raisons. Néanmoins, au regard de la population totale et dans les procédures concernant les familles étrangères (30% de la population du secteur), on ne note pas de surreprésentation dans les transmissions d'informations préoccupantes[126] ni de liens mécaniques entre pauvreté/précarité et problématique éducative (les familles étrangères rencontrant plus que d'autres des difficultés sociales). Autre élément important, plus d'un tiers des familles étrangères (37.5%) concernées par une transmission en 2011 étaient déjà connues des services sociaux et avaient fait l'objet d'une intervention au moins dans le champ social, éducatif et/ou médical, et quasiment les trois-quarts (72.7%) en 2012. Cet élément peut laisser penser que les interventions sociales, éducatives et/ou médicales « préventives », n'ont pas remédié à l'émergence ou l'ancrage d'une situation de risque éducatif pour les enfants.

En 2011, dans 75% des familles étrangères concernées par des informations préoccupantes, les deux parents vivent ensemble, contre 45.5% en 2012. Si la variation est sensible, elle met en évidence que la séparation du couple ou l'absence de vie commune sont des facteurs et non des déterminants pouvant concourir à l'émergence de la notion de risque de danger.

Si l'âge moyen des parents concernés par une information préoccupante est sensiblement plus élevé en 2011 (plus de 40 ans)

---

[126] Pour rappel, les chiffres recueillis sont ceux fournis par les Agences départementales de la solidarité de Cœur de ville – Paul Riquet pour Béziers, et Cévennes – Las Rébès pour Montpellier.

qu'en 2012 (avec un écart d'environ 5 ans maintenu entre l'âge moyen du père et celui de la mère), l'âge moyen des enfants au moment de l'évaluation est identique (4.3 pour 4.1 ans). Le fait que les informations préoccupantes sont plus importantes au moment de l'entrée dans l'âge scolaire de l'enfant est une évidence. Cependant il paraît difficile de rendre opérant le dispositif de prévention précoce des situations à risque avant les 3 ans de l'enfant et son inscription dans les écoles maternelles. Et contrairement à certaines représentations tenaces des acteurs locaux, peu de familles nombreuses étrangères sont concernées par les informations préoccupantes : en 2011, 62.5% ont 1 ou 2 enfants pour 72.8% en 2012. Nous pouvons donc estimer que ce n'est pas le nombre d'enfants dans la famille qui est un facteur de risque mais la qualité relationnelle que les parents entretiennent avec chacun d'eux.

Concernant l'origine des familles étrangères, 6 nationalités sont représentées et les familles originaires du Maroc regroupent plus des trois-quarts des informations préoccupantes. Chez les 19 familles concernées au cours des deux années étudiées, une seule avait au moins un des membres en situation non régulière sur le territoire national, situation qui ne constitue donc pas un critère majeur dans la transmission des informations préoccupantes. De plus, malgré une visibilité maximale dans l'espace public et une certaine prégnance dans le discours politique, les populations Roms ou assimilées ne représentent qu'une situation familiale sur les 19 traitées en deux ans. Ces chiffres mettent en évidence que les représentations des acteurs locaux sur la diversité des compositions de la population du quartier (surreprésentation des familles originaires du Maghreb et Roms avec une forte proportion de non réguliers) ne sont pas le reflet des réalités des problématiques éducatives soulevées. Le fait qu'elles soient surreprésentées dans les permanences sociales montre que le lien n'est pas obligatoirement de causalité entre « pauvreté sociale » et « pauvreté éducative »[127].

Malgré le nombre relativement important de chômeurs et de bénéficiaires des minima sociaux qui caractérisaient les ZUS et aujourd'hui les QPV, les précaires ne représentent pas une grande majorité des profils. Sans présager de l'influence réelle des conditions

---

[127] Ce lien fera l'objet d'un développement singulier dans la deuxième partie, notamment à partir des travaux de Serge Paugam et les concepts de disqualification sociale et parentale.

sociales sur les comportements éducatifs, les travailleurs sociaux et médico-sociaux ne prennent pas ou pas assez en compte l'impact du contexte de vie dans les rapports d'évaluation.

Au niveau des motifs à l'origine de la transmission de l'information préoccupante, la très grande majorité (87.5% en 2011 pour 54.5% en 2012) concerne des faits estimés de violences intrafamiliales plutôt intergénérationnelles (parent-s/enfant-s ou enfant-s/parent-s) que conjugales[128]. Avec plus d'un tiers des motifs, les carences éducatives[129] arrivent en deuxième position suivies par les troubles du comportement[130] pour près d'un quart sur les deux années étudiées. Très régulièrement il apparaît que les motifs des informations préoccupantes sont multifactoriels et qu'aux violences peuvent s'agréger des carences éducatives et/ou des troubles du comportement.

Enfin, en 2011, la totalité des informations préoccupantes transmises a fait l'objet d'une mesure éducative et dans une écrasante majorité une saisine du juge des enfants (87.5%). L'hypothèse d'un lien étroit entre les faits de violences intrafamiliales, la perception de la notion de danger et un signalement à la justice tombe d'elle-même quand nous relevons qu'en 2012, seul un quart des informations préoccupantes pour des motifs semblables fera l'objet d'une saisine et la majorité d'un suivi informel (81.9%). Ces chiffres mettent là aussi en évidence l'absence de liens mécaniques entre le fait estimé et l'éventuelle suite administrative ou judiciaire donnée, et la place de l'appréciation singulière voire subjective des problématiques familiales dans l'évaluation et la conception du traitement.

L'information préoccupante au Petit-Bard – La Pergola à Montpellier en données brutes

En dehors de quelques Algériens (souvent âgés), de Turcs, de Comoriens, de gitans espagnols et de deux camps de Roms, selon les

---

[128] Dans cette catégorie des violences, sont repris les termes à l'origine de l'information préoccupante qui différencient les violences conjugales, physiques et sexuelles.

[129] Sont regroupés dans cette catégorie les faits rapportés par les travailleurs sociaux d'enfants livrés à eux-mêmes, les négligences parentales et les incapacités parentales.

[130] Dans la catégorie des troubles du comportement sont retenus ceux qui relèvent de problématiques psychologiques et psychiatriques et les conduites addictives.

acteurs du quartier la population est composée à 80% de Marocains tous issus de la zone de Ouarzazate dans le sud du Maroc. Qualifiés par les habitants eux-mêmes de « Berbères qui ne parlent pas l'arabe », professionnels et associatifs intervenant dans le secteur s'accordent pour dire que le quartier a un fonctionnement « communautaire ». L'homogénéité apparente des origines différencie ce quartier de celui de Béziers et lui confère des particularismes relevés par certains :

> Ce qui devient spécifique c'est que les premières familles installées ici au bout de quelque temps font arriver leur famille élargie du Maroc, qui fait arriver la voisine ou le cousin, et on a vraiment l'impression que dans le cœur du... Du village j'allais dire, mais dans le cœur de la place, on a l'impression d'être au bled. Parce que c'est untel du sud marocain qui tient la boucherie, puis c'est un cousin qui tient l'épicerie.[131]

Et une autre de poursuivre :

> Et on s'aperçoit qu'une famille sur trois, le couple est issu de la même famille. On a des couples qui se marient entre cousins. Alors c'est vrai que quand on parle de communauté, on a l'impression qu'il y a une région du sud marocain qui est venue s'installer ici. D'où, je pense, une certaine fermeture, un certain repli. Y a un comportement, des attitudes, y a peut-être des lois qui font qu'on sent ici qu'il y a une pression... Une pression communautaire.[132]

Selon les acteurs locaux, la question communautaire ne s'entend pas dans un rapport conflictuel mais par des spécificités de fonctionnement de collectifs d'origine ethnique identique. Au point que dans leur discours, les Français représentent également une communauté. La communauté est donc un collectif uni par un système de valeurs partagé qui, rapporté à l'origine étrangère, devient culturel, ce qui donne à l'ensemble l'apparence d'une mosaïque ghettoïsée. Cette représentation dominante est renforcée par l'intensité des liens familiaux à l'origine de fortes solidarités mécaniques particulièrement dans la « communauté » marocaine. Mais quand ces solidarités sont une force pour les Roms, les familles marocaines ont tendance à les décrire comme un carcan duquel l'individualité peine à émerger, notamment chez les femmes. Paradoxalement, la densité élevée du réseau familial renforce un certain isolement du reste de la société et un renforcement dans la séparation sexuée des tâches. Selon les

---

[131] Entretien n°17, Psychologue, Montpellier.
[132] Entretien n°16, éducatrice spécialisée, Montpellier.

travailleurs sociaux, beaucoup de familles ont trois ou quatre enfants. En dehors des Roms, les situations non-régulières sont peu nombreuses dans le secteur, ce qui s'explique par les nombreux logements sociaux dont l'obtention exige une situation administrative régulière. En fait, la non-régularité concerne prioritairement les femmes et les enfants rentrés sur le territoire national hors de la procédure du regroupement familial. Dans ces cas, la dépendance intrafamiliale est exacerbée. Si beaucoup de familles ont un accès à l'emploi, les travailleurs sociaux constatent une proportion élevée de faibles revenus et de précarité. Nombreux sont ceux qui ont eu une activité professionnelle, notamment dans le secteur du bâtiment, mais, du fait de leur âge, de l'usure professionnelle ou de la crise économique, ne sont plus en mesure de poursuivre leur activité. Dans tous les cas, précarisées ou non, peu de familles souhaitent quitter le quartier soit pour d'autres moins marqués négativement, soit pour retourner au pays.

Contrairement aux données recueillies dans le quartier du Faubourg – Centre-ville, au cours des deux années étudiées, on ne note pas de variations sensibles de la proportion de familles étrangères dans les informations préoccupantes. Par contre, au regard de la proportion globale d'étrangers dans le secteur, les familles étrangères sont surreprésentées (53.3% en 2011, 45.9% en 2012). Près de la moitié du total des familles était déjà connue des services sociaux et médico-sociaux sans que ces mêmes services ne soient à l'origine de l'information.

Pour l'année 2011, dans la majorité des familles les deux parents vivent ensemble. Sans produire de forts écarts, la tendance se renverse en 2012 (58.3% pour 47.1%). Comme évoqué précédemment, si l'éclatement de la cellule familiale est un élément de la problématique éducative rencontrée, elle n'est pas un déterminant dans l'apparition de la notion de risque ou de danger pour l'enfant. L'âge moyen des parents montre un écart minimum de 5 ans toujours en faveur du père. Néanmoins, le nombre relativement élevé de dates de naissance des parents non renseignées rend cette donnée peu représentative de la réalité, notamment concernant les couples séparés. Dans l'évaluation, le procédé interroge sur la place éducative et affective laissée au parent qui n'a pas la domiciliation de l'enfant, principalement celle du père. En revanche, l'âge moyen des enfants au moment de la transmission de l'information préoccupante est sensiblement plus élevé et à situer vers l'entrée au primaire. Cette réalité pose une nouvelle fois la question, sans réponse, du dépistage précoce des situations familiales problématiques. Il apparaît également que dans ce secteur peu de familles « nombreuses » sont concernées par cette transmission (respectivement pour 2011 et 2012, 52.4% et 74.7% des familles ont un ou deux enfants).

Dans ce territoire montpelliérain, les origines des familles sont beaucoup plus diversifiées que dans le biterrois[133]. Malgré ce, une très grande majorité est originaire du Maghreb (Maroc et Algérie, 83.4% en 2011, 64.7% en 2012). En 2011, le nombre des familles étrangères vivant des revenus du travail ou des allocations chômage est sensiblement identique à celui dont la ressource principale vient des minima sociaux (50% en 2011), mais cette dernière catégorie disparaît totalement en 2012 (0%) pour être remplacée par les allocataires du chômage.

La majorité des motifs conduisant à la transmission d'une information préoccupante concerne des faits de violences intrafamiliales soit conjugales soit intergénérationnelles (75% en 2011 et 2012). Les carences éducatives occupent la deuxième place dans des proportions proches des chiffres de la violence (45.8% pour 35.3%) et se surajoutent parfois à elle. La catégorie des troubles du comportement reste minoritaire, nous conduisant à l'hypothèse que la réponse aux difficultés éducatives rencontrées par les parents relève plus d'un soutien en ce sens que de l'instauration d'un processus de soins.

Autre élément important, près d'un quart des informations préoccupantes a fait l'objet d'un classement sans suite et moins encore de suivis informels. Par contre, l'entrée dans le dispositif de protection de l'enfance par l'intermédiaire des suivis formalisés ou des saisines judiciaires est largement requise. De plus, nous constatons que la recherche de la collaboration de la famille (suivis formalisés) est privilégiée, ce qui fait que les chiffres de saisine de l'autorité judiciaire sont relativement faibles (20.8% en 2011 pour 35.3% en 2012)

---

[133] Onze nationalités sont recensées : marocaine, algérienne, turque, colombienne, portugaise, béninoise, guinéenne, égyptienne, sénégalaise, russe et libanaise.

La part des représentations dans l'évaluation du risque et du danger

Les données quantitatives fournissent une photographie des conditions pratiques de la réception et du traitement de l'information préoccupante pour ces deux secteurs, néanmoins elles ne renseignent que très partiellement sur les processus et les stratégies à l'œuvre pour sa transmission et les systèmes de représentation à l'origine des évaluations et des orientations. Le décalage entre les faits et les formalisations des interventions éducatives ou les saisines de l'autorité judicaire met en évidence l'importance des mécanismes d'interprétation des comportements parentaux. Par ailleurs ces chiffres ne sont que le reflet des évaluations socio-éducatives entrées officiellement dans le dispositif de l'information préoccupante et ils sont loin de représenter la totalité des évaluations réalisées par les services de protection de l'enfance, notamment en direction des populations étrangères non régulières. En effet pour celles-ci les suivis informels sont relativement privilégiés par les travailleurs sociaux et médico-sociaux pour préserver une relation dénuée de tout cadre contraint.

Les entretiens avec les professionnels de l'enfance (hors champ protection de l'enfance) et les bénévoles associatifs qui soutiennent les familles étrangères montrent des mécanismes de construction singuliers de la notion de risque ou de danger et de son appréciation. En s'appuyant sur leurs discours, l'objectif est de mettre en évidence le procédé par lequel les contextualisations sociales, administratives et « culturelles » influent sur les analyses et les interprétations des comportements parentaux pour devenir des facteurs de pondération ou d'aggravation dans la prise en compte des problématiques familiales et leur signalement aux pouvoirs publics.

La contextualisation du risque par les professionnels et les bénévoles

Dans un premier temps, intéressons-nous aux mécanismes qui animent ceux qui sont à l'origine de la saisine du dispositif de l'information préoccupante. Car si l'écart entre risque de danger et danger peine à faire sens dans les systèmes de représentation des professionnels de la protection de l'enfance, il est encore plus nuancé chez ceux qui, de manière préventive, sont censés leur apporter leur concours en transmettant leurs « préoccupations ». En fait, leur discours fait apparaître que la réalité de la situation de risque pour l'enfant est généralement bien appréhendée. La difficulté principale réside dans le moment où il « faut » franchir le pas pour déclencher une démarche évaluative. Parmi les facteurs qui contribuent à la constitution de cet *effet seuil*, on note quatre freins importants à la transmission aux services de protection communs pour les associatifs et les professionnels de l'enfance (hors services de protection de l'enfance).

Une protection de l'enfance associée au judiciaire

Le premier frein à la transmission préventive d'une information préoccupante est la méconnaissance des acteurs locaux des réalités de mise en œuvre et de fonctionnement de la protection de l'enfance. Si professionnels et institutionnels du champ ont établi une séparation pragmatique et empirique entre dynamique de prévention et de protection, cette césure n'a aucune effectivité pour ses potentiels bénéficiaires et les associatifs qui les accompagnent. Dit de manière caricaturale, leurs représentations des services de protection de l'enfance sont essentiellement judiciaires, donc contraignantes voire répressives. Par conséquent, ceux qui transmettent des informations sur des fonctionnements parentaux problématiques aux services sociaux ont le sentiment d'effectuer un signalement à visée corrective et rééducative assimilé à une délation. Dans l'esprit de ceux qui peuvent faire état de certaines pratiques éducatives problématiques, les services socio-éducatifs sont perçus comme des organismes de traitement du danger plus que du risque de danger, dans un sens curatif et répressif plus que préventif. Pour les potentiels signalants, les services départementaux de protection de l'enfance sont associés aux institutions étatiques de régulation des comportements. La conséquence est que la transmission de l'information ne se fait qu'à partir du constat avéré de la notion de danger et après avoir d'abord épuisé les ressources « locales » – *i.e.* les actions d'aide et de soutien par le réseau de proximité (famille élargie, proches, communautés, associatifs, etc.). Associés à la gestion du danger et à la justice civile des mineurs (et au-delà au placement de l'enfant), les services socio-éducatifs sont porteurs d'une image négative dans les secteurs où ils se déploient qui annihilent leurs velléités préventives. Dans le cas des familles étrangères, l'intervention des services sociaux renforce les processus de stigmatisation et appose l'étiquette de parents incapables de gérer l'éducation des enfants qui s'ajoute au prétendu laxisme véhiculé dans les médias. Pour instaurer un minimum de confiance, les structures à visée préventive, même départementales, développent des stratégies d'occultation de leur rattachement. C'est le cas du « Lieu de parentalité »[134] installé en plein cœur du quartier Petit-Bard – La Pergola dont une des salariées, bien que personnel du conseil départemental et rattachée à une agence, met un point d'honneur à éviter les « confusions » :

> L.C. – Est-ce que les familles associent l'agence départementale de la solidarité et [le « Lieu de parentalité »] ? […]
> T.V. – Pas du tout, on n'est pas du tout repéré […].
> L.C. – Vous trouvez que c'est facilitateur pour votre travail ?
> T.V. – Ah ! Mais bien sûr ! Et on a même des familles qui viennent, qui ont un suivi en protection de l'enfant, et qui continuent de venir… Qui viennent discuter […]. On va dire que missionnée sur ces situations, je ne vais pas aux concertations [instances pluridisciplinaires de réflexion et de décision au sein des agences départementales pour définir les projets éducatifs des enfants dont le suivi lui est confié], je ne participe pas à ces réunions… Je fais le distinguo… Ce qui me permet d'avoir du lien avec ces familles, avec ces mamans… D'avoir une sorte de confiance… Et c'est ça surtout, ce lien de confiance et de proximité qui fait que les familles se sentent libres.[135]

Aux yeux du public et des professionnels, cette occultation volontaire situe la structure en dehors du dispositif global de « protection » avec pour seul but de privilégier la dynamique de prévention[136]. Au sein même des établissements départementaux d'aide et de soutien aux familles, on assiste à la constitution de processus d'invisibilité publique qui contribuent à l'efficacité de la logique préventive[137] et au maintien d'une relation de confiance avec

---

[134] Nous attachant plus au fonctionnement qu'à la spécificité du lieu, le nom de la structure a été modifié.
[135] Entretien n°18, travailleur social, Montpellier.
[136] Cette nécessité de séparer de manière fonctionnelle les équipes PMI chargées de la protection de l'enfance de celles assurant les missions de suivis médicaux est revendiquée dans un rapport de la Direction Générale de la Cohésion Sociale remis en 2016 [DGCS, *Protection maternelle et infantile, Soutien à la fonction parentale, protection de l'enfance et modes d'accueil*, 2016].
[137] Cette stratégie d'occultation est également adoptée par les services de prévention spécialisée du quartier qui, dans son affichage, se défend de toute filiation avec les missions de protection de l'enfance du conseil départemental.

l'usager, gage de sa liberté d'accès aux prestations. De fait, revendiquer un principe de libre-adhésion des familles et d'absence de cadre contraint (qu'il soit administratif ou judiciaire) entre dans la prévention à partir des moyens d'émancipation utilisés, tandis que la protection se définit en fonction des objectifs normatifs poursuivis et d'une soumission au contrat ou à une décision de justice. Ce déplacement de l'action socio-éducative vers une forme d'anonymat institutionnel crée pour ceux qui le pratiquent un marqueur professionnel de type préventif qui fonctionne en qualité d'*habitus*, au point que les personnels s'excluent tacitement des procédures et des logiques internes du service de protection qui les emploie. Si donc le rattachement professionnel peut être administratif et statutaire, il n'en reste pas moins que l'autonomie doit rester fonctionnelle dans le seul but d'éviter l'étiquetage « protection » (sous-entendue « judiciaire ») qui nuirait à la mise en œuvre des mesures de prévention.

Conservation des places et regard des pairs

Quand le premier frein s'inscrit dans le besoin de ne pas transmettre des informations à des services marqués « protection » mais plutôt « prévention », le deuxième s'inscrit dans la conservation des places des différents acteurs locaux. Les associatifs rencontrés dans le cadre de cette recherche œuvrent tous en direction des étrangers, soit directement dans leur quartier d'habitation, soit en rayonnant par leur action dans la ville et même au-delà. En contact direct avec les familles, ils cultivent au quotidien une image d'aide et de soutien à travers l'aide à la régularisation, l'alphabétisation, l'émancipation de la femme ou encore la socialisation (ouverture sur le reste de la ville, activités multiples, etc.). Après des années, voire des décennies de travail bénévole et militant dans le secteur, la reconnaissance qu'ils obtiennent est le gage d'une confiance indispensable à l'efficacité de leur action. Confrontés aux populations les plus précaires d'un point de vue social, économique et administratif, ils côtoient au quotidien les situations à risque pour l'enfant qu'ils relativisent de deux manières : soit en les comparant à des situations aux caractéristiques semblables dans la proximité (le fait qu'une pratique éducative soit partagée par plusieurs familles d'un même secteur en fait une norme de fonctionnement « acceptable »[138]), soit en se convainquant – à juste titre ou non – que les difficultés

---

[138] Ce que nous nommerons sous le syntagme de *collectivisation de l'étiquette*.

éducatives sont les strictes conséquences des conditions économiques et sociales de vie et non d'une intentionnalité de nuire à l'enfant. La question de l'*effet seuil* qui permet de franchir le pas vers la transmission d'une information au titre du risque intervient lorsqu'elle vient croiser la question des limites du tolérable localement constituées. L'accompagnement développé autour des familles Roms par une salariée d'association est sur ce point emblématique :

> Il y a des différences qu'il a fallu qu'on intègre dans notre intervention, dans notre façon d'aborder les choses... Les enfants Roms, ils sont éduqués, pas de la même manière que nous mais ils sont éduqués. Il y a une structure éducative, même chez les familles monoparentales. Il y a des mamans qui font ce qu'elles peuvent. Quand tu as cinq gamins à élever toute seule, pas de fric, c'est compliqué... Mais il y a une structure, il y a une autorité parentale, il y a des règles de vie... Evidemment, c'est pas des gamins qui se couchent à neuf heures du soir ! [rires]... Evidemment on tourne autour du feu quand il fait froid et il n'y pas de chauffage dans les caravanes... Mais il n'y a pas de carences éducatives... Bien sûr des gens te diront : « regarde ces petits, ils sont pas lavés, etc. »... Ils sont pas lavés d'accord, mais quand t'as pas d'eau courante, que le premier point d'eau est à quatre kilomètres, qu'il faut aller chercher la flotte dans des bidons que tu mets dans une poussette, tu en prends deux bidons, pas quatre... Et tu fais avec... Tu économises et laves le strict nécessaire.[139]

En référence à des systèmes de valeurs génériques (*bientraitance* ou *parentalité positive*), ce n'est donc pas la situation de risque décontextualisée du milieu de sa production qui est à l'origine de la transmission d'une information préoccupante mais la considération d'un risque inhérent à un dysfonctionnement volontaire des parents éloignés des conditions sociales d'évolution. Ce type d'approche est celle défendue par Marie-Cécile Renoux dans le rapport qu'instaurent les familles pauvres et précaires avec les services de protection de l'enfance. Elle pense que le maintien ou le renforcement des liens parents/enfants passe d'abord par la création des conditions qui leur permettent de bien-vivre ensemble[140]. La considération de la dimension volontaire de l'exercice de la fonction éducative passe avant celle capacitaire de produire un contexte favorable à sa réalisation. Mais là où Marie-Cécile Renoux voit la nécessité d'une ré-intégration d'un lien solidaire dont le service social serait le garant, la

---

[139] Entretien n°4, animatrice, Béziers.
[140] RENOUX Marie-Cécile, *op. cit.*, 2008, p. 104.

logique se complexifie lorsque la précarité se double d'un statut administratif défaillant et d'effets de stigmatisation permanents comme les rencontrent les étrangers. Pour les catégories des *admis* ou des *exclus*, autrement dit des étrangers qui ne peuvent accéder sinon partiellement aux dispositifs de droit commun, le service social, et encore moins éducatif, ne sont perçus comme des soutiens potentiels à la fonction parentale mais comme des organismes de contrôle. Pour certaines de ces familles, l'intervention occasionne un risque supplémentaire par une visibilité accrue dans l'espace public ainsi que la crainte du non renouvellement du titre de séjour et partant de l'expulsion du territoire national. Dans l'éducation de l'enfant, quand l'injonction à bien-faire n'est pas associée aux possibilités matérielles de sa réalisation, théoriquement et rapidement une saisine de l'autorité judiciaire peut être engagée entraînant une demande de séparation de l'enfant de son milieu. Dans ce cas, pour les acteurs locaux, rendre visible le fonctionnement d'une famille par l'intermédiaire d'une logique de prévention ne fera qu'obliger les parents à faire la preuve de leurs capacités à être de « bons » parents sans que ne leur soient données les possibilités matérielles de les mettre en œuvre. Cette assimilation forcée peut provoquer la perte de confiance dans la fonction d'aide et de soutien des services sociaux et éducatifs en même temps que dans les associations qui les orientent. Cette confiance, nécessaire à la libération de la parole dans le travail avec des *hors-lois*, est d'autant plus précieuse qu'elle s'inscrit dans un contexte de criminalisation croissante de la place de l'étranger dans la société. La seule irrégularité de séjour d'un des membres de la famille ou le stigmate racial (comme pour les Roms) fait basculer le comportement déviant vers un comportement délinquant et d'un positionnement de victime vers celui de coupable de sa condition. Cette bascule justifie à elle seule l'utilisation des réponses coercitives et répressives, et rend politiquement illégitimes les tentatives d'aide et de soutien au maintien sur le territoire national. De fait, pour la famille étrangère, l'intervention d'un service socio-éducatif ne constitue pas une plus-value mais plutôt un renforcement du stigmate, ce que refusent professionnels et associatifs.

Ce sentiment se renforce encore lorsque les associatifs sont des bénévoles eux-mêmes étrangers et habitants du quartier. C'est ce que nous appellerons l'importance du *regard des pairs*. Dans le cadre de leur action quotidienne se pose régulièrement la question de la légitimité de leur place dans la sphère de proximité. Soumis à cette exigence de reconnaissance, leur attitude face aux situations de risque éducatif est parfois paradoxale. D'un côté les bénévoles se voient moralement condamnés de taire des faits de violences (notamment conjugales) ou taxés de laxistes (laisser les enfants trafiquer au bas de l'immeuble[141]), d'un autre côté la transmission d'une information préoccupante risque de leur enlever la crédibilité de leur action quotidienne. D'une part parce que l'intervention peut rapidement être assimilée à une mesure sanction, d'autre part parce qu'on assisterait à une remise en question de la place de la famille signalante dans le système relationnel du quartier. De fait, plutôt que de s'appuyer sur les dispositifs officiels, le traitement de la problématique familiale est envisagé de manière indirecte et en interne à la communauté constituée du quartier (organisation de conférences-débats sur les violences conjugales, de théâtres forums, etc.). Ce n'est que lorsque cette ressource locale est épuisée et que pour le signalant le conflit d'intérêt penche clairement en faveur de l'enfant que la transmission d'une information préoccupante est envisagée.

L'évitement du regard ethnocentré

Le troisième frein dans la transmission d'une information préoccupante par des tiers non-professionnels de la protection se trouve dans les processus mêmes d'évaluation des modes de fonctionnement parentaux. Il se caractérise par une volonté à se démarquer d'un regard ethnocentré sur les fonctionnements de la famille qui obligerait l'adoption des normes dominantes de la société d'accueil, ce que Charles Di et Marie-Rose Moro nomment le « décentrement »[142]. Eviter un tel regard revient à se défendre de tout système de représentation en fonction de l'origine de la famille et de la « communauté » à laquelle elle est censée appartenir. S'en détacher revient à tenter d'adopter les codes réels ou supposés de la famille en se mettant « à sa place » dans son contexte de vie soumis aux normes

---

[141] Entretien n°21, bénévole, Montpellier.
[142] C'est « cette position précautionneuse qui consiste à avoir toujours présent à l'esprit que nous ne sommes pas au centre du monde, que nous ne sommes pas le modèle, que les choses peuvent être autrement que par rapport à ce qui nous est familier. En peu de mots, le décentrage cherche à éviter toute inclination ethnocentrique, fût-elle subreptice, dans le travail avec les migrants, et permet à ces derniers de développer des métissages et de nouvelles manières d'être » [DI Charles, MORO Marie-Rose, « La protection de l'enfance. Entre offre institutionnelle et la demande des familles en situation migratoire », *Le Journal des psychologues*, 2008/3, n°256, p. 52].

localement constituées, processus qui participe à l'élaboration d'un facteur de pondération dans l'évaluation de la notion de risque. Voilà ce qu'en dit un membre d'une association d'aide aux étrangers :

> Sur l'histoire des Roms, c'est pas des parents qui méritent des signalements... Ce sont plutôt des parents qui sont dans une autre réalité. Et là, pour le coup, avec les Roms... Pour les gamins, c'est on se marie à 15 ans, voire plus jeune. L'école, c'est pas si important que ça, on vole pour vivre, quoi [...]. Finalement, on s'est aperçu qu'il y a peu de gens qui travaillent avec eux. Très vite l'école, même les instits militants, quand au bout d'un moment l'enfant il vient plus, ils en peuvent plus... Puis fais chier... Comment tu vas expliquer à des parents que marier leur fille à 15 ans c'est des conneries ?... Moi je suis convaincu que c'est une connerie. Mais sur quoi je me base pour l'argumenter ? Sur les couples de Français qui se marient ? Ou sur ceux qui se marient et la plupart divorcent ?... Je vais leur dire « il vaut mieux attendre d'avoir fait des études pour se marier, ou pour avoir des gamins ». Tu vois ?... On a quand même un modèle qui... C'est assez difficile de dire... Ouais, bon, il reste quand même les études et l'école. Ça, on peut bien se rattraper... « Comment ? Tu maries ta fille et elle va encore à l'école ? Non, il faut qu'elle continue à y aller ». Là-dessus, j'ai des arguments. Mais si tu veux après, comme argument, j'ai que mon modèle occidental et... C'est pas évident, même si j'en suis convaincu sur la liberté de la femme, tout ça, que si tu creuses un peu la question... Les Roms sont très questionnant à plein de niveaux ![143]

Faire acquérir les normes dominantes comportementales c'est vouloir qu'une catégorie de la population s'intègre dans la société française à partir de l'assimilation des modèles occidentaux. Mais cette quête politique est individuellement et régulièrement rejetée. Deux systèmes référentiels se confrontent alors : celui de la famille et celui du professionnel ou du bénévole qui oblige à repenser les valeurs considérées comme fondatrices de ce processus à affichage intégratif mais à finalité assimilatrice. Remettre en question le fonctionnement d'une famille à partir de l'écart observé avec les valeurs dominantes s'appuie certes sur une élaboration sociétale de la notion de risque, mais participe surtout à la construction d'un rapport de domination fondé sur des principes culturels souvent complexes à légitimer. Ce n'est donc pas seulement la dénonciation d'une pratique parentale ou familiale qui est prise en compte, mais le sens qu'elle prend à la fois

---

[143] Entretien n°9, CADA, Béziers.

pour celui qui dénonce et pour son éventuel bénéficiaire. Émerge alors une conception utilitariste de l'appréciation du risque que sous-tend une interrogation sur l'intérêt des parties à le rendre visible dans l'espace public. Au-delà de la conception éducative de la démarche, le processus relève d'une appréciation des comportements individuels sur une base « culturelle » difficile à défendre dans le milieu où elle s'élabore et le plus souvent constitutive d'un autre différent qu'il convient de rendre semblable.

L'utilitarisme « culturel »

Cette dimension *utilitariste marquée culturellement* – et ce sera le quatrième élément de la démonstration – est également un frein dont les institutions hors champ de la protection de l'enfance se dotent implicitement pour justifier leur (in)action. L'Éducation Nationale par exemple, en fonction de l'origine réelle ou supposée de l'élève, adopte des systèmes singuliers de remontées des informations vers les services socio-éducatifs. La répétition de l'absentéisme sans justificatif devrait provoquer une transmission systématique aux services de protection de l'enfance ou un signalement au parquet. Cette démarche, valable pour les nationaux, devient aléatoire lorsqu'elle s'adresse à des populations, par exemple gitanes espagnoles, pourtant sédentarisées. Ce qui fait nuancer le propos d'une assistante de service social : « par rapport à l'absentéisme qui est très fréquent [pour les populations gitanes]… Ils ne sont pas réellement mis en danger par leurs parents, c'est plus culturel le fait qu'ils quittent tôt l'école ou qu'ils y aillent de manière chaotique »[144]. Autrement dit, la supposée communauté d'appartenance crée un nouveau champ référentiel de la situation de risque sur lequel s'appuie l'évaluation et fournit les objectifs de travail en fonction de « qualités » collectives marquées culturellement. Dans cette logique, participer à la perpétuation de ces pratiques permet à l'enfant de rester membre de sa communauté constituée. Les remettre en question revient à l'en exclure, responsabilité que peine à prendre le potentiel signalant.

Se pose alors la perspective corrective des comportements parentaux que revêt la transmission d'une information préoccupante par l'Éducation Nationale. Le présentéisme scolaire est érigé en qualité d'objectif sociétal qui garantit le modèle de la « bonne »

---

[144] Entretien n°10, assistante de service social, Béziers.

parentalité. Son non-respect constitue une notion de risque de danger pour l'ordre social avant l'individu. Il s'agit d'éviter les troubles provoqués par la désocialisation consécutive à la rupture scolaire. Invoquer le seul intérêt éducatif de la scolarisation (facteur d'intégration, d'insertion dans le monde du travail, etc.) ne peut suffire à mobiliser des parents qui, du fait de leur extranéité et d'un statut administratif précaire, sont dans l'impossibilité de projeter, même à moyen terme, leur maintien sur le territoire national. Mais comme les acteurs sont soumis à l'inter-institutionnalisation du traitement des troubles (Éducation Nationale, mairie, conseil départemental, Caisse d'allocations familiales, préfecture), chacun est conscient que la transmission d'une information préoccupante ou la saisine de l'autorité judiciaire peut entraîner des conséquences qui dépassent le « simple » champ éducatif, notamment avec la suspension possible des prestations familiales et l'imposition de mesures éducatives correctives. Les procédures prennent alors une dimension coercitive qui transforme l'intervention socio-éducative en sanction ne serait-ce que par le risque qu'elles font courir sur l'obtention ou le renouvellement d'un titre de séjour. Alors que le dispositif cherche un effet sur les familles en situation régulière, il est inadapté pour les *admis* ou les *exclus* du système de droit commun. Ce que résume de manière lapidaire une autre assistante de service social :

> L'Éducation Nationale, quand elle saisit l'autorité judiciaire, c'est surtout pour faire pression sur les allocations familiales. C'est ça l'objectif en général… Sauf que ces familles-là [non régulières] ne touchent pas les allocations familiales, il n'y a pas de contrepartie financière à renvoyer. […] C'est vrai que j'ai pas avec eux les mêmes argumentations que j'ai avec les autres familles… Je vois avec les familles gitanes, j'ai pas ce problème-là ! Je leur dis « le cadre il est là, vous l'acceptez ou vous l'acceptez pas, si vous l'acceptez pas ça a telle conséquence », et puis voilà !... Là, c'est plus compliqué… Parce qu'ils acceptent ou qu'ils acceptent pas le cadre, ils sont toujours dans la merde.[145]

En conclusion partielle, si les acteurs locaux cernent les contours de la notion de risque et de danger pour l'enfant, ils n'incluent pas son traitement dans une dynamique systématique de protection de l'enfance. La saisine des services, quand elle a lieu, est consécutive à

---

[145] Entretien n°15, assistante de service social, Montpellier.

un constat de danger et non à sa prévention. L'action même de transmettre à un tiers une information sur une situation de risque n'est pas envisagée dans l'anticipation d'une dégradation de la relation parent(s)/enfant(s) (dynamique de prévention) mais dans son traitement (dynamique de protection). Elle agit comme un dernier recours et par là-même alimente l'image négative qui accompagne l'intervention des services de l'aide sociale à l'enfance et des institutions de protection en général.

En synthèse, la méconnaissance du champ de la protection de l'enfance, la conservation des places « institutionnelles », le regard des pairs et la dimension utilitariste à forte connotation culturelle sont quatre facteurs qui freinent la transmission de l'information préoccupante à visée préventive. Ils donnent à l'évaluation et l'intervention socio-éducatives une dimension corrective des comportements et non émancipatrice. C'est lorsque l'intégrité physique ou psychologique de l'individu est particulièrement mise à mal et que le pronostic vital de l'enfant semble engagé que les acteurs locaux se sentent légitimés pour transmettre l'information sur la situation de danger de l'enfant. Ils prennent cependant le risque de se confronter au regard des pairs et de nuire irrémédiablement à leur image ou à celle de leur association dans le quartier. Pour l'associatif ou le professionnel de l'enfance s'ajoute à cela un sentiment d'échec et de perte de maîtrise d'une situation familiale dont les enjeux et les perspectives lui échappent. Cette conception se rapproche de ce que nous nommerons une *illusion de maîtrise* notamment présente chez les personnels de l'Éducation Nationale : dans les secteurs étudiés, on note un pic de transmissions d'informations préoccupantes et de signalements à chaque approche des vacances scolaires, surtout estivales. Interrogé *a posteriori* par les travailleurs sociaux, l'enseignant montre une connaissance des difficultés rencontrées par l'enfant dans sa famille depuis plusieurs semaines, voire plusieurs mois. Mais le fait de le côtoyer quotidiennement en classe lui confère l'illusion qu'il gère la situation de risque et l'empêche de basculer dans le danger. Ce n'est que lorsque l'absence de l'élève se prolonge que le processus de transmission à un tiers s'enclenche.

Concernant donc les conditions d'exercice de la parentalité des familles étrangères, les grilles de lecture administratives (le statut ouvre-t-il des droits ?) et/ou sociales (les parents ont-ils les moyens d'éduquer leurs enfants ?) sont préférées à celles strictement éducatives. Par conséquent, et contrairement à ce que laisse penser la rédaction des rapports consécutifs à une information préoccupante, l'acte éducatif n'est jamais apprécié par le signalant *ex nihilo* mais toujours contextualisé, ce qui amène le plus souvent les acteurs locaux à privilégier une intervention sur l'environnement plutôt que sur l'individu en faisant d'abord confiance aux soutiens de la communauté de proximité. La responsabilité des difficultés parentales est alors transférée sur le système (politique, social, économique), ce qui complexifie l'appréhension de la place d'acteur que pourrait avoir le parent dans leur résolution. Dans ce contexte, même les tiers ont du mal à envisager que le parent et l'enfant sont usagers d'un service socio-éducatif – *i.e.* titulaires d'un droit d'usage – créateur d'un espace de sens au sein duquel l'acteur a la possibilité de se mouvoir et de participer à la décision[146].

Pour les professionnels de la protection de l'enfance

Pour les travailleurs sociaux des services socio-éducatifs, l'évaluation de la notion de risque de danger fait passer la famille d'objet d'étude à objet d'intervention. Généralement, dans l'analyse et la définition des perspectives, une lecture « *classiste* » des positionnements professionnels domine : d'un côté un évaluateur généralement issu des classes moyennes qui reprend à son compte les normes et les valeurs dominantes tout en se défendant majoritairement d'apporter sa pierre à l'édifice sécuritaire ; de l'autre une famille appartenant le plus souvent aux classes populaires et précaires dont le comportement est apprécié en fonction d'une certaine aristocratie normative[147]. Mais notre recherche en direction des familles étrangères vient quelque peu bousculer la linéarité que sous-tend cette approche. La pratique des professionnels et l'étude des rapports consécutifs aux informations préoccupantes mettent en évidence une complexification des rapports interpersonnels et des objectifs poursuivis par l'évaluation dès qu'il s'agit des familles étrangères. Afin d'illustrer notre propos, nous nous appuierons sur les travaux sur l'évaluation de Delphine Serre et ceux sur les registres interprétatifs de Franz Schultheis *et al.* avant de leur offrir une extension « culturelle » singulière.

---

[146] RURKA Anna, *op. cit.*, 2007, p. 20.
[147] SERRE Delphine, *op. cit.*, 2009.

L'évaluation et l'intervention selon Delphine Serre

Dans l'évaluation et l'intervention à vocation socio-éducative, Delphine Serre met en évidence trois types d'approche[148]. La première est celle « matérialiste » : souvent défendue par les familles, cette approche fragilise la position des assistants de service social qui peinent à fournir une lecture singulière de la problématique familiale autre que celle amenée par les parents. Un tel regard privilégie la recherche d'aides matérielles, tâche qui serait la moins valorisée chez les travailleurs sociaux. La deuxième consiste en une lecture « psychologisante » des comportements familiaux. Elle met l'accent sur « les facteurs relationnels ou les personnalités "pathologiques", donne les outils d'une description individualisée et précise des situations de l'enfant ». Elle fait passer la question sociale et matérielle au second plan, comme facteur aggravant et non déterminant de la difficulté rencontrée. La dernière approche est « culturaliste ». Le culturalisme est défini comme « la figure intellectuelle qui essentialise la culture et en fait une interprétation en dernière instance des conduites humaines ». Cette lecture contribue à catégoriser les familles en fonction de leur origine. Dans la durée, elle court en permanence le risque de basculer dans l'essentialisation de pans entiers de fonctionnements familiaux pour les expliquer ou les justifier.

Si ces trois types d'approche présentent un intérêt indéniable, leur confrontation aux réalités des familles étrangères les infléchissent sensiblement. Placés sous la focale de l'évaluation, les professionnels ont rapidement une hypertrophie du regard matérialiste à partir de la question administrative et statutaire. De fait, dans l'approche du risque et du danger, la dimension psychologisante devient marginale, et celle culturaliste, presque de manière paradoxale, réifie celle de Delphine Serre. Mais il convient pour être complet d'ajouter à cela une dimension éthique singulière : le *principe de loyauté* des intervenants sociaux envers les familles.

En effet, dans le discours des professionnels, le travail social et éducatif en direction des populations étrangères s'éloigne du schéma habituel d'évaluation et d'intervention. Comme pour les autres acteurs locaux, le cadre contraint exacerbe les approches matérialistes dans le champ opérationnel et culturaliste dans celui interprétatif. Dans la

---

[148] SERRE Delphine, *op. cit.*, 2009, p. 167-169.

conception que chaque professionnel se fait du travail d'accompagnement, le statut administratif des membres de la famille revêt une importance fondamentale en fixant les perspectives à court, moyen et long terme. L'inscription des objectifs de travail dans une temporalité longue demande la réadaptation permanente du dispositif aux réalités administratives et aux ouvertures qu'elles offrent sous peine de perdre en efficacité dans le traitement des difficultés. Concernant par exemple les étrangers *admis* ou *exclus*, la recherche d'aide et de soutien matériels s'impose dans les critères de l'évaluation plus que dans l'intervention elle-même. Car très vite, les travailleurs sociaux sont confrontés à la difficulté de ne pas pouvoir rendre l'aide extra-légale pérenne, soit parce que la loi ne le permet pas, soit parce que l'institution soumise aux pressions politiques refuse de s'engager dans cette voie. Si la situation de risque persiste, l'aide éducative prend alors par défaut la place de l'aide sociale et on assiste alors à un renversement de perspectives : faute de pouvoir résoudre de manière systémique la problématique sociale de la famille, la réponse est éducative et renvoie à la responsabilité individuelle. Comme le note une assistante de service social :

> [Une mère d'origine roumaine] est en précarité extrême… Elle a deux enfants, un de six ans et une petite d'un an et demi… Là où je suis en difficulté je vais dire, c'est qu'il y a à la fois sa situation sociale qui est complexe, parce que c'est une mère qui se débrouille comme elle peut pour faire manger ses gosses, pour vivre quoi, malgré les aides financières mises en place… Avec les conséquences qui sont aussi qu'elle trimballe ses gamins partout avec elle, elle peut pas les faire garder. Alors le gamin, il est pas scolarisé, il fait les poubelles avec maman… Voilà une situation où la précarité sociale fragilise tout, on n'est pas là dans un problème éducatif… Une maman qui dit « l'école c'est pas une priorité avec ce qu'on vit »… Alors les choses tiennent mais rendent limite au niveau de la protection pure de l'enfance… A l'époque, on avait visité un centre d'hébergement mère-enfant, elle avait refusé d'y rester… Elle a dit : « voilà, je peux pas aller travailler comme je veux », etc. Là, on a travaillé sur une AED [aide éducative à domicile]… Parce qu'en plus de sa situation de fragilité et de précarité, son mari est incarcéré… Heu… Du coup, la maman elle a pu dire qu'elle était en difficulté pour poser l'autorité à son gamin, voilà ! Elle a pu échanger sur ses difficultés à être parent… On lui a proposé une AED… C'est vrai qu'il y a une situation de risque pour les gamins… Le chef a dit « mais ça relève pas d'une mesure de prévention, ça relève d'une mesure de protection »… Voilà… Elle voulait du judiciaire… J'ai tenu

> bon... Mais bon, je me rends compte que dans une situation autre, avec une famille stabilisée, j'aurais demandé du judiciaire... Ce sont ces questions-là que je me pose... Alors oui je fais une différence... Je regarde quand la précarité sociale génère un problème éducatif... Voilà... En fait, comme on n'arrive pas à traiter la situation sociale, on le traite sur le plan éducatif... Elle aurait été posée dans un logement avec une sécurité matérielle suffisante, j'évaluerais la situation complètement différemment.[149]

Si donc au regard des critères subjectivés d'évaluation de « bonne » parentalité la difficulté sociale engendre une difficulté éducative, ne pas trouver de solution sociale entraîne un questionnement sur la pertinence de la judiciarisation de la mesure d'aide et de soutien éducatif. Dans l'esprit de certains professionnels, l'absence de perspectives tangibles transforme le risque en danger. Si la précarité est induite par le statut comme c'est le cas pour cette mère de famille roumaine, le simple fait de refuser l'aide sociale (l'accueil mère/enfant) devient un motif apparent de non prise en compte des besoins fondamentaux de l'enfant. Associée à une absence de conscientisation de la situation de risque, la saisine de l'autorité judicaire est ainsi légitimée. De fait, le regard matérialiste n'est pas univoque : concernant les étrangers *réguliers*, il est à la fois l'entrée dans le dispositif d'aide et de soutien et le moyen de remédier aux difficultés ; avec les étrangers *non réguliers*, si l'entrée dans le dispositif demeure, bien souvent il n'offre aucune solution durable dans le traitement de la situation de risque. Au contraire même, il peut aggraver les conditions éducatives en focalisant le regard sur le versant éducatif de manière quasi exclusive. L'approche matérialiste comporte intrinsèquement un pouvoir stigmatisant parce qu'elle offre à tout moment aux professionnels la possibilité de faire basculer de l'administratif vers le judiciaire le traitement d'une situation problématique et de coller aux responsables légaux de l'enfant une étiquette de « mauvais » parents là où il n'y a que des parents en difficulté sociale.

Là où l'approche devient paradoxale, c'est que chez les parents en situation non régulière, même si la question matérielle reste omniprésente, elle fait parfois l'objet d'une stratégie d'occultation par les travailleurs sociaux vis-à-vis de leur institution. Placés dans l'impossibilité d'obtenir la pérennisation du versement des aides

---

[149] Entretien n°10, assistante de service social, Béziers.

financières pour leur permettre d'élever leurs enfants dans des conditions matérielles décentes[150], les familles adoptent des comportements déviants (mendicité, etc.) ou délinquants (travail clandestin, trafics en tout genre, etc.) qui ne deviennent pas automatiquement des facteurs aggravants dans les modalités d'exercice de la fonction parentale. Au-delà du rapport à la norme, dans l'évaluation le travailleur social se pose nécessairement la question du rapport à la loi. Á la question posée sur l'impact de la nature des ressources sur la qualification du risque, un professionnel répond :

> Les ressources sont partagées par la manche, les parebrises, le violon, quelques aides financières ponctuelles, surtout pour la cantine… En fait, je ne sais pas ! Objectivement, je ne sais pas. De temps en temps, [les familles] m'ont demandé d'aller au Secours Catholique, mais c'est très rare… Je ne sais pas comment elles vivent… J'ai posé la question, les réponses sont diffuses… Je pense qu'elles n'ont pas envie de m'expliquer en détail comment elles obtiennent les ressources nécessaires à l'alimentation…[151]

Cette stratégie d'occultation par les professionnels d'une certaine vérité pouvant induire un conflit éthique n'intervient pas seulement au niveau des ressources mais aussi dans l'évaluation des conditions de logement. Lorsqu'une famille en situation non régulière occupe un appartement, c'est en règle générale de manière illégale et souvent en étant victime de l'exploitation de leur misère par des tiers. Mais pour les professionnels, dénoncer la pratique des « marchands de sommeil » revient à mettre une famille à la rue sans avoir les moyens de lui offrir une alternative de relogement à cause de la non régularité du séjour ou d'un titre de séjour qui n'ouvre pas droit aux allocations logement[152]. Cette stratégie d'occultation des comportements déviants ou illégaux se double d'un autre paradoxe qui est, selon les travailleurs sociaux, qu'elle satisfait l'intérêt et les besoins de l'enfant. Cet assentiment tacite donne une forme de légitimité à des pratiques illégales à partir du moment où elles incluent dans leurs objectifs cette satisfaction. Dans un tel contexte, le modèle de référence de comportement parental respectueux des normes dominantes et de la loi vole en éclat. Alors qu'une famille française ou étrangère régulière

---

[150] Cet aspect fera l'objet d'un développement singulier dans la deuxième partie.
[151] Entretien n°15, assistante de service social, Montpellier.
[152] Entretien n°10, assistante de service social, Béziers.

dans une situation identique ferait l'objet d'un signalement auprès de l'autorité judiciaire, pour les *non-réguliers*, les travailleurs sociaux ne la qualifient même pas « à risque ». De fait, elle n'entre pas dans le dispositif des informations préoccupantes où seul est pris en compte l'aspect non contraint de la mise en danger, ce qui la maintient dans une forme d'invisibilité institutionnelle au regard du champ de la protection de l'enfance.

La lecture administrative des situations – *i.e.* quel statut pour quel type d'accès aux dispositifs sociaux et économiques – induit une lecture matérialiste singulière du fait éducatif. Le comportement parental et celui de l'enfant ne sont plus appréhendés à partir des normes de référence liées à la « bonne » parentalité mais des possibilités ouvertes par la régularité ou non de leur situation administrative. Tant que la production des comportements éducatifs ne laisse entrevoir d'autres influences négatives que celle du système, l'individu n'est pas considéré à l'origine des difficultés et sa situation ne justifie pas une entrée systématique dans le dispositif de protection de l'enfance :

> En fait, les conditions d'éducation des enfants sont tellement extrêmes que… Heu… Leur situation brouille les pistes… Évidemment que ces gamins [Roms] n'ont pas un jeu d'éveil… Quand on parle d'éveiller l'enfant, de jouer avec lui, comment veux-tu qu'elles fassent les mamans. Elles n'ont pas une minute à elles, elles n'ont pas de machine à laver, ils sont huit à la maison… Il n'existe pas de jouets sur le campement, on joue avec n'importe quoi… Aucun jeu d'éveil… Et même nous quand on offre un jeu aux tout-petits, c'est une erreur… Très rapidement ce jeu, il est sur le toit de la caravane ! Même si on a pris le temps de tout expliquer à la maman !... Il vaut mieux leur acheter un pyjama !... Y a pas de jeux, et on ne passe pas de temps à éveiller son enfant, c'est clair… Ils n'en ont pas les moyens… Il est nourri au sein le petit, et ça s'arrête là… Et il est mis à l'abri des rats et du froid… Au-delà de ça, on n'a pas les moyens de passer du temps avec les enfants… Est-ce qu'on peut appeler ça une carence. Je ne sais pas… Je ne sais pas…[153]

La question des moyens éducatifs ne se pose pas en termes capacitaires – les parents peuvent-ils et savent-ils bien s'occuper de leur enfant ? – mais plutôt matérialistes – les parents ont-ils les outils et les moyens pour bien s'occuper de leur enfant ? – ce qui, tant que la

---

[153] Entretien n°4, animatrice, Béziers.

situation sociale n'est pas résolue, entraîne une occultation systématique de la lecture « psychologisante » des comportements.

De plus, dans le cadre d'un travail social auprès des familles étrangères, le regard matérialiste peut être rapidement assimilé à une approche culturaliste du mode de fonctionnement parental. Sans entrer dans un détail qui fera l'objet d'un développement ultérieur, l'évolution d'un groupe d'individu dans des conditions précaires d'existence tend à collectiviser les comportements éducatifs et les rapporter aux caractéristiques saillantes de la communauté ainsi constituée, et à les essentialiser en fonction de l'origine des familles. Alors que de nombreux Roms sont par exemple devenus nomades après avoir fui la misère de leur pays, dans le campement, des similitudes de comportement sont plus facilement associées à des traits « culturels » inhérents au nomadisme qu'à l'extrême précarité de leur situation. Même si la tendance à la contextualisation administrative et sociale atténue la portée « culturelle » de l'origine des fonctionnements familiaux, ce type d'approche reste particulièrement présent pour les *réguliers* et les *admis* dans la qualification du risque de danger pour l'enfant. On peut donc partiellement conclure sur ce point que l'appréciation de la notion de risque ne dépend pas seulement des systèmes de représentation associés aux modes de fonctionnement de la communauté d'appartenance de la famille par rapport à un modèle dominant, mais de la considération de critères sociaux exogènes comme les conditions et le lieu d'habitation, la nature des ressources, etc. Ces critères déterminent les bases d'un *effet seuil* de tolérance au regard des positionnements éducatifs parentaux et des intentions qui ont présidé à leur réalisation. Ce qui rend les pratiques évaluatives des professionnels différenciées en raison de l'origine réelle ou supposée de la famille (lecture racialisée des comportements) et de ses conditions d'existence (lecture administrative et sociale). Le cumul d'éléments déclencheurs de la notion de risque et leur association aux conditions sociales d'évolution au regard du statut font que l'évaluation entraîne ou non, selon les perspectives offertes, l'entrée dans le dispositif global de protection de l'enfance.

Le principe de loyauté

Au-delà de l'hypertrophie de la lecture matérialiste des situations éducatives, l'originalité de certaines pratiques évaluatives en direction des familles étrangères vient entre autres choses de la soumission des professionnels à ce que nous appellerons un *principe de loyauté*. Si les travailleurs sociaux et médico-sociaux semblent partager une conception normative des droits et devoirs parentaux, cette lecture des comportements éducatifs s'impose avec la famille étrangère autant dans l'évaluation de la situation que dans la détermination des objectifs de travail :

> Alors ce qui est venu dans l'éducatif en premier, c'est la question de la scolarisation. On les a accompagnés à la mairie, on les a inscrits… Bon, mais rapidement, l'école m'a interpellé en disant qu'un des gamins ne venait pas… Quand j'ai parlé de ça avec le père notamment, qui m'a dit : « oui, il aime pas trop l'école, il préfère venir jouer du violon avec moi ! ». Le gamin a douze ans. Alors… J'étais assez emmerdée… Le gamin m'a dit qu'ils avaient pas assez à manger, alors j'ai dégainé mes aides financières et là ils m'ont dit « y a pas de problèmes… Mais je préfère aller jouer du violon avec papa, pour nourrir la famille »… Alors j'ai eu une conversation avec la directrice de l'école, qui me disait « l'école est obligatoire jusqu'à seize ans, il faut y aller ». Mais en même temps, c'est compliqué de dire à ces familles, vous avez des obligations, des devoirs, alors qu'au niveau des droits rien ne suit… Normalement, on arrive à avoir ce discours, mais au niveau des droits, on a rien fait. Avec ces familles, on leur a promis un certain nombre de choses depuis un an qu'on a pas tenues, alors qu'eux ils ont respecté tous leurs engagements.[154]

Souci partagé par de nombreux professionnels dans les pratiques d'évaluation des problématiques à risque, la question d'un juste équilibre entre les droits et les devoirs réciproques est régulièrement posée. Renvoyée en des termes contraignants, cette question vient aussi faire écho à une dimension éthique des pratiques professionnelles. Par conséquent, dans l'évaluation, l'absence de droits administratifs pour une partie ou l'intégralité des membres de la famille devient un facteur de pondération des devoirs parentaux. Si bien souvent l'axe normatif privilégié est la scolarité de l'enfant, en dehors de la perspective intégrative ou assimilative que cette inscription sous-tend, le droit à une scolarité pour tous, quelle que soit l'origine et la régularité de présence sur le territoire national, a progressivement glissé vers un devoir qui s'impose à tous. Aucun parent ne peut légalement se soustraire à cette obligation sous peine de voir sa situation signalée à la justice ou aux services de protection de l'enfance, avec le risque d'une suspension des prestations familiales

---

[154] Entretien n°15, assistante de service social, Montpellier.

ou de la non attribution ou du non renouvellement du titre de séjour. Pour le professionnel soucieux de la prise en compte de la singularité d'une situation familiale, la dérogation éventuelle à cette obligation légale fonctionne comme un cas de conscience :

> Mais c'est un gamin qui va pas à l'école... Et moi, je sais pas quels arguments lui donner pour qu'il aille à l'école [...]. Je vais pas lui dire, voilà, tu deviendras... Alors que je sais même pas ce que la famille va devenir dans deux mois !... C'est compliqué de dire des trucs à ce gamin-là alors que je peux même pas lui assurer de terminer l'année scolaire dans son école...[155]

Alors que pour les nationaux la scolarité est vecteur de promotion sociale aux vertus intégratives, elle se heurte avec les non réguliers aux capacités projectives que les travailleurs sociaux lui associent et à la prise en compte des réalités sociales et matérielles de la famille. L'obligation scolaire que l'Éducation Nationale prône ne prend pas forcément sens dans l'accompagnement de certaines situations familiales, ce qui induit une pondération implicite du facteur risque lié à la déscolarisation. La famille étrangère en situation administrative et sociale précaire n'a pour seule projection que ce que le statut lui autorise. De fait, tous les projets qui peuvent être montés s'inscrivent dans une temporalité qui n'est pas celle du champ scolaire. Le plus souvent, pour le professionnel et la famille elle se limite à une gestion du quotidien. A l'illégalité de l'absentéisme scolaire répond la légitimité de la participation de l'enfant à l'amélioration des conditions de vie de la famille, amélioration à laquelle les services sociaux ne peuvent participer. Pour le professionnel, le conflit de loyauté s'installe lorsque la fonction normative de l'intervention se confronte à une conception utilitaire de la place de chacun opposée à l'inanité des services de protection de l'enfance. En améliorant ses conditions de vie par ses propres moyens, la famille devient unité de production d'un certain bien-être qui contribue à atténuer la notion de risque pour l'enfant et à laquelle ne peut contribuer l'intervention socio-éducative :

> On est dans une situation à part. Ce serait une famille française, je pourrais lui poser un projet d'avenir, en lui disant : « c'est ton avenir que tu joues »... Sauf que pour lui son avenir, il se joue... Heu... Ni lui ni moi nous savons où il se joue... Y a pas d'avenir... Je vais revenir sur les droits et

---

[155] *Ibid.*

> devoirs. Je peux demander quelque chose à partir du moment où la société t'accepte comme membre. Mais elle lui dit : « t'as des devoirs ». Et moi je serais censé lui dire t'es pas membre de la société mais ce serait sympa d'accepter les devoirs de la société qui ne t'accepte pas comme membre et qui voudrait que tu te casses... On veut pas de toi ici mais ce serait bien que tu ailles à l'école le temps qu'on te tolère !... C'est un peu ça le discours qu'il faudrait que je lui tienne.[156]

Au-delà du refus d'inclure l'action sociale dans les politiques migratoires, la conception éthique du travailleur social l'amène à refuser de mettre son évaluation et son accompagnement au service d'un certain ordre social. Ce faisant, il privilégie la fonction émancipatrice de l'enfant au détriment de celle normative de la famille à partir des capacités projectives qu'il est en mesure d'offrir à chacun des membres. L'idée même de loyauté s'inscrit au croisement des missions de protection et d'une éthicité de l'action sociale et éducative. Elle crée un espace de sens pour le travail social qui certes reste à construire, mais fait de l'étranger, même sans droits sociaux, un usager du service public et un acteur de la mesure de soutien. Le procédé permet d'obtenir une reconnaissance et surtout un statut « d'ayant-droit » même partiel vis-à-vis de l'institution. Bien que celle-ci ne puisse pas ou ne veuille pas inscrire son action dans la durée, l'étranger quitte au moins pour un temps sa place d'objet catégorisé de l'action sociale pour être pensé comme un acteur de son quotidien. Pour synthétiser le propos, l'évaluation administrative est mise au service d'une évaluation émancipatrice qui refuse dans ses principes sa fonction normative à partir de l'impossibilité structurelle de l'accès aux droits du potentiel bénéficiaire.

Les registres interprétatifs de Franz Schultheis et *al.*

L'étude des dossiers administratifs des familles suivies dans le cadre de la protection de l'enfance réalisée par Franz Schultheis *et al.* dans le canton de Genève (Suisse) met en évidence pour les acteurs institutionnels quatre registres interprétatifs : un registre éthico-moral (l'origine du dysfonctionnement familial est dans la structure familiale) ; un registre médico-thérapeutique (le dysfonctionnement est dû à des difficultés d'ordre médical qui selon les acteurs institutionnels mettent en danger les enfants) ; un registre socio-économique (les dysfonctionnements parentaux trouvent leur origine

---

[156] *Ibid*.

dans les difficultés socio-économiques) et un registre culturel (références faites aux normes culturelles différentes « entre ici et là-bas »)[157]. Cette classification présente un intérêt certain car facilement transposable dans l'étude des rapports d'évaluation des informations préoccupantes, mais placer la focale exclusivement sur les familles étrangères en France apporte quelques nuances à l'ensemble avec l'articulation particulière de certains items.

Dans les motifs de transmission des informations préoccupantes et contrairement à certaines représentations, avec les familles étrangères le registre éthico-moral a tendance à dominer tous les autres. Le fonctionnement de la famille n'est pas appréhendé strictement de manière singulière mais à partir de critères globalisants. Pour l'évaluation, les autres registres servent alors de variables d'ajustement et agissent en qualité de facteurs aggravants ou de légitimation de certains comportements. Recoupée avec les entretiens, hormis la catégorie des troubles du comportement dont le registre s'inclut dans celui médico-thérapeutique, la surreprésentation des violences intrafamiliales et la plupart des carences éducatives sont de manière interprétative « culturalisées ». En effet, dans le discours des évaluateurs, elles sont régulièrement associées à des pratiques particulièrement répandues dans le quartier et liées à l'origine ethnique des individus. A Béziers, les violences sont associées à la situation de précarité particulièrement prégnante, tandis qu'à Montpellier elles sont plutôt essentialisées et les comportements liés à l'origine des familles. Ce registre d'interprétation prend alors deux formes normatives : la première en lien avec des pratiques parentales « partagées » par des individus issus d'un même quartier et confrontées à celles observées dans le reste de la ville ; la deuxième en lien avec des normes de « bonne » parentalité censées s'adresser à l'ensemble des familles évoluant dans la société française. Ce qui fait que l'évaluation éducative, dans ses enjeux, est régulièrement au croisement de la question sociale, ethnique ou encore raciale.

Pour l'évaluation de la notion de risque dans les secteurs étudiés, ces registres interprétatifs servent de grille de lecture globalisante des comportements éducatifs mais se singularisent à nouveau dans l'intervention socio-éducative. Car sans être explicitement énoncés, les critères socio-économiques et ethniques deviennent des facteurs de

---

[157] SCHULTHEIS Franz, FRAUENFELDER Arnaud, DELAY Christophe, *op.cit.*, 2007, p. 92-100.

pondération dans la définition des suites à donner à l'évaluation. C'est ainsi qu'aucun lien mécanique n'apparaît entre la proportion des violences et le nombre de saisines de l'autorité judiciaire, ni même la formalisation des interventions éducatives. Les rapports et les entretiens mettent en évidence une absence de lien formel entre situation de risque/protection administrative et situation de danger/protection judiciaire, mais également entre collaboration de la famille/protection administrative et absence de collaboration/protection judiciaire. Dans les orientations préconisées sont plutôt déterminantes les perspectives et les potentialités d'investissement de la sphère sociale, thérapeutique ou éducative à la fois dans le temps (inscription dans un projet) et dans l'espace (capacité à se saisir et à mobiliser un réseau institué de proximité).

Assez paradoxalement là aussi, le registre socio-économique est quasi absent des rapports étudiés alors qu'il est tellement présent dans le discours des travailleurs sociaux et revendiqué comme variable d'ajustement de la définition du risque. Deux raisons pour expliquer le phénomène. La première est que la situation sociale est tellement déconnectée de l'origine de la difficulté éducative que sa mention n'apporte aucune plus-value à l'analyse de la situation relationnelle, sinon pour situer les parents dans le monde du travail ou bénéficiaires des minima sociaux. La deuxième est plus elliptique : en procédant de la sorte, les travailleurs sociaux peuvent être tentés d'euphémiser la provenance déviante ou illégale de certaines ressources (mendicité, travail clandestin, trafics). Pourtant essentielles au fonctionnement de la famille, l'absence de mentions explicatives de la situation sociale s'explique par une volonté de ne pas produire des éléments objectifs qui peuvent s'avérer des circonstances aggravantes par leur décontextualisation de leur milieu de production, et justifieraient ainsi la saisine du judiciaire au civil et/ou au pénal. Nous observons alors dans les pratiques une nouvelle forme de *stratégie d'occultation* d'une partie de la réalité sociale, qui, si elle était divulguée, pourrait nuire à la famille et politiser l'appréciation de la notion de risque au détriment de son impact réel sur l'intérêt et les besoins de l'enfant. Cette stratégie d'occultation est le résultat d'une évaluation de la situation qui se veut pragmatique ou d'un positionnement professionnel déontologique et/ou militant[158]. L'utilisation potentielle de certaines informations peut laisser craindre une lecture des comportements parentaux plus soucieuse d'ordre social et de prévention d'actes délinquants que d'émancipation. De fait, bien que connue des travailleurs sociaux, la non régularité statutaire d'une famille étrangère ou d'un de ses membres ne fait l'objet d'aucune mention dans les rapports d'évaluation, ce qui vient fausser ou pondérer les registres interprétatifs selon la lecture faite des documents administratifs.

Par conséquent, s'il existe des modes d'interprétation spécifiques des comportements parentaux, ils sont en parallèle appréciés de manière singulière par les professionnels du social et de l'éducatif. Ces modalités pratiques de travail s'appréhendent à partir de trois approches étroitement imbriquées et inscrites dans une temporalité donnée. La première est une *approche socio-éducative* des problématiques familiales qui prend en compte l'impact de la dimension sociale, matérielle et administrative sur les pratiques parentales, et qui mêle dans l'élaboration de la solution aussi bien l'accompagnement social qu'éducatif. La deuxième est une *approche normative référencée* des problématiques familiales qui consiste à prendre en compte des facteurs de proximité liés aux origines réelles ou supposées de la famille et à une adéquation entre les comportements parentaux et la réponse à un besoin idéalisé de l'enfant venant parfois légitimer les pratiques illégales des familles. Et enfin, la troisième est une *approche éthique* qui met en tension les valeurs objectivées du travail social et celles subjectivées de celui qui est chargé de les mettre en œuvre. Elles sont alors liées à la fois à la propre conception du professionnel d'une éducation « bonne », à la prégnance de la dimension sécuritaire dans le contexte d'évaluation et, dans ses conséquences, à l'appréciation des perspectives et des potentiels d'évolution des familles, l'ensemble étant construit dans un cadre institutionnellement et politiquement contraint mais dans lequel persiste de réelles marges d'interprétation et d'action.

---

[158] Il s'agirait alors d'éviter que des écrits portant des mentions compromettantes circulent de manière interinstitutionnelle et soient utilisés à d'autres fins que celles de protection de l'enfant.

« Culturalisation » et « communautarisation » du risque socio-éducatif

Delphine Serre et Franz Schultheis et *al.* abordent tous deux une dimension culturelle dans l'appréhension des comportements parentaux. Toutefois, nous avons ébauché que pour les travailleurs sociaux, elle peut être tout à la fois variable d'ajustement dans l'appréciation de la notion de risque de danger et déterminante dans l'élaboration des perspectives d'aide et d'accompagnement des familles. Invoquée tour à tour comme facteur explicatif du dysfonctionnement familial et justificatif de l'action des professionnels, sa manipulation revêt une forme déterministe aux contours flous à la fois pour les professionnels de la protection de l'enfance et les familles. Largement influencée par les représentations individuelles et collectives, la notion de « culture » fréquemment convoquée par les acteurs vient fixer les limites à la conception même du cadre éducatif en essentialisant les comportements parentaux des étrangers et en les confrontant à des modèles de référence occidento-centrés. Dans l'appréhension de l'acte éducatif, que nous nommerons sous le néologisme de « *culturalisation* », se questionnent les normes de référence parfois ethnicisées ou racialisées, et l'adoption d'un modèle dominant de parentalité acquis soit par assimilation (certains comportements sont imposés à chaque membre de la famille), soit par intégration (idée que le modèle parental et celui de la société d'accueil peuvent s'alimenter l'un l'autre pour produire un modèle singulier de fonctionnement familial). La notion de risque est alors soumise aux aléas de l'analyse et de l'interprétation parce qu'elle est rapportée soit à des caractéristiques ethnicisées et à une conception d'une culture commune originelle, soit à un contexte d'évolution racialisé dans un fonctionnement communautariste, soit enfin à des caractéristiques intrinsèques aux membres de la famille confrontés à différents modèles de comportement marqués culturellement.

Quatre niveaux d'analyse se dégagent des informations recueillies lors des entretiens. Le premier approche de manière conceptuelle les questions d'ethnicisation et de racialisation pour mettre en évidence leur pouvoir d'influence sur la question socio-éducative avec les familles étrangères. Le deuxième est en lien avec les conceptions croisées de la place de l'homme et de la femme dans le couple, et au-delà des rôles de père et mère dans l'éducation de l'enfant à l'origine de l'interprétation d'une situation de risque ou de danger. Le troisième niveau se situe dans l'appréciation de ce qui est régulièrement nommé le « poids de la communauté » dans la constitution des rapports sociaux et l'élaboration des normes locales de référence comportementale en matière d'éducation. Le quatrième niveau enfin est l'influence de la « question religieuse » sur la construction des modèles parentaux de fonctionnement et de leur appréciation par un tiers, essentiellement dans le cas des populations d'origine maghrébine.

Sociologie de l'étranger en protection de l'enfance

Si la sociologie politique permet l'appréhension du cadre politico-juridique contraint d'évolution de l'étranger en France, l'approche interactionniste le révèle en tant que construit interindividuel pris dans un système de valeurs qu'il fonde et éprouve dans un perpétuel mouvement d'acceptation et de confrontation. Certes le droit et les règlements semblent figer les étrangers dans un ensemble de modes de fonctionnement qui s'imposent à eux. Mais les différents dispositifs législatifs et règlementaires en font également des individus à part dont le statut administratif renvoie à faire la preuve constante de leur soumission à des normes comportementales spécifiques, sous peine de marginalisation ou d'exclusion de la société d'accueil. L'application de ce principe sert de marqueur à l'extranéité en même temps qu'à une altérité irréductible à son statut. De leur côté et concrètement, les services de protection de l'enfance introduisent un rapport singulier aux étrangers qui participe d'une part à des formes d'ethnicisation ou de racialisation de la question socio-éducative où le culturel le dispute parfois au cultuel, d'autre part à une vision restrictive de la famille en faisant passer le statut de chaque membre avant la prise en compte de la fonction et de la dynamique éducatives. Comme le point de vue crée l'objet, cette analyse impose en préalable, et à partir du dispositif de protection de l'enfance, de revisiter la définition théorique de l'étranger en complément de la catégorisation déjà proposée (réguliers inclus/admis, non-réguliers admis/exclus).

Pour quel type de sociologie ?

Comme le mettent en évidence Andréa Réa et Maryse Tripier, « l'altérité sociologique d'immigré est renforcée par l'altérité juridique d'étranger dont l'efficacité est attendue pour maintenir les immigrés à l'écart de la société »[159]. C'est la nature même de cet écart, les mécanismes de sa constitution autant que ceux de sa résorption par les familles et les institutions censées les soutenir qui intéressent particulièrement notre propos. Le processus d'intégration auquel se soumettent les familles a pour objectif l'adoption d'attitudes éducatives et de comportements parentaux adaptés à une conception hétéronormée des besoins de l'enfant. Par son aspect formel, cette perspective de conformité à une norme parentale dominante se veut assimilationniste. De spécifique et individualisé, le processus devient donc global. Car dans les sociétés modernes, ceux qui veulent prétendre à une forme de citoyenneté par la régularisation ou la naturalisation et qui sont en contact régulier avec l'État-nation :

> […] intériorisent ses normes, ses catégories, ses structures au point que celles-ci finissent par devenir une composante de leur identité personnelle. Par ce processus, l'État contribue de manière décisive à la formation de ce que Norbert Elias appelle « l'habitus national », ensemble de dispositions, conscientes et inconscientes, qui structurent notre personnalité en lui imprimant à la fois ses caractéristiques individuelles et collectives.[160]

Cet « *habitus* national » se superpose alors à un *habitus* professionnel qui détermine le champ de référence de l'évaluation et fournit les bases à l'élaboration des réponses socio-éducatives apportées.

Pour Georg Simmel, si la notion de frontière présente un intérêt certain dans les mécanismes d'élaboration du lien social, elle est moins un fait spatial aux conséquences sociologiques qu'un fait sociologique qui prend une forme spatiale. De ce fait plus mouvante que dans une approche géopolitique, la frontière engage les individus dans leurs interactions. Sa constitution formelle reste le reflet d'élaborations cognitives mais elle n'en est pas moins appréhendée de manière singulière selon les lieux et les individus. Ce ne sont donc pas les pays ou les territoires qui se délimitent mutuellement, « mais leurs

---

[159] REA Andréa, TRIPIER Maryse, *Sociologie de l'immigration*, Paris, La Découverte, 2008, p. 31.
[160] NOIRIEL Gérard, *État, nation et immigration, vers une histoire du pouvoir*, Paris, Belin, 2001, p. 40.

habitants qui exercent cette action réciproque »[161]. Au-delà des frontières extérieures qui déterminent le statut juridique de l'étranger, s'érigent celles intérieures qui, à partir des interactions, construisent l'autre différent au regard du groupe de référence. Dans l'écart entre ces deux frontières s'inscrit le champ du travail social et éducatif. Il contribue à un processus d'atténuation du phénomène d'altérité avec pour objet la participation à un lien social qui fait référence à chacun, le tout à partir d'une extériorité (le statut) à intérioriser (les systèmes de valeurs et normatifs dominants) à l'origine de mécanismes de socialisation à vocation intégrative, voire assimilatrice.

La question des conditions d'élaboration de la norme revêt alors toute son importance autant par ce qu'elle vient dire d'une quête de modèle de fonctionnement parental (parfois assimilée à une conception ethnocentrée de la bientraitance) que d'une dénonciation de ceux qui la transgressent. En effet, en même temps que la transgression participe à la construction singulière de l'individu, pour le reste du groupe elle pose les bases d'un mode relationnel bâti sur la méfiance (voire la défiance), en tout cas sur une rupture de la confiance provoquée par le non-respect volontaire ou involontaire de la norme communément partagée par le groupe de référence. Comme l'avance Howard S. Becker, l'individu est alors pris dans un double processus :

> Cet individu est alors considéré comme étranger [*outsider*] au groupe. Mais l'individu qui est ainsi étiqueté comme étranger peut voir les choses autrement. Il se peut qu'il n'accepte pas la norme selon laquelle on le juge et qu'il dénie à ceux qui le jugent la compétence ou la légitimité de le faire. Il en découle un deuxième sens du terme : le transgresseur peut estimer que ses juges sont étrangers à son univers.[162]

Ce double mouvement illustre la superposition possible de systèmes normatifs de référence à l'intérieur même de la ville, ou à des échelles plus vastes comme le département ou encore le pays. Par conséquent, les étiquettes négatives dont sont affublées certaines populations (en l'occurrence celles des ZUS d'hier et des QPV d'aujourd'hui) deviennent illégitimes pour celles qui les subissent. Les habitants de certains quartiers, en parallèle ou en réponse aux normes dominantes, construisent alors des systèmes normatifs cohérents au

---

[161] SIMMEL Georg, *Sociologie. Études sur les formes de la socialisation*, Paris, PUF, 2010 [1908], p. 9.
[162] BECKER Howard, *op. cit.*, 1985 [1963], p. 25.

sein de sphères collectives concentriques de plus ou moins grande importance et qui font sens pour ceux qui y adhèrent. De cette manière, les mécanismes d'élaboration normative se superposent au point de fournir des processus d'inclusion et d'exclusion multiples. De fait, l'absence de respect de ce que nous pourrions appeler les normes localisées ou de proximité pour l'acceptation exclusive de celles dominantes conduit à l'exclusion du groupe ou de la communauté de proximité sans pour autant garantir ou permettre l'intégration et la reconnaissance de la part du groupe ou de la communauté élargie. Une femme portant le voile dans le quartier et prenant la décision de ne pas le conserver peut de cette manière être exclue de la communauté de proximité mais toujours extérieurement être associée à elle par certains stigmates (couleur de la peau, adresse dans la ZUS, etc.). Pour lutter contre cette dérive possible et une non-appartenance sociale, certains individus procèdent à ce qu'Erving Goffman appelle un « renversement de stigmate » qui prend une forme d'affirmation identitaire avec pour seul but la préservation de la cohésion du groupe de proximité dans lequel l'individu et plus largement la famille évoluent quotidiennement.

Sans négliger pour autant l'impact de l'histoire personnelle et des parcours des familles étrangères dans l'adoption de certains types de comportement[163], la sociologie met en évidence deux aspects particuliers : d'une part la façon dont les institutions et les professionnels construisent et alimentent la place de l'étranger, cet autre différent, en fonction des représentations et des valeurs qui constituent leur rôle et leur place dans le champ social ; d'autre part comment les étrangers les intègrent, les assimilent ou les réfutent au point d'en faire les bases des normes comportementales singulières qui prennent sens dans la sphère dans laquelle elles se développent. De cette manière, la place espérée par l'individu qui se confronte au système dans sa globalité devient productrice d'une place réelle dont la singularité participe à l'identité du groupe. Dans ce cas, la population étrangère ne peut être analysée comme un tout unique tel que le statut administratif ou le discours politique peut ou veut le laisser penser. Au contraire, la construction de singularités au sein de ce statut imposé producteur de spécificités comportementales individuelles et familiales, doit être appréhendée comme autant de

---

[163] SAYAD Abdelmalek, « Les trois âges de l'émigration algérienne en France », *Actes de la recherche en sciences sociales*, n°15, 1977, p. 59-79.

référentiels normatifs construisant une place réelle de l'individu qui se confronte aux places attendues ou espérées par la société d'accueil et véhiculées comme modèle à atteindre par les pouvoirs publics.

Racialisation et ethnicisation de la question socio-éducative

Les frontières externes et internes à la société créent à la fois des espaces d'appartenance et d'exclusion à l'intérieur desquels les individus oscillent en fonction de leur rapport à l'autre (négocié ou imposé) et à leur propre système de référence. Les frontières externes sont en termes génériques les limites du territoire national auxquelles se superposent celles d'un territoire supranational européen. Ces délimitations géographiques sont également politiques, dans le sens où elles déclinent, selon le cercle considéré, des statuts juridiques qui différencient à la fois les nationaux des étrangers et les communautaires des extra-communautaires.

Mais les frontières internes ne sont pas les conséquences mécaniques de celles externes. Elles sont des productions idéologiques entre des catégories non plus seulement estimées au regard de la classe sociale d'appartenance, mais à partir de la « race » et de l'« ethnie » constitutives de la figure de « l'étranger de l'intérieur »[164]. Racialiser ou ethniciser la question sociale et éducative, c'est évoquer et légitimer le rapport particulier d'un individu ou d'un groupe au système dominant de cohésion sociale sur la base d'indices variables de couleur de peau, d'origine, de statut, de culture, voire et peut-être surtout de religion[165]. Au regard de notre objet de recherche, de son côté, la question raciale se construit à partir de formes prétendues de déterminismes biologiques[166] qui tendent préférentiellement à réapparaître durant les périodes de crise sociale, et sur des critères phénotypiques constitutifs d'un « ressenti d'appartenance »[167]. Elle fonctionne comme assignation à une place dans la division du travail de certaines catégories de population sur la

---

[164] MISSAOUI Lamia, *Gitans et santé de Barcelone à Turin*, Canet, Libres del Trabucaïre, 1999.
[165] FASSIN Didier, « Frontières extérieures, frontières intérieures », in FASSIN Didier (dir.), *Les nouvelles frontières de la société française*, La Découverte, Bibliothèque de l'Iris, Paris, 2010, p. 6.
[166] JAY GOULD Stephen, *La mal mesure de l'homme*, Paris, Odile Jacob, 1997.
[167] FASSIN Éric, « Statistiques raciales ou racistes ? Histoire et actualité d'une controverse française », in FASSIN Didier, *op. cit.*, 2010, p. 447-448.

base de leur couleur de peau[168]. De l'autre, la question ethnique se pose plus en termes d'origine, de lieu de naissance ou de nationalité (des parents comme de l'enfant), au point de produire des « identités ethniques » spécifiques définies de manière socioculturelle (culture, religion, langue, territoire, histoire commune, mode de vie)[169], et à laquelle peut se superposer la question raciale. Ainsi ethnicisé, le Marocain est renvoyé à son statut de régulier ou non, aux accords bilatéraux qui lient la France au Maroc, etc., tandis que racialisé, l'immigré marocain ayant acquis la nationalité française est réduit à des critères phénotypiques (« l'Arabe »), à l'islam, etc. La racialisation du discours contribue également à articuler une scission idéologique entre « Français de souche » et « Français d'origine étrangère », ces derniers ayant plus que les autres et de manière récurrente à devoir faire la preuve de leur attachement quasi inconditionnel à la « mère-patrie »[170].

En forçant à peine le trait, il est possible de dire que la question raciale est moins une question éducative que sociale et sécuritaire. Comme l'affirme Didier Fassin, « la "question raciale" est une question sans frontières que traverse pourtant de part en part la question des frontières »[171]. Ceux qu'elle qualifie n'ont pas forcément le statut d'étranger, mais elle crée de fait une altérité, un « nous » et un « eux » basés sur des principes de domination et d'infériorisation. La question raciale rencontre un écho particulier dans le champ du traitement des problématiques sociales et économiques par son association à des principes discriminatoires dans l'accès à certaines ressources comme l'emploi, le logement ou encore l'éducation. Elle est au centre de la constitution du référentiel sécuritaire et s'associe régulièrement à des principes d'assimilabilité de certains immigrés ou descendants d'immigré. Elle participe à des phénomènes de catégorisation de populations en vue de déterminer les lieux de

---

[168] AMAOUCHE Malika *et al.*, « Pour une approche matérialiste de la question raciale. Une réponse aux Indigènes de la République », *Vacarme* 2015/3 (n°72), p. 174-175.
[169] BOUCHER Manuel, « Pour une sociologie des turbulences et de leur régulation », *in* BOUCHER Manuel (dir.), *Penser les questions sociales et culturelles contemporaines : quels enjeux pour l'intervention sociale ?*, Paris, L'Harmattan, 2010, p. 286.
[170] BANCEL Nicolas, BLANCHARD Pascal, BOUBEKER Ahmed, *Le grand repli*, Paris, La Découverte, 2015, p. 65.
[171] FASSIN Didier, *op. cit.*, 2010, p. 10.

l'intervention publique et les publics sur lesquels la faire porter. Elle s'inscrit dans des effets de stigmatisation de minorités qui acquièrent par ce biais le statut politique de « groupes cibles »[172] et qui, par leur inadaptation réelle ou supposée aux attentes normatives, sont rendus responsables de certains maux caractéristiques de la société et notamment l'insécurité, ou plus exactement le sentiment d'insécurité. L'individu ainsi racialisé se voit bien malgré lui porteur de formes potentielles de désagrégations du lien social justifiant plus que légitimant l'intervention des pouvoirs publics. Dans un tel contexte, la tendance est à penser l'intervention sociale et éducative dans une perspective de contrôle et de rééducation et moins dans l'aide et le soutien. Le fait même de racialiser la question sociale associe au phénotype un déterminisme (pour ne pas dire un essentialisme) nourri de stéréotypes le plus souvent à portée raciste (« les Arabes et les Roms sont tous des voleurs »). Plus de quatre-vingts ans après, les thèses de Georges Mauco ne cessent encore aujourd'hui d'alimenter les principes d'inassimilabilité de certaines populations réduites à la couleur de leur peau et à de prétendues caractéristiques intrinsèques[173]. Indirectement présentes dans le champ de la protection de l'enfance, ces thèses le traversent lors des régularisations administratives, des renouvellements de titre de séjour que les services préfectoraux octroient de manière différenciée selon l'appartenance « communautaire », ou encore lorsque se travaille l'accès au logement d'une famille ou celui d'un jeune à un projet de formation ou d'insertion professionnelle. La démarche s'inscrit alors dans le champ des discriminations[174].

---

[172] BANCEL Nicolas, « "La brèche" Vers la radicalisation des discours publics ? », *Mouvements*, 2011/HS n°1, p. 13.

[173] Georges Mauco soutient en 1932 une thèse en géographie dans laquelle, sous-couvert de scientificité, il évoque des degrés d'assimilabilité des immigrés en fonction de leur origine. Après avoir adhéré au Parti Populaire Français sous Vichy, il rejoint les Forces Françaises de l'intérieur en 1944 et se voit propulsé à la Libération à la tête du Haut-Comité consultatif de la Famille et de la Population au sein duquel il restera jusqu'en 1970.

[174] Au moment de la parution de la « circulaire Valls » à la fin de l'année 2013, nous avons été les témoins dans le biterrois du rejet des dossiers de demande de régularisation déposés par les Roms. Face à l'absence de motifs donnés par l'administration préfectorale, les bénévoles du Collectif des enfants de parents sans-papiers ont ouvertement évoqué des pratiques discriminatoires en fonction du phénotype et de la résonance de certains patronymes qui renvoyaient à une « identité » Rom sans que cela ne soit contredit par les services de l'État.

De leur côté, les phénomènes d'ethnicisation réduits au statut d'étranger ont un impact réel sur les conditions sociales d'évolution des familles dans le territoire national mais frappent de manière singulière le champ éducatif. La notion de « groupe ethnique », définie comme « groupe culturel minoritaire au sein d'une société qui en compte souvent plusieurs »[175], devient le lieu où le lien social s'appuie sur des solidarités internes et se réajuste par les contacts permanents qu'il entretient avec les autres groupes dont celui majoritaire. Ses contours ne cessent donc de se renouveler :

> [L'ethnicité] repose sur la production et la reproduction de définitions sociales et politiques de la différence physique, psychologique et culturelle entre des groupes dits ethniques qui développent entre eux des relations de différents types (coopérations, conflits, compétitions, dominations, exploitations, reconnaissance, etc.), l'ethnicité est donc liée à la classification sociale des individus et aux relations entre les groupes dans une société donnée.[176]

A partir de la question ethnique, les interactions régulières entre les individus et entre les groupes construisent de l'altérité et du semblable en même temps que de l'exclusion, et font que certains acteurs sociaux se considèrent ou sont considérés culturellement distincts en fonction du groupe de référence auquel ils s'identifient ou sont identifiés. Mais :

> Il est de plus en plus communément accepté que l'ethnicité ne se définit pas par une particularité culturelle objective mais bien par la construction sociale et politique de celle-ci et par les tentatives déployées par les acteurs sociaux pour leur donner un sens à la faveur des interactions sociales. La culture est une conséquence de l'ethnicité et non pas un élément de définition de cette dernière.[177]

Par la dimension culturelle qu'elle embrasse largement, la question ethnique est extrêmement prégnante dans l'élaboration des systèmes de représentation qui servent à l'évaluation des mécanismes de fonctionnement et de comportements familiaux. Ils s'établissent à partir d'un « eux » culturellement réduits à l'origine. Peut-être moins stéréotypés que dans la question raciale, les systèmes de

---

[175] BLANC-CHALEARD Marie-Claude, *Histoire de l'immigration*, Paris, La Découverte, 2001, p. 102.
[176] MARTINELLIO Marco, *Penser l'ethnicité*, Liège, Presses Universitaires de Liège, 2013, p. 29.
[177] *Ibid.*, p. 97.

représentation qui en découlent forment de manière plus ou moins conscientisée une grille de référence pour l'observation des attitudes éducatives. Elles constituent alors des formes de « prêt-à-penser » idéologiques pour les institutionnels et les professionnels du champ. Moins connotée négativement dans le discours général, il n'en demeure pas moins qu'en dehors des rapports de domination qu'elle induit, l'étiquette ethnique sert de facteur de pondération ou d'exacerbation dans l'appréciation des comportements éducatifs et des interactions parents/enfants étrangers. En renvoyant l'origine des attitudes à une appartenance « communautaire », la collectivisation de l'étiquette négative passe d'un individu à un groupe et contribue à dé-singulariser l'intervention socio-éducative pour en faire un problème global à la communauté ou au quartier. Pour illustrer le propos, l'utilisation de la violence physique comme outil éducatif par certains responsables légaux sera appréhendée de manière différente selon qu'elle est perçue ou non comme porteuse d'un sens « culturel » pour la famille, et plus largement pour la communauté à laquelle elle est symboliquement rattachée, en l'occurrence et pour exemple les Marocains du quartier Petit-Bard – La Pergola à Montpellier.

Pour synthétiser, dans le champ socio-éducatif, moins que la couleur de la peau, statut et origine sont les facteurs principaux d'appréhension des problématiques éducatives. Ils déterminent des modèles de référence autant que des productions opérationnelles de l'action sociale, notamment par les incidences que statut et origine ont sur les individus, sur leurs capacités projectives, sur l'élaboration des structures familiales, mais aussi sur les groupes dans lesquels ils s'incluent et les modalités de relations sociales qui en découlent[178].

Sans entrer dans l'exhaustivité de la notion de culture, parler d'ethnicisation de la question socio-éducative renvoie à des modèles culturels de référence aux origines et aux contours flous, mais fréquemment convoqués pour globaliser une pensée. Culturaliser certains comportements revient à les essentialiser dans des systèmes de valeurs qui transcendent les individus, et qui, pour les observateurs, font référence égale pour une catégorie de population collectivisée par une étiquette identique. La tendance est alors à figer cette catégorie dans le temps et l'espace en ne lui prêtant que peu de capacités d'évolution. Or la culture s'entend également comme un construit

---

[178] POUTIGNAT Philippe, STREIFF-FENART Jocelyne, *Théories de l'ethnicité*, Paris, PUF, 1995, p. 43.

interactif qu'un groupe partage et modifie au gré des évolutions sociétales. Pour Hugues Lagrange, le mot culture (avec un « petit c ») désigne l'ensemble des dispositions et représentations résultant de l'interaction entre ces normes prévalant d'un sous-groupe et celles de la société majoritaire (par exemple en parlant de la culture ouvrière), au contraire de la Culture (« grand C ») qui désigne « un ensemble de pratiques et de représentations articulées et instituées, pourvu d'une cohérence qui est l'héritage d'un groupe d'hommes historiquement délimité ».[179] Mais cette approche laisse entrevoir une notion de culture inscrite dans des systèmes de valeurs hiérarchisés dont un minoritaire (« le sous-groupe ») et un autre majoritaire (« la société »). Pour notre propos, nous rejoindrons plutôt la définition de Denys Cuche pour qui, dans une perspective interactionniste, le terme de sous-culture ne correspond à aucune réalité. Par conséquent, la construction culturelle passe par la culture du groupe qui est première, autrement dit locale, de proximité, celle « qui lie les individus en interaction immédiate les uns avec les autres, et non la culture globale de la collectivité plus large »[180]. De cette manière, la « culture globale » résulte de la relation des groupes sociaux en contact les uns avec les autres, « et donc de la mise en relation de leurs cultures propres ». Nous sommes par conséquent dans un mouvement ascendant au sein duquel les lieux et les individus sont créateurs de systèmes normatifs singuliers qui, même s'ils partagent parfois des traits communs, n'en restent pas moins différents dans leurs productions systémiques. C'est ainsi que la population marocaine du quartier du Faubourg – Centre-ville à Béziers a développé des spécificités interrelationnelles et des systèmes de valeurs de référence locaux qui ne se retrouvent pas dans la population marocaine du Petit-Bard – La Pergola à Montpellier. Les réunir autour d'une même « culture marocaine » principielle relève alors d'une gageure.

De cette façon, en évoquant les populations étrangères comme objet d'étude, il est complexe d'inféoder certains comportements à une culture « d'origine », notamment en ce qui concerne l'attribution

---

[179] LAGRANGE Hugues, *Le déni des cultures*, Paris, Seuil, 2010, p. 252. Si cette définition présente un certain intérêt pour notre démonstration, nous n'adhérons pas à la dominante culturaliste qu'Hugues Lagrange tend à imposer dans l'analyse des relations sociales [FASSIN Didier, FASSIN Éric, « Misère du culturalisme », *Le Monde*, 29 septembre 2010].
[180] CUCHE Denys, *La notion de culture dans les sciences sociales*, Paris, La Découverte, 2010, p. 55.

des places et rôles de chacun au sein de la famille ou les pratiques éducatives. Le présupposé qu'une culture est un système stable facilement transposable dans n'importe quel contexte ne s'appuie sur aucune réalité empirique. De plus, l'évoquer en tant que tel revient à vouloir créer une unité du migrant en fonction de son origine ou de la couleur de sa peau qui nierait la réalité de la diversité des origines sociales et économiques dans un même pays[181]. En protection de l'enfance, on entend alors par culture l'élaboration de modèles qui s'appuient sur des pratiques essentiellement transmises par l'éducation et qui, dans la confrontation à un nouvel environnement, s'adaptent à lui au point de produire un nouveau système singulier de référence en fonction du lieu et des personnes auxquels il se réfère. De fait :

> Les traditions culturelles n'existent pas en soi. Elles n'existent que par rapport à un certain ordre social, qui est fondé sur des rapports sociaux et qui fonde des rapports sociaux, dont elles sont l'expression. Tous les individus ne peuvent pas tous avoir le même intérêt à maintenir la tradition.[182]

L'ensemble se réalise dans un perpétuel mouvement de composition et de recomposition qui prennent sens localement, et que les professionnels de la protection de l'enfance assimilent à leur tour pour produire des pratiques d'évaluation et d'accompagnement particulières.

Une conception « culturalisée » de la violence intrafamiliale

Dans les quartiers étudiés, professionnels de l'enfance, associatifs et habitants s'accordent à nommer les violences intrafamiliales comme un mal récurrent et répandu. Ce fait est corroboré par les chiffres qui placent les violences largement en tête des problématiques familiales dans les informations préoccupantes. Si toutes ne conduisent pas à une saisine de l'autorité judiciaire et n'enclenchent pas (loin s'en faut) des poursuites pénales, nous faisons l'hypothèse que c'est en grande partie une contextualisation « culturelle » des faits de violence qui joue le rôle de facteur de pondération dans l'appréciation de la gravité des comportements.

---

[181] Unité que tend à faire accroire à une échelle encore plus improbable Samuel P. Huntington dans son *opus* le plus repris par les tenants du culturalisme [HUNTINGTON Samuel P., *Le choc des civilisations*, Paris, Odile Jacob, 2000].
[182] CUCHE Denys, *op. cit.*, 2010, p. 138.

Contextualisation de la violence dans la sphère familiale

Ces violences sont à la fois décrites comme conjugales et intergénérationnelles et, à l'exception des enfants jeunes, essentiellement l'œuvre des hommes sur les femmes (épouse, sœur, fille, mère[183]). Si les violences conjugales sont moralement condamnées dans les quartiers, celles dont sont victimes les enfants s'inscrivent le plus souvent dans des formes de « tradition familiale » censées faire sens pour ceux qui les produisent et ceux qui les intègrent, ou parce qu'elles sont la conséquence d'une évolution dans un contexte social et économique très dégradé. Voici comment en parle une habitante du quartier du Petit-Bard – La Pergola d'origine marocaine et militante associative :

> Pour tout vous dire, heu… Les fessées, même moi j'en donne… Alors je sais pas ce qui est perçu comme violence… Moi, quand je parle de ça, c'est beaucoup plus la violence faite aux femmes, y en a beaucoup… Après, sur les enfants, quelques claques parfois… Et pour les parents, ils sont débordés parfois… Ils passent la journée à faire le ménage, à faire à manger, le soir, ils ont pas envie que les gosses leur prennent la tête, forcément… Si en plus on se fait taper devant le gamin ![184]

Bien qu'unanimement condamnée par les instances internationales au nom d'une certaine parentalité positive et bientraitance, la contrainte physique en direction de l'enfant revêt dans le discours des interviewés une certaine légitimité lorsqu'elle s'inscrit dans des modèles de référence contextualisés liés à l'origine et/ou aux habitudes de fonctionnement des familles. En dehors de toute conception législative et morale, la contrainte physique agit comme une norme éducative intégrée, une pratique légitimée par l'habitude et la répétition dans des sphères familiales de proximité. Pris dans cet environnement, professionnels et associatifs ont tendance à s'en approprier la logique et à minimiser la portée de certains gestes au point de ne pas les faire entrer ne serait-ce que dans les conduites parentales « à risque ». Autrement dit, lorsque des familles d'une même origine ethnique évoluent dans un quartier identique avec des conditions de vie sociales et matérielles globalement semblables et usent de conceptions éducatives similaires, alors apparaît un phénomène d'acceptation tacite du comportement violent qui, pour les parents et les professionnels, confère la valeur d'une norme locale de

---

[183] Entretien n°20, bénévole, Montpellier.
[184] *Ibid.*

fonctionnement à la pratique partagée, fût-elle en dehors du droit. Par conséquent, d'un point de vue sociologique et non moral, et dans ce contexte précis, la contrainte physique fait alors *sens éducatif* pour les familles qui la pratique. La contester ou la renier revient à rompre à la fois ce qui fait sens dans la sphère de proximité et élargie et ce qui unit ses membres autour d'un consensus de fonctionnement autorisant la reconnaissance des places et des rôles éducatifs par les pairs. C'est ainsi qu'une animatrice intervenant dans les campements Roms du biterrois note que les familles ne semblent pas comprendre pourquoi l'enseignant du primaire ne doit pas user de la contrainte physique pour se faire respecter[185]. De même que Marie-Cécile Renoux relève que les parents pauvres n'ont guère eu l'occasion d'apprendre à connaître les besoins de leurs enfants[186] et pour certaines familles étrangères, le point de repère éducatif n'est pas la grille fournie par les normes dominantes de la société d'accueil, mais celui qui fait sens au quotidien dans la proximité. De fait, la décontextualisation de certaines pratiques parentales ajoutée au manque de maîtrise de la langue et aux conditions précaires d'évolution[187], font que l'appréhension de la notion de risque fluctue selon le contexte global de leur production et le cadre de référence partagé ou non par l'évaluateur.

Cette forme implicite d'ethnicisation de la question de la violence parents/enfants est également à rapporter aux places et rôles de père et mère qu'assignent dans les représentations le pays d'origine et le mode d'habitation. L'analyse de l'attribution de fonctions spécifiques dans l'éducation des enfants s'élabore soit de manière « culturelle » (dans les familles maghrébines, la mère s'occupe de l'enfant en bas âge et le père de l'adolescent), soit économique (dans les familles Roms, la répartition sexuée des tâches domestiques dépend de la place tenue dans l'appareil de production local), soit les deux à la fois. Une assistante de service social synthétise de la sorte le propos :

> On a les deux cas de figure : on a des familles maghrébines où on a des valeurs très présentes, de travail, d'effort… Des principes de vie, de construction de vie, où on a des enfants qui suivent leur scolarité normalement, qui font leurs études

---

[185] Entretien n°4, animatrice, Béziers.
[186] RENOUX Marie-Cécile, *op. cit.*, 2008, p. 121.
[187] Selon le Comité des droits de l'enfant, le taux d'enfants vivant dans la pauvreté est sensiblement plus élevé chez les enfants issus de l'immigration [Comité des Droits de l'enfant, Examen, 2009, §78].

> supérieures, malgré une situation de précarité, un père au chômage... Voilà... Puis d'autres familles, maghrébines donc, on a des mères qui aimeraient plus de choses, et des pères qui seraient en dehors de la question éducative... Qui sont pas très présents en termes de modèle pour leurs gamins. Ça retentit davantage sur les garçons que sur les filles, mais c'est un avis très personnel. On voit plus de difficultés chez les garçons que chez les filles dans ces familles... Les filles suivent leur scolarité sans difficulté même s'il y a des difficultés entre les parents, elles... Elles suivent leur ligne, alors que les garçons dérapent un peu à l'adolescence, commencent à montrer des problèmes de comportement, des absentéismes scolaires... Et c'est souvent quand des pères sont trop absents... On est dans un problème de présence insuffisante, voilà... Du père dans la sphère familiale.[188]

Une éducatrice spécialisée, elle-même d'origine maghrébine, rajoute :

> Dans la communauté maghrébine, l'enfant, jusqu'à temps qu'il soit pubère, c'est l'affaire des femmes. C'est la mère, les sœurs, la grand-mère qui assurent l'éducation. Donc le petit garçon a du mal aussi à se construire du fait que la relation au père est un peu compliquée, du fait que ce père est vraiment... Peut-être que le mot est un peu fort, mais le père n'a pas investi cet enfant comme il le faudrait... Du coup, on se retrouve avec des enfants qui sont assez tyranniques avec leur mère, puisqu'il y a cette histoire de rejet, de haine, d'amour.[189]

La contextualisation « culturalisée » des pratiques éducatives conduit à des mécanismes d'interprétation par anticipation des comportements parentaux. Le fait éducatif n'est plus pris dans sa singularité mais dans ce qu'il est censé représenter pour ceux qui l'accomplissent et ceux qui l'évaluent.

Image et reconnaissance

Deux éléments jouent alors comme facteurs démultiplicateurs dans l'implication éducative : d'un côté l'image que renvoie chaque parent à leurs « pairs », leur confiance en eux et dans leur environnement social, économique et politique qu'ils transmettent ou non à leurs enfants à travers les pratiques éducatives ; d'un autre côté un rapport sexué exacerbé à la fois dans la distribution des rôles et dans les

---

[188] Entretien n°12, assistante de service social, Béziers.
[189] Entretien n°16, éducatrice spécialisée, Montpellier.

principes éducatifs qui guident leur action en fonction du sexe de l'enfant.

Sur la question de l'image, des liens de correspondance existent entre l'utilité du père dans la société d'accueil et la reconnaissance de sa place dans la sphère familiale. Comme pour beaucoup de nationaux, la perte d'un emploi, autrement dit de l'utilité économique, entraîne une dévalorisation du discours et une perte de confiance qui rejaillissent sur l'ensemble des membres. Pour l'étranger, le mouvement est amplifié, car la perte de l'emploi renvoie à la perte de la légitimité de la présence sur le territoire national en même temps qu'elle remet en question sa place de chef de famille garant du bien-être des siens. L'hyper-valorisation de l'immigration de travail et la stigmatisation accrue de l'immigration familiale (immigration choisie *vs* immigration subie) interroge les fondements mêmes de l'émigration des parents alors que leurs propres enfants peuvent définir d'autres trajectoires de vie. En effet, si dans certains discours politiques conservateurs l'étranger qui coûte plus qu'il ne rapporte doit repartir dans son pays d'origine, les enfants nés en France ou entrés sur le territoire national avant un certain âge peuvent accéder à la nationalité française à leur majorité, réalité qui est interdite aux parents. Les perspectives ouvertes aux enfants par le droit diffèrent alors de celles de ses représentants légaux, ce qui renvoie aux parents de manière brutale l'extrême fragilité de leur statut et sape en partie ou totalité leur autorité morale. Il en découle l'accroissement d'une dépendance administrative et financière au système social :

> Les pères eux-mêmes sont en difficulté avec leur propre image, pas de boulot… Ou ils jouent pas leur rôle… Je travaille, j'ai une existence sociale à l'extérieur, et ne me préoccupe pas de ce qui se passe à la maison… Tout ça c'est un peu en perdition… Je pense que ça peut rejaillir sur ce qu'ils renvoient à leur fils, dans la projection qu'ils peuvent se faire de l'avenir… Ces pères ont perdu espoir d'une évolution de leur vie, de quelque chose de… D'aller toujours vers du mieux, ce qui est le propre de l'humain.[190]

Si le rôle économique du père renvoie prioritairement au positionnement paternel en termes de représentations, il n'en reste pas moins que l'image de la mère peut elle aussi être parfois sérieusement écornée par sa situation administrative. À la régularité de la présence du père sur le territoire national s'oppose parfois la non-régularité de

---

[190] *Ibid.*

la mère. Cette réalité se rencontre surtout chez les populations maghrébines du Petit-Bard – La Pergola, car le durcissement des conditions du regroupement familial a conduit un grand nombre de femmes à venir en France avec ou sans leurs enfants hors toute procédure. Entrées le plus souvent par l'intermédiaire d'un visa touristique à un âge relativement avancé, demeurées après son expiration, leur régularisation sur place est devenue aujourd'hui extrêmement complexe. Outre que les possibilités administratives se ferment, cette arrivée qualifiée par certains de « tardive » devient la cause d'un repli sur soi par une méconnaissance des règles et des normes de la société d'accueil accolée à une crainte de l'expulsion. S'ajoutent à cela des difficultés dans le maniement de la langue et de l'écrit dues à une scolarité parfois très chaotique dans le pays d'origine. Dans ces secteurs, les difficultés ne peuvent se résoudre par un investissement accru de l'espace public à cause du harcèlement dont les populations étrangères font l'objet par les forces de l'ordre. S'ensuit un isolement social dans lequel sont parfois entraînés les enfants et qui limite, en dehors de l'école, le réseau relationnel à la sphère familiale élargie ou à celle du quartier, ce repli sur soi contribuant à forger une image de ghettoïsation. Dans cette situation, quand le père ne peut investir comme il le souhaite sa fonction économique de soutien familial et de reproduction normative par l'éducation, la mère en situation non régulière ne parvient pas à le suppléer dans cette tâche. C'est alors que les enfants recherchent des repères hors de la sphère familiale ou que des tiers dans la sphère de proximité les leur imposent, décrédibilisant par là le discours parental ainsi que les places et rôles des père et mère.

L'autre caractéristique rencontrée dans les familles étrangères est l'existence d'une sexuation exacerbée dans la distribution des rôles parentaux et l'élaboration de principes éducatifs différenciés selon qu'ils s'adressent à un garçon ou une fille. Bien souvent le père souhaite renvoyer l'image de celui qui subvient aux besoins de la famille mais il est régulièrement mentionné absent sur le plan éducatif, laissant la quasi exclusivité de la fonction à la mère. Ce cloisonnement est significatif chez les parents quarantenaires et peut-être un peu moins chez les plus jeunes comme le note une autre militante associative marocaine du quartier du Petit-Bard – La Pergola. Cependant pour les travailleurs sociaux il complexifie la mise en place d'un réel travail d'aide et de soutien avec chaque membre de la famille. L'absence du père, éducative et parfois physique, fait de la mère l'interlocutrice exclusive des services socio-éducatifs, avec les limites que renvoient son isolement social, son absence de statut, la barrière de la langue ou encore l'accès à l'écriture :

> Du coup, le rapport homme/femme, il est compliqué avec le père... Ils sont pas toujours au domicile quand on vient... J'ai une famille, je n'arrive pas à voir le papa... Alors quand je le vois, il est très gentil, très respectueux, mais pour lui [l'éducation] ça ne relève pas de sa compétence... Parce que pour lui, l'éducation de l'enfant, c'est la mère.[191]

Ce qui peut apparaître comme une répartition consentie des rôles devient au niveau éducatif une exclusivité maternelle dont l'exercice est limité à la sphère privée. Le travail préventif d'accompagnement n'est plus simplement une interrogation du cadre mais un travail d'implication active de chaque parent qui vient remettre en question leurs propres critères de référence sur ce que doit être dans leur propre système de représentation le fonctionnement d'une famille. Il en va de même lorsqu'est effectué un travail avec la mère sur une ouverture dans la sphère publique qui vient empiéter sur une prérogative ou une tradition maritale. De fait, promouvoir une éducation qui correspond à des modèles dominants vient redéfinir les rôles et les places de chacun et déstabilise l'équilibre familial. Sous prétexte de traiter le risque et de préserver l'intérêt de l'enfant, les travailleurs sociaux sont régulièrement à l'origine de ce déséquilibre qui poursuit le but de construire un nouveau modèle de fonctionnement. En agissant de la sorte, ils introduisent dans les relations intrafamiliales des effets perturbateurs entre place voulue ou espérée et rôle imposé.

Indirectement, sous couvert d'une quête émancipatrice et d'une recherche permanente de l'intérêt ou de la satisfaction des besoins de l'enfant, l'action socio-éducative place l'enfant au centre du dispositif et lui confère une toute puissance. Car c'est par lui et pour lui que la remise en question s'opère. L'intervention socio-éducative vient signaler aux parents une forme d'incapacité éducative et un décalage avec les normes attendues qu'il convient de corriger avec l'aide d'un tiers. Par un accès facilité à la lecture, l'écriture et plus largement à la langue française et à ses codes, les enfants deviennent les interfaces incontournables dans la gestion administrative de la famille. Ils sont propulsés auprès des pouvoirs publics comme porte-paroles d'une difficulté et d'une souffrance parentale et comme acteurs

---

[191] Entretien n°14, assistante de service social, Montpellier.

incontournables du changement familial, alors que la réalité des enjeux de la problématique leur échappe ou qu'ils en sont un des éléments. On assiste alors à des phénomènes de « *parentalisation* des enfants de parents en difficulté »[192]. Par cet effet de « *parentalisation* » induit par le système, par ce renversement des générations et donc des responsabilités, l'enfant joue un rôle protecteur et accède à une part de l'intime et du secret de la famille qui aurait dû, dans d'autres contextes, lui rester étrangère. Lorsque survient alors l'adolescence, les parents ne sont plus des modèles auxquels les enfants ont envie de se confronter pour se construire mais plutôt à éviter. Par ses mécanismes, l'intervention sociale et éducative administrative ou judiciaire apporte sa pierre à la dévalorisation de la fonction parentale. Et par méconnaissance ou souci exacerbé de normalisation, les pouvoirs publics peuvent pousser l'enfant à rechercher sa propre identité au regard des normes de la société d'accueil davantage que dans un métissage avec les valeurs d'origine des parents[193].

Par conséquent, si le travail sur les places et rôles des parents veut s'inscrire dans une perspective émancipatrice, il ne doit pas s'imposer mais se négocier, ce qui passe obligatoirement par la reconnaissance du système et rend aléatoire l'efficacité des mesures coercitives. De fait, pour les familles, la notion de risque consécutive au statut administratif et/ou aux conditions sociales d'évolution ne revêt pas le sens que leur confèrent les services publics. Alors que selon son statut administratif précaire la famille est dans la recherche permanente d'un équilibre social global, outre le fait qu'elle ne résout en rien administrativement un accès libre aux dispositifs de droit commun, l'intervention d'un tiers occasionne un déséquilibre éducatif qui altère la perception des places et des rôles. Logiquement mal perçu, ce type d'intervention conduit à des formes de radicalisation des positionnements parentaux qui peuvent se traduire par un déni des difficultés ou une absence de collaboration et conduire les services socio-éducatifs à la saisine de l'autorité judiciaire. C'est ce décalage qu'exprime un responsable d'une association antiraciste accompagnant les familles dans leurs demandes de régularisation :

---

[192] DAADOUCH Christophe, « Être parent étranger en France, de quel droit ? », in *Rhizome*, Bulletin national santé mentale et précarité, *De l'exil à la précarité contemporaine, difficile parentalité*, N°37, décembre 2009.
[193] MORO Marie-Rose, *op. cit.*, 2011 [2002], p. 182.

> Le truc, c'est que la pauvreté n'est pas équivalente à la maltraitance, y compris extrême pauvreté... Et ils ne comprennent pas [l'intervention des services sociaux]... Lorsqu'il y a maltraitance pour nous, c'est la famille qui se sent maltraitée, elle ne se considère pas comme maltraitante... Et ils le sentent par rapport à la précarité de leur situation... Maltraitance, c'est plutôt un mot de petit bourgeois... On peut être très pauvre et très heureux... Quand on les stigmatise par un placement, ils considèrent que l'État les maltraite. Ça, ils l'acceptent pas... Même si les conditions dans lesquelles ils élèvent leurs enfants, c'est entre guillemets pour nous de la maltraitance à l'enfance... Pour eux, c'est pas vrai.[194]

Au-delà de l'incompréhension qu'elle génère, la confrontation des cadres référentiels dans un rapport dominant/dominé induit des processus de stigmatisation et de dévalorisation que l'intervention socio-éducative est censée résoudre. En évitant ou en repoussant le soutien proposé alors que le système leur refuse celui qu'ils sont en droit d'attendre (notamment d'un point de vue social), les étrangers privilégient le maintien d'un cadre relationnel qui prend sens dans la proximité plutôt que d'adopter un modèle qui les exclurait localement de la communauté constituée.

La communauté : réalité effective ou construction cognitive ?

Nous définirons la *communauté instituée* comme la collectivisation de l'étiquette qui s'impose au groupe de l'extérieur en fonction de critères aussi variés que l'origine ethnique, le phénotype et/ou encore des critères administratifs ou sociaux. Au contraire, la *communauté constituée* s'élabore à partir d'un processus interne de sentiment d'appartenance à un groupe qui partage des systèmes de valeurs, des règles de vie et de fonctionnement identiques dans un lieu et une temporalité donnée. Notre conception de la communauté se distingue de la question communautariste en son sens identitaire ethnicisé et/ou racialisé. Ces précisions nous amènent à voir qu'en dehors du processus qui fait communauté instituée ou constituée, le principe d'une communauté est régulièrement convoqué par les acteurs du quartier pour à la fois expliquer la confusion des places et rôles de chaque membre de la famille, pour justifier certaines pratiques familiales de fonctionnement, et pour évoquer la place et le rôle de la

---

[194] Entretien n°5, bénévole, Béziers.

famille dans le quartier et plus largement dans la société. Tantôt frein au changement tantôt soutien indispensable aux familles déracinées ou en situation précaire, l'idée même de communauté recouvre des acceptions allant de la sphère familiale élargie aux individus de même origine ethnique, avec une possible extension vers l'ensemble des habitants du quartier. Invoquée comme modèle à atteindre ou à rejeter, elle participe de la définition d'une altérité, d'un *eux* et d'un *nous* qui fait convention et crée des obligations normatives pour ceux qui s'en revendiquent ou s'en excluent. Ces différents niveaux s'imbriquent au point de produire une appréhension singulière du rôle parental et de la place de l'enfant ainsi que des systèmes normatifs parallèles à ceux dominants. L'ensemble de ces systèmes réunis sert de grille interprétative des comportements individuels et collectifs et nomment des critères de référence pour ceux qui s'y soumettent[195]. Dans tous les cas, l'idée même de communauté référée au quartier renvoie à une dimension holiste du lien social qui oblige à considérer l'ensemble des relations sociales dans une perspective descendante qui met en évidence que le tout (le quartier) influe sur les parties (les familles). Mais les observations réalisées nuancent le propos.

L'influence de la sphère familiale

Le premier ressort communautaire par ordre d'apparition sur le terrain est l'influence de la sphère familiale élargie. Particulièrement prégnante dans le quartier du Petit-Bard – La Pergola fort d'une population originaire du sud marocain, elle se traduit par une proximité intergénérationnelle et familiale de tous les instants[196]. Pointée de manière positive, cette proximité maintien ou renforce des solidarités mécaniques qui amplifient la connotation identitaire du processus pour les observateurs extérieurs. Dans le cadre d'un projet de réhabilitation du quartier en vue de reloger les familles, l'enquête diligentée par les pouvoirs publics a mis en évidence la présence de nombreux majeurs dans un même appartement, créant des formes de

---

[195] L'idée de soumission est entendue comme une aliénation librement consentie d'une partie de sa liberté d'être et de faire au profit d'un ordre social localement admis.
[196] Si des fonctionnements de type « communautaire familial » ont également été observés sur le territoire du Faubourg – Centre-ville, ils le sont à une échelle plus réduite et moins emblématique du fait d'une origine des populations plus diffuse, et d'un quartier qui se veut de passage et non d'installation.

promiscuité relativement insoupçonnées[197]. Ces formes de solidarité s'expliquent par la précarité consécutive aux effets de la crise économique, par l'arrivée de nouveaux migrants avant qu'ils puissent accéder à des logements autonomes ou de non réguliers qui ne peuvent administrativement en obtenir, ou encore parce que certains craignent que la « décohabitation » envisagée leur fasse perdre les soutiens de proximité[198].

À Béziers, pour beaucoup de familles, il s'agit moins de maintenir ou de reproduire des solidarités mécaniques que de se regrouper pour faire face aux aléas de la crise économique ou encore prendre en charge les non réguliers. Dans ce secteur, ces regroupements correspondent moins à une volonté qu'à l'impossibilité d'accéder à un ailleurs parce que les gens sont trop pauvres ou en situation administrative non régulière.

Cette promiscuité imposée crée une certaine confusion dans la compréhension des rôles éducatifs des membres de la « famille » auprès des enfants – « famille » entendue là comme sphère familiale composées d'adultes et d'enfants pas exclusivement unis par un lien de sang dont les membres évoluent sous le même toit[199]. Cette promiscuité ajoute également une certaine confusion sur la place de la femme et de la mère au regard de la présence de la belle-famille et de certains cousins. Dans de tels contextes, dire que la notion de risque pour l'enfant est la conséquence d'un dysfonctionnement parental au sens strict du terme relève de la gageure. De la même manière, comment penser une aide et un accompagnement sans la dimension sociale et éducative d'une implication collective des acteurs potentiels dans la prise en charge effective de l'enfant ? Dans une telle

---

[197] La terminologie alors utilisée par les bailleurs sociaux dans le cadre du relogement des familles multiples est celle de « décohabitation », entendue là comme le relogement indépendant de chacune des entités logeant dans l'appartement. Une assistante de service social du secteur parle de quatre ou cinq décohabitations nécessaires au sein d'un même logement plusieurs fois constatées [entretien n°14, assistante de service social, Montpellier].

[198] C'est ce que pointe une psychologue travaillant dans une association d'insertion implantée dans le quartier : « Donc socialement, on est dans un village à La Pergola. On est dans un village avec des communautés fortes et importantes, des familles qui sont très posées, des gens qui ne voulaient pas partir du Petit-bard, parce que c'est aller vraiment vers l'inconnu » [entretien n°17, psychologue, Montpellier].

[199] Cette dimension est reprise par la loi n°2016-297 du 14 mars 2016 relative à la protection de l'enfant qui délaisse la priorité donnée aux parents pour lui préférer la notion plus large de celui qui s'en occupe d'un point de vue éducatif.

perspective, il convient de détacher le rôle administratif, juridique et/ou biologique des parents de celui des individus exerçant de manière effective et affective un rôle éducatif de type « parental » auprès de l'enfant :

> Pour les femmes qui vivent en famille élargie, moi j'ai eu des mères qui disaient : « moi je ne peux rien faire si mes parents à moi proposent des choses à mes enfants », par exemple s'ils donnent des bonbons, je peux pas m'interposer... Je dois le respect à l'ancêtre... Alors les familles regroupées, il y a le respect de ce que le grand-père, la grand-mère a dit.[200]

De telles réalités viennent remettre en question la pertinence du cadre administratif et juridique qui habituellement prévoit que le responsable légal de l'enfant est le seul interlocuteur reconnu dans la mise en place d'actions de prévention.

La sphère familiale n'a donc pas que des avantages et peut également présenter un carcan qui nuit à l'émancipation de l'individu et à son ouverture sur un ailleurs, notamment en exacerbant la différenciation sexuée dans la gestion du quotidien. Pour les professionnels et les familles, les solidarités mécaniques deviennent des outils d'enfermement ou de repli sur soi qui font obstacles à la demande d'aide et de soutien, et surtout à l'intervention d'un tiers extérieur à la sphère familiale. Une habitante du Petit Bard – La Pergola, responsable d'une association exclusivement composée de femmes et dont les actions tendent à l'autonomisation et la socialisation dans et hors du quartier, raconte :

> Y a le problème de la famille, de la belle-famille, parce qu'il faut dire que dans le quartier, il y a beaucoup de gens qui vivent avec... Alors [le couple] habite au rez-de-chaussée avec la belle-mère qui habite au-dessus, la belle-sœur qui habite encore plus haut, alors c'est vraiment la famille qui est là... C'est comme... Voilà, c'est la famille et on cherche pas à savoir. Si ma mère habite au-dessus de la maison, ma belle-sœur un peu plus haut, et ma belle-mère au quatrième, j'ai pas besoin d'aller chercher des copines à gauche à droite. J'ai déjà ma maison à nettoyer, il faut aussi que j'aille nettoyer celle de ma belle-mère, et quand j'ai fini de nettoyer celle de ma belle-mère il faut que j'aille faire à manger à mon mari, et quand j'ai fini de faire à manger à mon mari il faut que j'aille récupérer les enfants à l'école, et c'est la fin de la journée, et je suis

---

[200] Entretien n°19, puéricultrice, Montpellier.

> fatiguée... Alors où est-ce que je trouve le temps pour les activités pour moi, y en a pas.[201]

Comme nous l'avons brièvement abordé, cette difficulté à se départir des contraintes familiales est renforcée par deux facteurs : d'un côté, une pratique aléatoire de la langue française qui agit comme un frein à l'autonomie et à l'indépendance de fonctionnement tout en complexifiant les modes d'accès à la compréhension des valeurs de la société d'accueil ; de l'autre, la non régularité du séjour qui réduit le périmètre d'évolution à l'utile et au strict nécessaire pour continuer à garantir une invisibilité dans la sphère publique. Certaines femmes sont alors confrontées à une dialectique de *l'entre-soi* qui est à la fois objet de sécurité affective et administrative, et entrave à la relation à l'autre ou à une ouverture sur un ailleurs. Faire les courses dans l'épicerie « arabe » du coin permet certes les échanges avec des personnes connues et limite les risques d'un contrôle de police, mais maintient la femme sous le regard permanent des proches qui confine parfois à la surveillance et au contrôle social. Dans tous les cas, le processus oblige la femme à se conformer aux normes de fonctionnement d'abord de la sphère familiale élargie puis à celle du quartier, sous peine d'être marginalisée voire exclue de la communauté ainsi constituée.

De fait, même si de nombreux lieux de parole et d'expression sont offerts, ils peinent à être investis dans la proximité. Car les investir c'est produire les conditions d'une visibilité qui potentiellement fait problème en soumettant l'individu au regard inquisiteur des pairs, problème aussi pour les proches qui voient les places des membres du groupe se modifier selon les fonctionnements de chacun. Par conséquent, plus la sphère familiale est considérée de manière réelle ou fantasmée comme prégnante et normative, plus l'expression des difficultés est complexe. Il en va ainsi des violences intrafamiliales et notamment conjugales, au point qu'une professionnelle du quartier ne les envisage pas autrement que comme un risque « culturalisé » :

> [Les violences conjugales] c'est pas propre à la culture maghrébine, même si je pense... C'est renforcé par rapport à l'image de la femme quand même. On voit bien quand on rencontre ces hommes, on voit bien leur discours par rapport à la femme... Même si en France la question des violences conjugales est bien présente partout, là, il y a autre chose dans la violence conjugale... Parce qu'en fait, ce que je repère, c'est

---

[201] Entretien n°20, bénévole, Montpellier.

> qu'il y a un poids de la famille sur la femme aussi... C'est-à-dire qu'en plus d'avoir son mari sur le dos, elle a sa belle-mère. Et qu'elle en est victime aussi ! [rires]... Elle est souvent victime de violences, psychologiques, économiques ou physiques de la belle-famille, que ce soit beau-père, belle-mère ou belle-sœur, parce que ça aussi... Et d'ailleurs, dans ces situations, on ne sait plus vraiment où on en est sur la question des violences conjugales parce qu'elle parle autant de la belle-mère qui oblige à tout faire que... C'est des situations sur la question des violences qui sont compliquées mais... C'est dur ce que je vais dire, mais bon... C'est encore plus difficile pour elle de s'en sortir de cette spirale, mais là il y a un poids supplémentaire qui vient se mettre : le rejet de la communauté, le rejet de la famille, la pression de sa propre famille qui va lui dire : « attends, tu retournes chez ton mari, tu baisses la tête et tu y vas »...[202]

C'est pourquoi, au nom de la protection de l'enfance, lever le voile sur cette pression intrafamiliale, c'est à la fois prendre en compte une situation potentielle de danger pour un mineur et prendre le risque d'enclencher un processus d'exclusion de la femme de la sphère de proximité. Comme la prise en charge socio-éducative ne peut pas pallier aux conséquences d'une exclusion de ce réseau de proximité, elle accentue chez la victime un sentiment de culpabilité et un isolement affectif. Sa méconnaissance du droit ou la difficulté pour le droit d'offrir le cadre protecteur nécessaire à l'épanouissement de l'individu dans le maintien du réseau social de proximité, ne favorise ni l'expression de la difficulté ni son traitement. En effet, comment organiser de manière pérenne et pratique la prise en charge avec ses enfants d'une femme victime de violences alors qu'elle est en situation non régulière sur le territoire national ? Comme le décrit une psychologue intervenant en direction des femmes du quartier, le cas d'une épouse à qui le juge aux affaires familiales confie l'appartement suite à des violences et dont le mari part habiter chez ses parents dans l'immeuble en face, est symptomatique d'une promiscuité difficilement compatible avec l'intérêt des individus et complexe à résoudre pour les travailleurs sociaux. Dans un tel contexte, pour des personnes qui ont pour seul réseau celui qu'elles ont constitué dans le quartier, la question se pose de la création de structures sécurisées d'accueil de proximité. Si la précarité affective se double d'une non régularité de présence, les structures d'accueil doivent être à même de pouvoir prendre en charge toute personne quelle que soit sa situation

---

[202] Entretien n°14, assistante de service social, Montpellier.

administrative en tenant strictement compte de la réalité éducative des enfants. La dynamique préventive s'envisagerait dans la prise en compte concomitante d'un *dedans* et d'un *dehors* (dans et hors la famille, dans et hors la loi, etc.) pour ouvrir des perspectives d'individualisation et de singularisation dans l'évaluation et le traitement des problématiques.

La communauté du quartier ou sphère élargie

À la *communauté/sphère familiale* s'ajoute la contrainte exercée par la *communauté/sphère du quartier* (ou *communauté/sphère élargie*). Cette dernière est composée par les pairs de même origine ethnique et/ou qui partagent les mêmes réalités sociales du quotidien dans la proximité géographique. Toujours dans une perspective holiste, en tant qu'entité propre, le quartier participe à la production de normes de comportement contribuant à la répartition sexuée des places et rôles dans le couple et dans la famille. Si la tradition – *i.e.* un ensemble de systèmes de valeurs comportementales et relationnelles partagés et faisant sens de manière intergénérationnelle pour une catégorie de population déterminée et localement circonscrite – est parfois invoquée pour décrire certaines attitudes qui s'imposent à l'individu, elle est aussi un construit qui permet de justifier l'adoption de normes spécifiques de fonctionnement qui autorisent et garantissent l'identification à un groupe d'appartenance. En cela, et comme le décrit une habitante d'origine marocaine du Petit-Bard – La Pergola, le *regard des pairs* influe sur les attitudes parentales et les fonctionnements conjugaux :

> J'ai un voisin, il s'implique bien dans sa famille, ses enfants il les sort, le week-end quand il est là il les amène partout... Le problème il est que lui il a des amis, il a des copains qui lui font une sorte de morale entre guillemets : « oui, mais bon, tu sors avec ta femme, toi, nous on est entre hommes, t'es pas avec nous »... Ils lui mettent un peu... De pression... Et bien il a commencé à sortir moins, moins à sortir avec sa femme, avec ses petits, et maintenant il est plus avec ses amis qu'avec sa femme... Alors qu'au début, c'était sa famille ! Il a suffi qu'il y en ait un qui lui dise : « c'est n'importe quoi, t'es soumis à ta femme ! », oui, c'est ça ! « T'es soumis à ta femme, c'est ta femme qui te guide, c'est ta femme qui te dirige »... S'ils voient un homme qui est aussi avec sa femme un samedi, c'est la femme qui décide... On a l'impression qu'on l'a changé. Avant le samedi, on les voyait jamais, ils

étaient jamais à la maison le week-end... Y a l'environnement qui joue aussi, c'est l'environnement... C'est dommage...[203]

Dans ce quartier pourtant urbain mais avec un réseau d'interconnaissances intense (certains le décrivent d'ailleurs comme un « gros village »), le regard des pairs participe à la définition d'un semblable idéalisé, donc d'une altérité forte : il y a ceux qui font partie de la communauté constituée et ceux qui en sont marginalisés ou exclus. Ce qui ailleurs relève strictement de la sphère privée (l'éducation d'un enfant ou un positionnement conjugal), rejaillit là dans la sphère publique. En même temps qu'elles font sens pour les individus, les normes locales de fonctionnement constituent un ciment social entre ses membres. Sans entrer dans une interprétation morale et en restant dans les processus sociologiques à l'œuvre, l'interpénétration constante entre sphère privée et sphère publique est d'autant plus prégnante que l'imbrication entre communauté familiale et communauté élargie est forte. Elles agissent chacune à leur niveau comme des éléments de régulation des relations sociales et familiales rendues perméables au point d'être parfois confondues. Ainsi, ce qui se passe dans la sphère familiale a des répercussions sur la place espérée dans la sphère publique, et inversement. De cette manière, l'individu fait le groupe et le groupe constitue l'individualité. Se départir de ses singularités individuelles pour exister dans le collectif atténue les velléités radicales de changement. *A contrario*, ne pas respecter le système normatif commun rend visible une altérité considérée comme négative surtout lorsqu'elle est consécutive à l'intervention d'un tiers et que ce tiers est un professionnel d'un service socio-éducatif.

De manière presque caricaturale, l'investissement relationnel de ce père dans le couple et auprès des enfants correspond à ce qui pourrait être la « normalité » attendue d'une « bonne parentalité ». Mais de fait, l'adoption de ce comportement « adapté » est confronté à des normes collectivement constituées qui confèrent à chaque membre une place dans la sphère de proximité garante d'ordre social qui, faute d'être unanimement partagé, s'inscrit dans la volonté d'une frange influente du quartier de devenir à son tour entrepreneur de morale.

Quand elle s'apparente à un statut (de l'homme ou de la femme), cette place revêt une apparence culturelle partagée par une majorité

---

[203] Entretien n°21, bénévole, Montpellier.

d'individus de même origine ethnique évoluant dans un secteur géographique circonscrit. Par conséquent, la mesure socio-éducative d'aide et de soutien ne peut que bousculer cet ordre établi ou espéré et le remettre en question. La mesure fonctionne alors comme stigmate au sein de la communauté familiale ou élargie. Dans un tel contexte, le refus de changer les pratiques éducatives pour préserver sa place dans un certain ordre social passe pour un frein ou un refus de collaboration – donc facteur potentiel de risque de danger –, alors que ce n'est qu'un des outils d'inclusion dans la communauté constituée. En fonction de la focale choisie, et toujours de manière paradoxale, l'invisibilisation acquise dans la communauté entraîne une hyper visibilité à l'extérieur de la sphère de proximité. Vouloir alors agir sur une sphère en négligeant l'autre rend le processus préventif inadapté par la difficulté que provoque la remise en question des places de chacun. Pour de nombreuses familles étrangères, la mesure d'aide et de soutien participe d'une mise en visibilité contraignante qui permet difficilement le maintien d'une inscription sociale dans le quartier. Dans les représentations, travailler la place et l'investissement paternel peut contribuer par son ostentation à affaiblir la place de l'homme dans le processus de reconnaissance par les pairs (le « nous » de la communauté élargie) pour le faire basculer dans une altérité excluante complexe localement à assumer. D'où l'absence du père au domicile lors de la venue des travailleurs sociaux, absence qui s'apparente à une volonté de sauver les apparences et de conserver une place idéalisée dans la communauté élargie.

Chez les familles structurellement précarisées par le système et catégorisées en outre par l'origine ethnique, la couleur de la peau et/ou le lieu d'habitation, l'intervention socio-éducative rajoute le stigmate du parent déficient pour éduquer son enfant. L'adoption éventuelle de normes comportementales qui ne sont pas partagées par la sphère familiale et/ou élargie entraîne des conséquences qui font passer au second plan la satisfaction des besoins de l'enfant. Dans une société qui valorise l'immigration de travail et tend à ostraciser l'immigration familiale, soumettre l'exercice de la parentalité à un ensemble de droits et devoirs correspondant aux normes de la société d'accueil peut créer les conditions d'une apparente perméabilité des sphères dans laquelle la famille s'inscrit. Or la cellule familiale (enfant/responsables légaux) s'intègre dans une sphère familiale (famille élargie qui intervient directement ou indirectement dans l'éducation de l'enfant), elle-même englobée dans une sphère élargie composée des proches et des pairs dans un territoire circonscrit qui posent à leur tour un regard normatif sur le fonctionnement de la cellule familiale.

Chaque niveau est producteur d'un système de référence singulier qui s'inclut progressivement dans un autre plus général. Provoquer donc l'adoption d'un nouveau mode de fonctionnement pour répondre au cadre d'un référentiel dominant revient à remettre en question le fragile équilibre entre les différentes sphères. Sous prétexte d'intégration des normes comportementales conformes aux attentes de la société française, le risque est d'assister à la désintégration du lien social de proximité et au refus du changement qui, pour l'étranger, est assimilé à un rejet de l'ordre social et public dominant et provoque en grande partie la judiciarisation des suivis.

La question du religieux à l'épreuve de l'évaluation du risque

Chez les familles maghrébines notamment, en dehors des évènements tragiques postérieurs à l'étude qui ont émaillé les années 2015 et 2016, l'évaluation « culturalisée » ou « communautarisée » de la notion de risque de danger pour un mineur est régulièrement traversée par la question du « religieux » et essentiellement à partir du port du *hidjab*[204]. Pour notre propos, il ne s'agit pas d'aborder de manière exhaustive la problématique régulièrement médiatisée et politisée du port du voile depuis 1989 et « l'affaire » du collège de Creil, ni d'entrer dans les mécanismes à l'origine ou non d'un sentiment d'islamophobie à l'encontre des habitants de certains quartiers populaires dits sensibles[205]. Sans faire de comparaison avec

---

[204] Même si l'étude s'est réalisée avant les tragiques attentats de 2015 et 2016, dans l'esprit de nombreux acteurs du social le *hidjab* était déjà associé à une forme de radicalisation cultuelle impactant la place de la femme dans la société.
[205] Dans un ouvrage remarqué, Abdellali HAJJAT et Marwan MOHAMMED considèrent que « l'islamophobie correspond au processus social complexe de racialisation/altérisation appuyée sur le signe de l'appartenance (réelle ou supposée) à la religion musulmane dont les modalités sont variables en fonction des contextes nationaux et des périodes historiques. Dans la France contemporaine, ce "fait social total" relève d'une relation établis/marginaux dont l'enjeu central est la légitimité de la présence des immigrés postcoloniaux sur le territoire national [...]. Nous faisons l'hypothèse que l'islamophobie est la conséquence de la construction d'un "problème musulman", dont la "solution" réside dans la discipline des corps, voire des esprits, des présumé-e-s musulmans-e-s » [HAJJAT Abdelalli, MOHAMED

le reste de la ville ou entre musulmans et non musulmans, nous nous attacherons au sens et à la signification que prend le voile dans le quartier pour celles qui le portent, pour les professionnels de l'enfance et les acteurs locaux. Il s'agit là de mettre plus particulièrement en évidence comment, dans le processus d'évaluation des situations familiales, la question du religieux exacerbée par le voile explique et justifie selon les évaluateurs la répartition sexuée des rôles dans l'éducation des enfants et accroît éventuellement le facteur de risque. Nous faisons l'hypothèse paradoxale que l'ostentation religieuse, avant d'être une affirmation cultuelle, participe à l'élaboration de mécanismes d'invisibilisation propre au quartier qui imposent de manière plus ou moins tacite la soumission à ces normes sous peine d'exclusion ou de mise en marge en même temps qu'elle autorise une parole publique.

Dans le discours de nombreux professionnels, le port du *hidjab* est associé à une forme de « radicalisation »[206] d'une certaine pratique de l'islam religieux qui « fait problème » parce qu'essentiellement lié à la soumission féminine. Pour les habitants, ce n'est qu'une donnée parmi d'autres à prendre en compte pour approcher les réalités sociales du fonctionnement du quartier. Dans la pratique des travailleurs sociaux, la dimension religieuse renvoie à une forme de carcan qui empêche la femme d'exister (au sens étymologique de « sortir de ») et conforte son statut inférieur dans le couple, et plus largement évoque la question des rapports de domination à l'intérieur de la communauté élargie. Dans le quartier, cette sensibilité particulière est à mettre en lien avec la forte féminisation des professionnels, exclusivement de nationalité française et ne se réclamant pas de la religion musulmane. Les travailleurs sociaux de la collectivité départementale ont une conception de la pratique professionnelle teintée d'une laïcité aux

---

Marwan, *Islamophobie, comment les élites françaises fabriquent le problème musulman*, Paris, La Découverte, 2013, p.98].

[206] Le sens du terme « radicalisation » utilisé par les travailleurs sociaux est à éloigner de celui utilisé pour décrire le parcours des auteurs des attentats terroristes pour lesquels la radicalisation est entendue dans un contexte sécuritaire comme « le processus par lequel un individu ou un groupe adopte une forme violente d'action, directement liée à une idéologie extrémiste à contenu politique, social ou religieux qui conteste l'ordre établi sur le plan politique, social ou culturel » [KHOSROKHAVAR Farhad, *Radicalisation*, Paris, Éditions MSH, 2014, p. 7-8]. Nous sommes plutôt dans des formes d'expression d'un certain fondamentalisme cultuel qui ne participe pas automatiquement à une remise en question violente de l'ordre social ou politique.

contours opérationnels flous et sont convaincus de la nécessaire émancipation de la femme qui passe par le refus de toute forme de soumission. Première question : quelle pertinence à prendre en compte la dimension religieuse dans l'évaluation du risque ? Deuxième question : comment inclure son éventuelle pertinence dans l'accompagnement des familles ?

Du côté des professionnels

Dans le discours des professionnels, le volet religieux est appréhendé sous la forme d'un élément normatif à vocation contraignante relatif au quartier. Selon eux, il agit comme un facteur démultiplicateur du risque qui creuse le fossé entre un « eux » (les musulmans) soumis à une forme occulte de pouvoir, et un « nous » garant d'une dynamique d'émancipation de l'individu :

> Je pense qu'il y a dans ce quartier une espèce de contrôle que nous on voit pas, des gens qui obligent les femmes à porter le foulard – une femme qui porte pas le foulard dans ce quartier, il faut qu'elle soit solide... Je pense qu'elles ont un sacré caractère les quelques-unes qui portent pas le foulard.[207]

Construite sur des critères phénotypiques, cette appréciation mêle à la fois une conception racialisée de la question du religieux[208] et une intériorisation du port du voile comme problème social sur la base d'un clivage symbolique laïcisé (entre « eux » et « nous ») qui renvoie à la constitution de nouvelles frontières intérieures de la société. Le port du *hidjab* est mis en lien avec une tentative orthodoxe de normalisation et de soumission du comportement des femmes du quartier en fonction de certains préceptes religieux. De fait, toujours selon les professionnels, l'absence du port du voile ou la monoparentalité maternelle fonctionnent comme des critères d'exclusion de la communauté élargie, contribuant à l'impression mal définie d'un repli communautariste de type identitaire favorisé par le religieux. Ce qui rejaillit sur la construction sociale de l'enfant comme le pointe une éducatrice spécialisée d'origine maghrébine travaillant dans le quartier :

---

[207] Entretien n°19, puéricultrice, Montpellier.
[208] La femme typée maghrébine est automatiquement assimilée à une musulmane, ce qui fait que le refus du port du *hidjab* est analysé comme l'affirmation d'une émancipation par rapport au reste de la sphère élargie. A aucun moment le discours ne laisse transparaître que la femme refuse ce port parce qu'elle est potentiellement chrétienne, juive, athée ou agnostique.

> M. B. – […] On a aujourd'hui un discours des petits qui est vachement tendancieux quoi… C'est-à-dire qu'on a des gamins des familles qu'on reçoit qui sont pour la plupart Français, mais d'origine marocaine, dont les parents sont Marocains, et qui ont un discours où ils rejettent complètement l'idée d'être Français…
>
> L. C. – À 8-10 ans ?
>
> M. B. – À 6 ans ! À 6 ans ! Y a cette idée là qu'on n'est pas Français, et aujourd'hui… Dans mon travail d'éducatrice, j'aurais jamais pensé autant aborder la question du religieux […]… Ces enfants-là se qualifient avant d'être Arabe d'être musulman… On a eu des scènes de crise, de doute, parce que « là on peut pas », parce que « là c'est péché pour nous », « alors là on peut pas manger parce que peut-être que… ». On est aujourd'hui… On a viré vers ce genre de situation qui… Heu… Qui nous dépasse un peu.[209]

Pour les professionnels, une confusion se crée entre le statut administratif de l'enfant (Français ou non), une origine fondée sur des critères phénotypiques et/ou la nationalité réelle ou supposée des parents (Marocains) qui amalgament des critères racialistes (être Maghrébin) et religieux (être musulman). Et de poursuivre :

> Y a ce désir d'éduquer leurs enfants, surtout pas en occultant ce qu'ils sont en termes d'origine, et surtout en termes religieux… On est là-dedans… Des enfants qui nous parlent de la mosquée comme… Y a six ans, on parlait pas de la mosquée autant qu'aujourd'hui… Je me vois y a trois semaines amenant des enfants à une expo de Di Rosa à l'église Sainte Anne… Sainte Anne, c'est une ancienne église désacralisée… Je me suis vue en train de leur expliquer qu'on allait entrer dans une église, mais qui était… Qu'on allait pas prier, que c'était pas péché, et qu'on y rentre pour… Voilà… Parce qu'il y a des moments qu'on sent que… Je pense pas que ce soit la parole des parents qui est véhiculée, mais en tout cas les enfants la véhiculent. Donc cette parole, elle doit bien venir de quelque part. Alors on se dit nous que l'aspect du quartier, y a quand même des effets perçus et transmis.[210]

La prégnance du discours religieux est vécue par cette éducatrice comme une dégradation des conditions de vie du quartier qui rejaillit sur la manière qu'ont les enfants d'appréhender aujourd'hui la société qui les entoure. Elle n'est pas la seule. Car pour contrer les effets négatifs d'une référence à un certain islam « radical », même les

---

[209] Entretien n°16, éducatrice spécialisée, Montpellier.
[210] Ibid.

pouvoirs publics adoptent des stratégies de contournement du religieux par l'intermédiaire des institutions du quartier, en se servant notamment de l'Éducation Nationale. C'est ainsi que face à l'école coranique parée par les parents de certaines vertus (dont celle de la transmission de la notion de respect)[211], dans le quartier du Petit-Bard – La Pergola, en partenariat avec les Consulats marocain, algérien et tunisien, l'Inspection académique propose des cours d'arabe au sein de l'école élémentaire les mercredis après-midi, dont l'inscription repose sur une libre adhésion des enfants, donc des familles. Alors que dans le quartier du Faubourg – Centre-ville de Béziers les actions des professionnels et des bénévoles vont vers l'apprentissage du français comme vecteur incontournable d'intégration dans la société française et de reconnaissance statutaire (parler un minimum de français pour prétendre à la régularisation ou à la naturalisation), à Montpellier au contraire l'objectif est de travailler la question de l'origine et du sentiment d'appartenance en les détachant de la question religieuse. Pour éviter ce qui est interprété comme un repli communautaire (dans le quartier), les institutionnels mettent en parallèle des actions « d'ouverture sur l'extérieur » qui se caractérisent soit par des déplacements physiques et une confrontation à d'autres systèmes normatifs locaux (découverte d'autres quartiers de la ville, du département, etc.), soit par des actions d'émancipation ou de connaissance des normes et des valeurs de la société d'accueil au sein même du quartier. En ce sens, pour reprendre les propos lapidaires de Lydie Fournier, « comme au temps béni des colonies, l'islam n'est légitime que quand il ne fragilise pas l'ordre social, que celui-ci soit colonial ou républicain »[212].

Dans l'évaluation de la notion de risque de danger, la prégnance réelle ou supposée du religieux est mise tacitement en lien avec la question des violences conjugales et des mécanismes de soumission de la femme à un système de fonctionnement de plus en plus islamisé. Avec une population ainsi catégorisée par les professionnels de

---

[211] « Et c'est les parents qui disaient : "vous, l'école de la république, vous êtes trop gentils, c'est pour ça que les enfants ils font ce qu'ils veulent ici". Parce qu'à l'école coranique, ils bronchent pas là-bas... Ils disent rien, ils assument... Ils assument, voilà, ils disent rien, alors qu'à l'école de la République ils se permettent de répondre aux enseignants, ce qui ne se fait pas à l'école coranique » [entretien n°20, bénévole, Montpellier].
[212] FOURNIER Lydie, « Une gestion publique entre rupture et rhétorique », *L'Homme et la société*, 2009/4, n°174, p. 61.

l'enfance, la façon de penser les rapports sociaux à partir de l'origine et du religieux place les travailleurs sociaux dans un paradoxe constitutif de l'accompagnement socio-éducatif : dans le respect de la « tradition », l'homme, en sa qualité de régisseur du fonctionnement familial, devrait être le seul interlocuteur des professionnels de l'enfance. Or force est de constater que dans la réalité il est régulièrement absent de la question éducative. Et ce n'est pas le seul paradoxe auquel les tenants du « poids du religieux » doivent faire face. Mais c'est aussi ce que viennent nuancer les propos des familles habitant le quartier.

Du point de vue des familles

Ce *hidjab*, symbole éventuel de soumission, est porté par la quasi-totalité des adhérentes d'une association militante extrêmement active au sein du quartier de Petit-Bard – La Pergola. Dans son fonctionnement régulier, cette association met en évidence des femmes capables de se dégager de leurs « obligations » familiales et maritales pour prendre en main leur condition de femme et de citoyennes impliquées, pour apprécier de se retrouver (cours de gymnastique, sorties bowling, etc.), mais également pour évoquer entre mères ou habitantes les problèmes du quartier (organisation de théâtres forums sur la question des conduites délinquantes, sur les violences conjugales, etc.). L'extrait d'entretien qui suit a pour but de mettre en évidence l'écart entre les représentations dominantes chez les personnes étrangères au quartier et la réalité du vécu des familles, en même temps qu'elles viennent à nouveau réinterroger la place réelle ou supposée de la femme au regard de la religion :

> L. C. – Je vais vous paraître peut-être indiscret, mais pourquoi avoir mis le voile en arrivant sur Montpellier ?
>
> Y. C. – Hein ? Heu… Parce que je suis croyante.
>
> L. C. – Vous ne l'étiez pas dans la D. ?
>
> Y. C. – Heu… Non… Non ! C'est pas ça ! Si je l'étais… Mais… Heu… Ici, quand on est croyant, on met le voile… Comme dit ma mère, quand on va en ville [dans sa ville d'origine], quand on va au marché, on est regardé… Donc c'est dommage, parce que ces personnes-là elles font rien de mal, elles vont juste faire leurs courses ! [rires]… Vous voyez ce que je veux dire ?... Alors qu'ici, on a des femmes voilées, des barbus, c'est normal, c'est tout à fait normal. Mais on a une autre image : "barbu égale terroriste, égale ça, égale ça"… Pour certains que je connais, c'est pas ça, mais pour les autres,

> je sais pas !... Y a des bons et des mauvais, je dis pas qu'on est tous bons ! [...] Faut savoir être reconnaissant de ce qu'on a déjà, parce que franchement on n'a pas à se plaindre, et puis il faut pas mettre en avant la religion, la religion c'est un prétexte, c'est pour soi, c'est privé. Si la personne a envie de mettre le voile, c'est qu'elle a envie, on lui a pas imposé. Alors y a des personnes qui imposent, mais elles sont sur le mauvais chemin quand on impose quelque chose à quelqu'un, c'est pas ça qui a été dit, il faut que ça vienne de toi… Il faut que ça vienne de la personne, qu'elle soit motivée, si elle fait ça parce qu'on l'a obligée, ça n'a aucun sens. Après, je vais pas m'empêcher de faire des trucs parce que je porte le foulard, ça ne m'empêche par de sortir, ça m'empêche pas de conduire. Mon mari, à partir du moment où il sait où je suis, y a pas de souci. Ça m'est arrivé avec les filles […] de partir quatre jours en camping. Ça m'a pas empêché de vivre. Et quand j'ai dit je m'en vais quatre jours en camping, on m'a demandé : "mais qui va te garder les enfants ?" Et bé mon mari, té ! Là aussi… Par rapport à certaines personnes, je me dis que j'ai de la chance, parce que je peux faire des choses, avec les copines, je sors, y a pas de problème. Je vais aux soirées de la Maison pour Tous, pas de problème. Je sais que mon mari va gérer les gamins. Ce serait super que tous les hommes peuvent être comme lui, que toutes les femmes puissent faire ce qu'elles veulent… Sans qu'il y ait quelqu'un pour lui dire : "non, tu restes à la maison, en plus sortir toute seule, ça va pas !... En plus avec des copines !" Vous voyez, y a encore des mentalités à changer.[213]

Comme nous l'avons déjà abordé, ce qui hyper-visibilise à l'extérieur du quartier en œuvrant comme frontière symbolique entre un « eux » et un « nous », participe d'un mécanisme d'invisibilisation en son sein. Contrairement à ce que le discours majoritaire laisse penser, le port du *hidjab* n'est pas systématiquement le signe ostentatoire d'une radicalisation cultuelle des rapports sociaux[214]. Dans ce contexte précis, il fonctionne comme une apparence nécessaire à la reconnaissance d'une position de membre à part entière d'un collectif constitué par l'adoption de normes localement dominantes. Alors que dans le reste de la ville le *hidjab* agit en qualité de stigmate, pour la femme voilée et au-delà pour sa famille, il

---

[213] Entretien n°21, bénévole, Montpellier.
[214] L'amalgame voile/intégrisme présent dans le discours des professionnels fait une référence implicite à un « péril islamique » dans le champ du social largement véhiculé par les sphères politiques et médiatiques [BONELLI Laurent, « Un ennemi anonyme et sans visage », *Cultures & conflits*, 58, 2005, p. 101-129].

apporte une reconnaissance synonyme d'une certaine tranquillité sociale dans la sphère publique immédiate. La stigmatisation s'opère donc lorsque l'individu passe de *membre inclus d'un collectif constitué* dans le quartier à *membre exclu d'un collectif institué* par le reste de la société. Conformément aux logiques néolibérales et sécuritaires, la responsabilité de ce passage, et donc de la stigmatisation qui en découle, est renvoyée à l'individu et non à la société qui le constitue. L'exclusion apparaît alors comme une démarche volontaire, voire une provocation, dans tous les cas assimilée à un refus d'intégration.

A contrario donc des représentations des travailleurs sociaux, pour les adhérentes de l'association, l'ostentation du port du *hidjab* n'empêche pas une forme d'émancipation féminine et de se battre pour une évolution des conditions de vie dans le contexte précaire de la « ZUS ». Pour elles, les combats qu'elles engagent n'ont rien à voir avec un quelconque « retour au religieux » mais plutôt avec la précarité du quartier responsable des comportements déviants et délinquants et qui favorise le repli sur soi. Si pour les tiers les apparences laissent penser à des formes d'identité communautaire sclérosantes, le discours de certaines de ses habitantes renvoie pour partie à une forme de conscience de classe (faire partie des « pauvres ») et pour une autre partie à une volonté de lutte contre les effets rampant de la ghettoïsation, ce que certains politiques de premier plan qualifient d'« apartheid territorial, social, ethnique »[215]. En même temps que le voile autorise une apparition et un maintien dans l'espace public sans être victime de l'opprobre des pairs, de manière paradoxale il confère à la parole publique une portée et une crédibilité que ne permettrait pas son absence. Dans ce contexte donc, le *hidjab* peut devenir un moyen incontournable d'émancipation sociale et d'affirmation de soi[216]. Plus qu'une défiance, « prendre le

---

[215] Propos tenus par Manuel Valls, Premier ministre, lors de ces vœux à la presse, moins de quinze jours après les attentats terroristes qui ont secoué la France au mois de janvier 2015 [Le Monde, 21 janvier 2015].

[216] Ce phénomène renvoie à une forme de « bizarrerie » pour les travailleurs sociaux : « C'est très bizarre parce que... [...] Là j'ai une dame algérienne qui vient de divorcer et son idée étant que quand elle aurait divorcé ce serait de mettre le foulard sur la tête... Parce que son mari l'empêchait... [...] Autant on pourrait dire que c'est son mari qui l'obligeait et pour elle, c'était gagner sa liberté de porter le foulard !... Parce que ses sœurs en Algérie portent le foulard... C'est pour ça que le sens de

foulard » revient ainsi à s'opposer à certaines formes de domination sociale[217]. Il est dans tous les cas le moyen incontournable pour sortir en toute quiétude d'abord de la sphère familiale puis de la communauté du quartier pour mieux y revenir et tenter d'en changer les règles.

Ces dernières années, personne ne conteste une mise en visibilité accrue du fait religieux[218], mais force est de constater qu'il n'y a pas une correspondance mécanique avec une radicalisation des discours et des pratiques. Son lien avec le fait de vivre en « ZUS » et avec la situation de pauvreté est passé sous silence par les professionnels de l'enfance qui s'attachent alors plus à l'apparence qu'au contexte social d'évolution des individus. De ce fait, l'action s'entend davantage à partir d'une volonté de changement des comportements que du système dans lequel les familles pauvres sont ethnicisées ou racialisées. Loin d'être l'apanage des étrangers et des musulmans, les témoignages mettent en évidence une surreprésentation des violences intrafamiliales et des mécanismes de soumission au mari chez les couches inférieures de la société. Plus en lien avec la pauvreté qu'avec la religion, le *hidjab* vient masquer la réalité du vécu social familial et joue le rôle au sens propre de cache-misère. Il devient à lui seul un facteur de risque qui annihile ou exacerbe tous les autres. Mais en mettant en cause la religion dans certaines difficultés familiales, on rétrécit sensiblement les possibilités de changement et on quitte le champ du travail social pour celui politique et partisan d'une normalisation laïcisée – voire antireligieuse – des comportements. Il ne s'agit donc plus de déterminer des politiques sociales de lutte contre les effets individuels et collectifs de la pauvreté et de la précarité, mais d'intervenir sur des formes de religiosité qui annihilent potentiellement des velléités individuelles d'existence. Dans le discours des professionnels, la pratique religieuse devient un enjeu éducatif aux contours mouvants qui crée un malaise dans l'établissement d'une relation de confiance avec la famille et rend

---

porter le foulard, je ne sais pas ce qu'il est » [entretien n°19, puéricultrice, Montpellier].
[217] TERSIGNI Simona, « Prendre le foulard : les logiques antagoniques de la revendication », *Mouvements*, 2003/5, n°30, p. 116-122.
[218] A mettre en corrélation avec la construction du problème religieux dans l'arène politico-médiatique [THOMAS Carole, « Interdiction du voile à l'école : pratiques journalistiques et légitimation d'une solution législative à la française », *Politique et Sociétés*, vol. 27, n°2, 2008, p. 41-71].

complexe la dynamique préventive de l'intervention socio-éducative. Comme les adultes, les enfants, et plus encore les adolescents adoptent des comportements qui les invisibilisent entre eux et dans la communauté constituée en allant parfois plus loin que leurs parents dans l'ostentatoire. S'arrêter donc au fait religieux et lui faire porter la responsabilité des difficultés de la famille permet de masquer au moins en partie l'incapacité structurelle du travail social et du politique à en résoudre la part sociale. Lorsqu'une assistante de service social se demande si elle doit déplacer son jour de permanence du vendredi, jour de prière et cause d'absence aux rendez-vous, elle est rapidement prise dans une sorte de conflit éthique qui oscille entre le respect de ses propres convictions laïques, la nécessaire émancipation de la femme et sa déontologie professionnelle d'adapter ses pratiques aux nécessités du service public. Mais elle s'éloigne de la conception même du besoin et de sa satisfaction.

Pour synthétiser, la prise en compte « culturalisée » ou « communautarisée » de la notion de risque de danger pour un mineur explique et justifie certains comportements éducatifs ou sociaux, en même temps qu'elle stigmatise les individus en fonction de leur origine ou la couleur de leur peau. En tant qu'éléments de pondération dans l'évaluation, le mouvement enclenché par l'intervention socio-éducative se rapproche des objectifs recherchés par la discrimination positive et l'élaboration locale d'une certaine théorie de la justice socio-éducative en quête d'une certaine équité plus que d'une égalité de traitement[219]. Elle procède par effets de catégorisation des populations étrangères liées entre elles par des comportements qui découleraient de l'origine, des critères phénotypiques et/ou de la religion. En aucun cas du contexte social, économique ou politique. En cela, nous pouvons rejoindre Manuel Boucher pour lequel le syntagme de discrimination positive prend la forme d'un oxymore[220] et va à l'encontre de la quête d'égalité de traitement érigée au fondement du modèle d'intégration républicaine auquel le champ de la protection de l'enfance apporte sa pierre. Les pratiques varient entre neutralité et volonté de laïcisation des pratiques qui font que la laïcité n'est plus érigée comme une valeur absolue « au sens où elle n'a pas à être poursuivie pour elle-même comme une fin.

---

[219] RAWLS John, *Justice et démocratie*, Seuil, Paris, 1998 [1993].
[220] BOUCHER Manuel, « Ethnicisation et pacification sociale », in BOUCHER Manuel (dir.), *Penser les questions sociales et culturelles contemporaines : quels enjeux pour l'intervention sociale ?*, Paris, L'Harmattan, 2010, p.197.

Elle est un moyen, et un moyen nécessaire, en vue d'une fin qui est la liberté égale pour tous »[221].

Si nous avons pu évoquer l'importance du statut administratif de l'étranger dans l'accès aux dispositifs d'aide et de soutien socio-éducatif, force est de constater que l'évaluation de la notion de risque est soumise à des interprétations et des analyses des comportements sensiblement ethnicisés et/ou racialisés. Autrement dit, d'un côté le statut d'étranger renvoie à la question sociale par les possibilités d'accès aux dispositifs de droit commun, d'un autre côté racialisation et ethnicisation deviennent l'apanage de l'évaluation socio-éducative par leur influence sur l'analyse des comportements sociaux et parentaux. Par cette double approche, plus que sa fonction, c'est l'utilisation même de l'évaluation qui se détache de la nécessaire singularisation des pratiques pour faire appel à des critères génériques de « bonne parentalité » relativement ethnocentrés. Lorsqu'elles s'adressent aux familles étrangères, l'évaluation, en même temps que la détermination des modalités d'aide, ne sont pas seulement le fruit d'une interaction entre professionnels de l'enfance et les membres de la famille, mais le résultat d'un cadre interprétatif nourri de grilles référentielles qui se détachent souvent des contingences contextuelles et s'arrête à ce qui est donné à voir dans un cadre politique contraint. Si le cadre de l'intervention est globalement connu de tous, le contenu éducatif qui en découle varie selon le temps, l'espace et les individus qui la sollicitent et la produisent, provoquant refus ou rejet si elle devient l'application d'un modèle, autrement dit une injonction à être.

Par conséquent, la prise en compte culturellement contextualisée des comportements familiaux peut apparaître comme une force du travail socio-éducatif, mais l'action des pouvoirs publics et les logiques sécuritaires font qu'elle pose un stigmate supplémentaire car, sous prétexte d'agir sur les conditions d'exercice de la parentalité, elle peut nuire à l'inclusion dans les sphères de proximité et élargie. Au-delà des effets de catégorisation et du souci global de maintenir un certain ordre social, le phénomène contribue à définir de nouvelles formes de déviance dont les professionnels se saisissent pour appréhender la notion de risque et les place et rôle de chacun. En découle des velléités d'institutionnalisation des pratiques qui achoppent sur la sensibilité politique des réponses données à la réalité des besoins.

---

[221] KAHN Pierre, « La laïcité est-elle une valeur ? », *Spirale. Revue de la recherche en éducation*, 2007, n°39, p.36.

2ème partie :
Enjeux sociaux et éducatifs de l'institutionnalisation de l'action publique

La décentralisation a pour corollaire un poids accru des politiques partisanes dans l'élaboration et la déclinaison des politiques sociales. Soumises aux pressions de l'opinion et aux perspectives électoralistes, elles sont plus que les autres le résultat d'une adaptation de la satisfaction des besoins à des réalités locales (sociales, économiques, politiques). La question migratoire, la gestion de l'étranger *régulier* et *non-régulier*, de la délinquance, de la déviance, autant de points de tension qui alimentent le débat public et la question sociale.

En fait, les déclinaisons instrumentales des politiques publiques socio-éducatives locales sont régulièrement soumises à trois variables : d'une part à la volonté de l'État qui dicte les lignes directrices des politiques publiques et soumet les pouvoirs publics locaux aux référentiels dominants ; d'autre part aux velléités d'autonomie des collectivités territoriales qui impulsent des dynamiques singulières pour répondre aux besoins sociaux à partir d'une grille de lecture orientée à satisfaire les besoins autant que les risques politiques encourus ; et enfin, dans une logique ascendante, à l'influence des actions militantes sur les décisions politiques et aux résistances directes et indirectes des professionnels du social et de l'éducatif dans la mise en œuvre leurs missions d'aide et d'accompagnement. Ces trois variables, sans cesse en évolution, provoquent des ajustements réguliers dans l'élaboration des dispositifs sociaux locaux et induisent des pratiques professionnelles singulières.

Pouvoirs publics locaux et influence du référentiel « sécurité »

Derrière l'universalisme de nombreuses politiques publiques se cache mal une appréciation différenciée des besoins sociaux en fonction de l'origine de l'individu. Ces discriminations sont généralement le résultat d'une réaction politicienne à la prise en compte des réalités du vécu de l'étranger. Selon la régularité ou non de sa présence sur le territoire national, les pouvoirs publics ont à faire face à deux types de questions : d'une part, comment pallier aux difficultés des familles structurellement invalidées par leur statut et pérenniser cette aide avec des dispositifs prévus pour satisfaire des besoins conjoncturels ? D'autre part, comment les pouvoirs publics locaux peuvent rendre les familles étrangères actrices d'un projet de réhabilitation sociale et éducative sans apparaître laxiste sur la question migratoire ? Dans ce contexte politiquement contraint, familles étrangères, professionnels de l'action sociale et éducative, associatifs et même représentants politiques locaux n'ont de cesse de créer, dans les interstices des textes législatifs et réglementaires, des jeux et stratégies d'acteurs.

L'accès discriminé à la sécurisation du parcours de vie

En réponse au sentiment d'insécurité dont semblent souffrir exclusivement les nationaux, l'État développe des politiques « *insécuritaires* » pour les étrangers qui rendent toujours plus précaire leur maintien sur le territoire national et aléatoire leur accès à la régularisation. L'objectif se synthétise dans cette phrase lapidaire : insécuriser toujours plus la présence de l'étranger d'un point de vue administratif, social et économique contribue à lutte contre le sentiment d'insécurité des Français. La portée universelle des politiques publiques est battue en brèche par les conditions d'accès toujours plus restrictives aux dispositifs de droit commun et à l'application locale des textes législatifs et des directives nationales. Apparaissent alors des formes ségrégatives d'appréhension des situations individuelles sans rapport direct avec la réalité du traitement de la difficulté. Les problématiques familiales ne sont plus appréhendées dans leur singularité, mais à partir des représentations qui accompagnent la « communauté d'appartenance » réelle ou supposée du potentiel bénéficiaire. Au-delà des pouvoirs publics, les professionnels sont également vecteurs d'appréciations et de déclinaisons différenciées de leur pratique dès qu'il s'agit d'aider ou d'accompagner les étrangers. Par leur façon d'adapter l'exercice de leur mission en fonction de l'origine et selon qu'ils satisfont un besoin ou répondent à des « nécessités » de service, les équipes de professionnels peuvent provoquer le ressentiment des populations étrangères et entretenir une image négative surtout véhiculée par les services de l'État mais auxquels le département est étroitement associé.

En 2012, l'annonce par le gouvernement de réduire à 20 000 par an le nombre de régularisations constitue une forme de négation de l'État de droit. Il ne suffit plus de remplir les conditions de régularisation, encore faut-il passer les fourches caudines du pouvoir discrétionnaire préfectoral, bras armé des volontés politiques en matière migratoire. La marge d'interprétation des textes législatifs transforme alors les politiques de régularisation en variable d'ajustement électoraliste. Ce qui fait dire à un militant associatif d'aide aux sans-papiers que « les grands principes et les grandes valeurs connaissent souvent la barrière des urnes »[222]. Ce durcissement dans l'appréciation des textes touche particulièrement les non-réguliers *exclus* bien sûr, mais aussi les réguliers et non-réguliers *admis* qui jusqu'alors profitaient des interstices de la loi et dont la fragilité du statut oblige à des contacts fréquents avec les pouvoirs publics.

Les services préfectoraux sont donc les premiers à pratiquer une interprétation politique des textes et à mettre en œuvre des procédures qui accentuent la précarité sociale des familles. Au-delà de son coût humain, l'État fait un véritable « commerce » de la démarche de régularisation en fixant pour chaque dépôt de dossier des montants prohibitifs pour des personnes censées être à revenu zéro. De fait, l'État oblige l'étranger à adopter des conduites déviantes ou délinquantes, ou à détourner les aides d'autres services publics (comme celles délivrées par les services sociaux départementaux) pour répondre à la dépense. Et en cas de refus d'attribution d'un titre de séjour, aucun remboursement n'est prévu. Ce qui laisse penser à un membre de l'antenne locale d'une association d'aide aux étrangers que la sous-préfecture de Béziers acceptaient les dossiers de demande de régularisation n'ayant aucune chance d'aboutir « simplement pour se faire du fric » :

> Bien évidemment, ils en ont eu pour plus de 700€ alors qu'ils sont à revenu zéro, tout ça pour rien… Les femmes derrière le guichet, elles le savaient, et elles ont pris quand même le dossier… Elles auraient pu dire : « écoutez monsieur, vous n'obtiendrez jamais de régularisation, gardez votre argent »… Non, elles préfèrent remplir les caisses de l'État.[223]

---

[222] Journal de terrain du Collectif d'enfants de parents sans-papiers. Dans le cadre d'une observation participante, nous avons intégré durant 18 mois entre 2011 et 2013 un Collectif d'enfants de parents sans-papiers à Béziers. Composé d'associatifs locaux, de représentants politiques, syndicaux ou de simples citoyens actifs dans l'aide aux étrangers, le Collectif présente l'intérêt d'associer toutes les familles à chacune de ses réunions. Sa première réunion fait suite à la descente de la Police de l'air et des frontières (PAF) dans un des deux Centres d'accueil des demandeurs d'asile (CADA) de la ville et à la vive inquiétude manifestée par les familles suite au durcissement des conditions de régularisation. Nous avons participé à 19 réunions du Collectif avec les familles, 3 rencontres avec le sous-préfet de Béziers, 2 manifestations sur la voie publique et 1 conférence de presse.
[223] *Ibid.*

Alors que la très grande majorité des familles peine à trouver un logement décent ou à s'y maintenir et à assurer le quotidien de leur enfant, le fait que l'État ponctionne plusieurs centaines d'euros pour une hypothétique régularisation donne le sentiment aux étrangers et à ceux qui les accompagnent dans leurs démarches, outre une sélection par l'argent, que la société tire profit de la précarité de leur situation. Par ailleurs force est de constater une forme d'hypocrisie quand l'État accepte une somme d'argent importante sans se poser la question de sa provenance, alors même que les personnes concernées ne sont pas en situation de gagner « honnêtement » leur vie. Dans ce cas, l'adoption de comportements déviants ou délinquants ne serait pas seulement le signe d'une absence de volonté d'intégrer les normes dominantes de la société d'accueil, mais devrait se comprendre comme un passage obligé pour prétendre aux conditions formelles de l'intégration, à savoir la régularisation.

À cette réalité structurelle s'ajoute le discours stigmatisant de certains personnels préfectoraux lors du dépôt des dossiers et le sentiment de relégation qu'ils provoquent. Par leurs propos, ces fonctionnaires renvoient aux demandeurs le sentiment de dénier le droit d'adopter une vie normale. Le raisonnement découle principalement d'une conception idéalisée du fonctionnement de la famille calqué sur un idéal-type européo-centré qui renvoie l'origine des comportements « hors-normes » à de l'inconscience caractérisée ou s'appuie sur l'image d'un étranger profiteur du système. L'exemple que donne un bénévole du Collectif, lui-même Algérien et ex-non-régulier, est tout à fait symptomatique de ce rapport de soumission aux pouvoirs publics :

> K.K. – […] Alors ce qui est mal vu dans l'administration, ça m'a toujours étonné d'ailleurs, des gens qui sont en situation irrégulière, qui sont dans le besoin et qui continuent à avoir des enfants… Et ça, c'est très mal vu par les services.
>
> L.C. – Ce genre de remarque leur est renvoyé directement ?
>
> K.K. – Directement oui… Il y a une dame qui est venue me voir, une Africaine, y a deux ans, elle est venue en pleurant… Elle me dit « oui, j'ai été à la sous-préfecture » – elle avait déjà trois enfants, un petit qui avait deux ans je crois, et elle était enceinte – et la dame de la sous-préfecture lui dit : « mais madame, vous êtes en train de faire les papiers, vous avez trois petits, vous êtes encore enceinte ! Pourquoi vous faites encore d'autres enfants alors que vous avez ce problème de ressources », tout ça… Et la dame lui répond : « mais madame,

c'est pas moi, c'est le Bon Dieu ! » [rires]... Et la dame lui dit [il imite l'irritation] : « mais le Bon Dieu n'a rien à voir là-dedans ! » [rires]... La femme m'a dit : « oui, elle m'a dit que le Bon Dieu il avait rien à voir là-dedans » [rires]... C'est un exemple.[224]

En mettant des entraves plus ou moins formelles dans l'accès à certains droits, d'autres institutions contribuent à la permanence d'un climat d'insécurité pour les étrangers. Par la complexification des procédures et la sollicitation de justificatifs quasi impossibles à obtenir par les voies régulières, certains services semblent vouloir décourager l'étranger dans sa quête d'intégrer la société française. Ainsi pour déposer une demande de régularisation en préfecture, il faut un rendez-vous *via* internet (toute autre forme étant irrecevable), une démarche forcément complexe pour des personnes sans logement fixe, en délicatesse avec la langue française surtout à l'écrit, et sans possibilité ou capacité d'accès à l'outil informatique. Mais c'est aussi le cas de la Caisse d'allocations familiales (CAF) qui pour toute demande de prestation sollicite systématiquement un extrait de naissance de moins de trois mois du pays d'origine, ou encore qui n'a pas prévu les procédures de régularisation des dossiers des ressortissants de l'espace Schengen faute d'accords bilatéraux interinstitutionnels[225]. C'est aussi la dynamique de l'Office français de protection des réfugiés et des apatrides (OFPRA) qui dans le cas du dépôt d'un dossier d'apatridie pour un Rom demande aux ressortissants de l'ancienne Yougoslavie la preuve qu'ils n'ont pas la nationalité d'un des pays issus de l'éclatement du pays. Jusqu'en 2013, et avant l'entrée de la Roumanie dans l'espace Schengen, l'État français réclamait de ces ressortissants qu'ils reviennent dans leur pays tous les trois mois à l'expiration de leur visa touristique,

---

[224] Entretien n°6, bénévole, Béziers.
[225] À Béziers, c'est plus particulièrement le cas des Espagnols ou des étrangers ayant fait l'objet d'une régularisation en Espagne et qui, suite à la crise économique que traverse le pays, l'ont quitté pour tenter leur chance sous d'autres cieux. Les logiques administratives auxquelles ils se confrontent sont alors éloignées de la réalité de leurs besoins. C'est ainsi qu'un « Espagnol d'origine maghrébine » dont un enfant naît en France est renvoyé par les différentes administrations : « ils doivent demander un document de circulation, mais on leur dit : "vous êtes communautaires, alors vous devez d'abord demander la carte en Espagne"... Et ils partent en Espagne où on leur dit : "mais votre enfant est né en France, ce n'est pas nous qui nous occupons de ça !" » [Entretien n°6, bénévole, Béziers].

occasionnant des ruptures dramatiques dans la prise en charge des enfants, notamment scolaire.

S'ajoutent à ces exemples des pratiques discriminantes voire discriminatoires de certains services publics dans la prise en compte des besoins des populations étrangères en les hiérarchisant selon leur origine ou en les excluant des procédures habituelles des dispositifs de droit commun[226]. En refusant contre tous les textes législatifs l'inscription des enfants Roms dans les écoles primaires de la ville, la mairie de Béziers, alors UMP, inscrit sa démarche « insécuritaire » pour l'étranger en se positionnant clairement en dehors du droit et en racialisant la question de l'obligation scolaire. Avec le soutien d'associations locales, il a fallu que les familles aillent jusqu'au Conseil d'État pour que la municipalité soit condamnée à inscrire tous les enfants sans distinction d'origine[227]. Cette discrimination en fonction de l'appartenance réelle ou supposée existe aussi dans le discours des magistrats du tribunal administratif de Montpellier chargé de traiter les différents recours et contentieux. Des bénévoles ont été les témoins de la remise en question de la légalité d'un acte de naissance par un commissaire du gouvernement simplement parce qu'il était produit par un jeune de la communauté Rom, donc peu fiable presque par essence[228]. Nombreux sont les exemples locaux d'une discrimination dans l'application de la circulaire Valls de fin 2012 en direction de la population Rom alors que les prétendants remplissent les conditions requises (plus de cinq ans sur le territoire national et trois ans de scolarité des enfants). Même au niveau de la plateforme départementale d'orientation vers les structures d'hébergement, il n'est pas rare de constater des refus abusifs d'admission en Centre d'hébergement et de réinsertion sociale (CHRS) motivés par une « absence de projet social » qui est logique puisque le demandeur est en situation non-régulière sur le territoire national. Sans cesse renvoyées à leur statut plus qu'à la réalité de leurs besoins, les procédures d'admission excluent régulièrement les

---

[226] Ce qui se traduit par des velléités d'« humanisation » de procédures pourtant clairement coercitives, comme par exemple sur certaines Obligations à quitter le territoire national (OQTF) la mention du 1er juillet de l'année civile, pour permettre aux enfants de terminer leur année scolaire [Journal de terrain du Collectif d'enfants de parents sans-papiers].
[227] Entretien n°5, bénévole, Béziers.
[228] Selon un responsable du Collectif, le commissaire du gouvernement a dit : « oui mais bon c'est des Roms, alors on peut avoir des doutes » [*Ibid.*].

populations structurellement précarisées des dispositifs censés leur venir en aide, même si des perspectives de régularisation administratives sont prévues. Les « habitudes » discrétionnaires des services préfectoraux font que certains services sociaux évacuent systématiquement certaines demandes à partir de la seule origine du potentiel bénéficiaire, parce qu'ils savent que l'absence de régularisation à moyen et long terme embolisera les structures d'hébergement faute de perspectives d'autonomie. Ces représentations négatives produisent également des effets insidieux sur l'orientation des élèves par l'Éducation Nationale. C'est ainsi que certaines évaluations de déficience sont attribuées aux difficultés par rapport à la langue française alors qu'il s'agit d'un handicap avéré, ou bien que les orientations spécialisées vers les Instituts médico-éducatifs (IME) peinent à aboutir du simple fait de l'extranéité de l'élève[229].

Impressions, ressentis, opinions, représentations ou réalités de fonctionnement, ces mécanismes discriminants d'appréhension des problématiques sociales et éducatives des étrangers obligent les professionnels de l'enfance et les associations de soutien aux familles à l'adoption de stratégies palliatives pour faire face à la réalité des besoins. Ce qui fait que l'action corrective qu'ils proposent s'inscrit elle aussi dans un traitement discriminant des situations puisque fonction de l'adaptation politique du droit aux singularités des familles et de leur origine. Dans ce contexte, un ancien responsable de la solidarité départementale peut évoquer l'existence d'un traitement social différencié si le non-régulier a un enfant né en France, ce qui augmente d'autant les chances de régularisation par les services préfectoraux[230]. Une fois de plus, ce n'est pas la réalité de la problématique qui dicte l'action des services socio-éducatifs, mais une catégorisation de l'action sociale en fonction des possibilités qu'ouvre le statut du potentiel bénéficiaire. Dans l'impossibilité d'accéder au dispositif de droit commun, certains professionnels usent alors de procédures particulières dans l'attribution de l'aide qui se verrait

---

[229] Un responsable de la plateforme d'accueil primo-arrivant de l'Éducation Nationale lance sous forme de boutade : « Sur les [Instituts médico-éducatifs] et tout ça, on va pas faire les mauvaises langues, mais quand tu t'appelles Mohamed et tout ça, j'ai l'impression qu'il y a un peu moins de place que pour les autres… On a vu des gamins en particulier qui ont toujours été sur liste d'attente [rires]… Et c'est bizarre, on les a jamais vu remonter dans les listes d'attente ! [rires] » [Entretien n°7, professeur des écoles, Béziers].
[230] Entretien n°22, solidarité départementale, Montpellier.

systématiquement rejetée si la demande était formulée de manière habituelle[231]. Cette discrimination qui se veut positive existe aussi dans l'appréciation du risque que fait courir l'absentéisme scolaire selon l'origine réelle ou supposée de la famille. L'Éducation Nationale par exemple signalera auprès des autorités les absences régulières d'un enfant « Maghrébin », tandis que celles des enfants « Gitans » ou « Roms » feront l'objet d'une mansuétude racialisée qui « culturalise » l'obligation scolaire[232]. Même ceux qui combattent au quotidien l'arbitraire étatique profitent des failles du système et des marges d'interprétation des textes pour faire pression sur le pouvoir discrétionnaire préfectoral. C'est ainsi que face au flou entourant les critères de régularisation, les membres du Collectif des enfants de parents sans-papiers légitiment une hiérarchisation dans le dépôt des dossiers pour présenter en priorité ceux qui, selon les pratiques locales et non selon la loi, bénéficient du maximum de chances de régularisation. Les services sociaux eux-mêmes sont souvent dans la même démarche. Ils utilisent par exemple le placement judiciaire à des fins strictement éducatives et non de protection pour permettre l'orientation spécialisée d'un enfant dont les parents sont en situation non-régulière, sous prétexte que dans l'Hérault, le placement judiciaire fait que l'enfant bénéficie de la Couverture médicale universelle (CMU) et de ces avantages en termes de prise en charge du handicap, ce que ne permet pas l'Aide médicale État (AME)[233]. La marge d'interprétation des textes ne cesse d'alimenter des procédures ou des utilisations connexes des dispositifs pour les adapter aux réalités fonctionnelles de la situation administrative des étrangers.

On assiste alors à une auto-alimentation du système d'inclusion/exclusion sociale et de sélection en fonction de critères exogènes à la réalité des problématiques. Quand la logique sécuritaire surfe sur l'interprétation partisane de textes qui ne définissent jamais strictement les droits et les interdits, ceux qui soutiennent les populations étrangères dans leur quotidien profitent également de ces interstices pour appuyer des sollicitations qui ne pourraient aboutir si le cadre était trop strict. À la logique descendante des pouvoirs

---

[231] Entretien n°15, assistante de service social, Montpellier ; entretien n°10, assistante de service social, Béziers ; entretien n°12, assistante de service social, Béziers.
[232] « C'est presque normal qu'un enfant gitan ne respecte pas l'obligation scolaire » [Entretien n°4, animatrice, Béziers].
[233] *Ibid.*

publics, le plus souvent quantitative (quotas d'expulsions, de régularisations, etc.), s'oppose donc une autre ascendante et qualitative soucieuse de la satisfaction interindividuelle des besoins sociaux et éducatifs mais soumise aux impératifs politiques. Le plus souvent consécutive à l'action militante, elle s'appuie sur la création permanente d'espaces de négociations avec les pouvoirs publics en charge de l'aide et du soutien aux précaires. Paradoxalement, le durcissement des politiques migratoires a moins une influence sur le nombre d'étrangers en France que pour corollaire une augmentation de la précarité des familles et donc une marginalisation accrue des pratiques professionnelles et des procédures institutionnelles d'aide et de soutien.

Populations étrangères et sentiment d'insécurité

La logique sécuritaire se veut une réponse politique à la lutte contre le sentiment d'insécurité. Elle résulte du fait que l'immigration d'installation est longtemps restée un impensé politique qui s'est imposé dans le débat public au moment des crises (émeutes de banlieues, etc.). Principalement considéré comme de passage, instable presque par nature, l'immigré est au mieux toléré et il faut contrôler ses allers et venues ; au pire sa présence est subie ce qui justifie les discriminations en même temps que les quotas de régularisation et d'expulsion. Le travail social, défini comme aide et accompagnement des individus en situation de précarité et de fragilité conjoncturelle – donc outil de lutte contre l'insécurité sociale –, doit alors s'adapter à ces réalités structurelles pour répondre de manière singulière aux besoins. On assiste alors au développement de pratiques professionnelles à la marge avec leurs propres codes et systèmes de référence.

Pour les non-réguliers

Analysée par les *non-réguliers* eux-mêmes, la lutte contre le sentiment d'insécurité dans lequel ils sont maintenus peut amener deux réponses distinctes : ou bien les personnes de même origine et/ou du quartier se replient sur elles-mêmes et dans la communauté constituée, phénomène que les observateurs extérieurs traduisent le plus souvent par les termes génériques de « communautarisation » ou de « ghettoïsation » ; ou bien c'est l'errance forcée (expulsion des campements) ou consécutive à des craintes récurrentes (éviter les contrôles et les conduites en centre de rétention).

Quand elles bénéficient de leur propre logement ou sont hébergées « dans le dur » par des proches de même origine, dans leur quotidien les familles étrangères non-régulières *sédentarisées* restent soumises à un étiquetage négatif et aux risques de contrôles accrus dans l'environnement proche. Comme l'évoque une jeune mère arménienne de deux enfants déboutée de sa demande d'asile, la famille est forcée d'adopter des stratégies locales d'invisibilisation en limitant son réseau social aux pairs et ses déplacements à l'intérieur d'un secteur géographique restreint :

> À part Béziers, on va à Montpellier, c'est tout, on peut pas bouger plus, on a pas de papiers... Si on va... Pour contrôle, j'ai très peur, on a pas voiture pour se déplacer, avec le train c'est cher... On est obligé de rester à Béziers... Mon fils y m'a posé la question : « maman pourquoi on fait pas vacances comme les autres ? »... Mais on peut pas... Mais on peut pas avoir voiture quand on a pas papiers... On avait voiture, mais mon mari avait peur faire arrêter alors on a plus voiture... Il avait pas permis français... Parce quand on rentre en France, on a possibilité de conduire avec notre permis arménien un an, sinon après il faut changer français, et on peut pas changer français si pas carte de séjour... On a pas permis, pas de carte de séjour, c'est bon...[234]

Ce repli dans une sphère familiale à peine élargie à certains membres de la communauté d'origine a pour conséquence une faible socialisation des enfants impossibles à compenser par la mise en place d'activités à l'extérieur, souvent trop onéreuses pour des individus sans revenus stables. Parce qu'il évolue dans un climat permanent d'insécurité et prétendant à la régularisation, l'étranger doit sans cesse faire la preuve de sa volonté d'intégration. Mais paradoxalement tous les efforts qu'il manifeste sont entravés par son statut de *non-régulier* et les risques encourus dans le moindre de ses déplacements quotidiens. Comment maîtriser la langue française si l'on ne peut s'y confronter dans des échanges réguliers avec les nationaux ? Comment être un parent attentif à la scolarité de son enfant si les accompagnements à l'école accroissent les risques de contrôle et d'arrestation ? En réponse, les familles produisent ce que les observateurs extérieurs nomment un « repli sur soi », en fait une

---

[234] Entretien n°13, bénévole, Béziers.

sécurisation extrême de la sphère privée pour éviter les intrusions. Pénétrer cette sphère, ne serait-ce que pour favoriser des actions de prévention (intervention de la sage-femme pour une grossesse à risque, de la puéricultrice pour adapter la prise en charge du bébé, etc.), est l'œuvre d'un processus long et complexe d'acceptation et de reconnaissance des compétences. La construction de la relation de confiance est automatiquement associée au repérage clair des structures d'aide et de soutien du secteur et de leurs représentants ainsi que de leur dissociation effective avec les dispositifs répressifs. Ce n'est qu'après avoir éprouvé leur fiabilité – le bouche-à-oreille aidant – que les autorisations d'approcher et de pénétrer sont données, avec la caution plus ou moins implicite de la sphère élargie.

Mais moins que les institutions elles-mêmes, ce sont surtout les qualités interrelationnelles développées par les professionnels avec les différents membres de la famille qui fondent la dynamique d'aide et de soutien. C'est moins la sage-femme du service de PMI qui a le droit de rentrer dans l'appartement sous-loué que Mme X. qui a accouché la famille d'à côté et à qui on peut faire confiance. Établir une telle relation avec les familles structurellement précarisées et susceptibles à tout moment de subir les foudres de l'État répressif est un travail de longue haleine différent de celui entretenu avec les nationaux. Toute venue précipitée dans la sphère privée peut être vécue comme une intrusion aux conséquences exponentielles pour chaque membre de la famille. En effet, si les professionnels sont au clair avec les domaines de compétence respectifs des pouvoirs publics, les familles étrangères les amalgament dans un tout unique : services de l'État, du conseil départemental, municipaux, tous apportent leur pierre à l'édifice sécuritaire et peuvent avoir une influence directe ou indirecte sur le processus de régularisation ou le simple maintien sur le territoire national. Par la création de passerelles entre les différents dispositifs législatifs de protection de l'enfance, de prévention de la délinquance et de régulation de l'immigration, les frontières des compétences respectives s'estompent pour donner une image globalement négative des pouvoirs publics.

En revanche, pour les populations étrangères en situation non-régulière *nomadisées* comme le sont les Roms du biterrois et du montpelliérain, le processus s'inverse. Moins que la crainte de conduite en centre de rétention et d'expulsion, la pression sécuritaire s'exerce au travers des menaces récurrentes d'expulsion des camps de fortune installés à la périphérie des villes. Du fait des mouvements contraints, tout travail préventif et éducatif sur le long terme devient extrêmement complexe. Et quand le ministère de l'Intérieur associe les services de Protection maternelle infantile (PMI) et d'Aide sociale à l'enfance (ASE) aux procédures d'expulsion[235], l'implication dans des mesures strictement répressives d'ordre public brouillent l'image préventive et inconditionnelle de soutien des services médico-sociaux départementaux. Même si cette circulaire ne cesse de rappeler la nécessaire prise en compte « humaine » des situations, participer au diagnostic social et médico-social pour l'enclenchement d'une procédure d'expulsion des camps sans perspectives tangibles de relogement décent crée la confusion dans l'esprit des familles autant que dans celui des professionnels. Au lieu de leur mission habituelle de préservation de la sécurité matérielle et affective dans la prise en charge de l'enfant et son évolution, les services départementaux inscrivent l'errance et les ruptures dans la norme des pratiques professionnelles (rupture des suivis de grossesse, des scolarités, des traitements médicaux enclenchés, éclatement de la sphère familiale, etc.). Plutôt que de lutter contre ces dérives, les services de protection sont à l'origine ou accompagnent une autre forme de risque de danger pour l'enfant imposée par la préservation d'un certain ordre social et public. En conséquence, l'instabilité structurellement imposée à la famille par les pouvoirs publics et le repli forcé dans la sphère familiale qu'elle provoque, sont à l'origine de troubles anxiogènes qui entravent la réalisation d'une « bonne » parentalité et la construction d'un véritable travail d'aide et d'accompagnement. La logique « *insécuritaire* » des étrangers mise en place par l'État à laquelle sont associés les services départementaux trouble l'image d'une dynamique préventive de l'ensemble du travail social et médico-social. Elle fait même indirectement du service un contributeur actif à l'apparition et au maintien de la notion de risque pour l'enfant.

Pour les réguliers

La logique sécuritaire fait que le plus souvent le comportement du jeune étranger est d'abord considéré comme un « problème » dont l'origine se trouve dans le (dys)fonctionnement interrelationnel proche. Il s'étend alors de la sphère familiale à celle composée par la

---

[235] Circulaire interministérielle NOR INTK1233053C du 26 août 2012 relative à l'anticipation et à l'accompagnement des opérations d'évacuation des campements illicites.

communauté de proximité. Le plus souvent considérés comme des populations de « seconde zone », les immigrés sont renvoyés à un collectif institué hiérarchisé. Dans ces rapports de domination, on différencie la population de certains quartiers par rapport au reste de la ville, un étranger par rapport à un autre d'une autre origine, et un étranger par rapport au national. S'ensuit une approche sériée des pouvoirs publics qui rompt le pacte républicain d'égalité de traitement comme l'illustre une habitante marocaine du quartier Petit-Bard – La Pergola à Montpellier et jeune mère de famille :

> Il faut que la préfecture, l'administration nous aide aussi. Parce qu'on est mis un peu de côté. Regardez les enfants, y a pas d'agents qui font traverser les rues, y a pas de police de proximité, y a personne, y a personne… Ils osent même plus venir dans le quartier […]. Plus ces jeunes sont violents, plus la police elle vient pas ! Si on appelle la police ici, elle vient pas ! On peut toujours attendre ! Le Petit-Bard, si quelqu'un est malade, le médecin, il vient même plus ! Donc… Et ça, ça donne raison à ces jeunes… Et ces jeunes, c'est une minorité, faut pas croire, c'est une minorité dans le quartier… C'est une minorité qui fait que tout le quartier en pâtit… Il faut que l'administration nous aide, nous donne les bons moyens dans ce quartier… Si tout le monde s'aide, je pense qu'on peut en tirer du bien… Voilà… Il faut qu'on soit soutenu… On en a parlé avec Mme Mandroux [maire de Montpellier] vendredi dernier, on lui a dit : « il faut que vos agents soient ici »… Chaque année on a du vandalisme à l'école primaire, c'est inadmissible qu'on a personne pour nous aider […]. On lui a dit nous on veut avoir une police de proximité, qui viennent, qui font des rondes, qui font que les gens se sentent en sécurité… Si des gens viennent, il y aura peut-être qu'un semblant de sécurité, mais ce sera toujours ça de pris… La police qui est là, ce sera super… Au moins, quand ils traversent mes enfants, à midi, le matin… Et ça on l'a pas, alors que dans d'autres quartiers ils l'ont… Parce que voilà, c'est le Petit-Bard, c'est la Pergola, on les laisse entre eux, on les cherche pas, et au moins on est tranquille… C'est ça malheureusement, on fait avec.[236]

Le ressenti quotidien des habitants met en évidence le montage de politiques locales différenciées et discriminantes en fonction des secteurs et des représentations qui sont associées aux populations qui les composent. Pour l'étranger, chaque jour révèle la disproportion entre les devoirs à remplir pour être et rester sur le territoire national

---

[236] Entretien n°21, bénévole, Montpellier.

et la difficulté à prétendre à une égalité effective de droits et de traitements. Où est la cohérence globale quand les services départementaux de protection de l'enfance demandent aux parents d'offrir un environnement sécurisé à l'enfant alors que les municipalités ou l'État refusent d'assurer la sécurité de la famille dans la sphère publique ? Ce décalage fait partie du quotidien des étrangers et contribue à la construction d'une identité négative pour les habitants du quartier. L'accusation régulière de « repli communautaire » n'est pas que la conséquence visible de la volonté d'un groupe de même origine ethnique ou religieuse de se replier sur les soi-disant semblables, il est aussi un construit des pouvoirs publics qui par leur action, et surtout leur inaction, apposent une étiquette négative sur cette population. En retour, elle n'a pas d'autres choix que de trouver au sein du quartier, chez les « pairs », les palliatifs à l'inaction publique. Le fait même que les étrangers comme les nationaux puissent partager un même sentiment d'insécurité pour eux et leurs enfants est globalement un impensé politico-médiatique et ne provoque aucune mobilisation de l'opinion. Dans certains lieux, l'absence d'intervention des pouvoirs publics fait du comportement déviant une norme localement admise par défaut. Les références dominantes de l'admissible et de l'inadmissible qui guide l'action publique dans le reste de la ville, ne trouvent pas d'écho dans certains quartiers devenus au fil du temps « sensibles » plus par la désertion des pouvoirs publics que du fait de ses habitants. Pour les populations exclues des filets traditionnels de protection, le renversement du stigmate qui s'opère induit ce que d'aucuns nomment un repli « communautaire » ou « identitaire ». La différence de traitement par les pouvoirs publics provoque pour les observateurs extérieurs l'adoption de comportements hors-normes dominantes mais qui font sens pour ceux qui les côtoient ou les pratiquent parce qu'ils sont une réponse aux exigences localisées du quotidien. Les représentations qui accompagnent la situation de risque que fait courir à l'ordre social et public la *communauté instituée*, n'est pas en réalité ce qui fait risque à l'intérieur de la *communauté constituée* par la sphère de proximité. Contrairement aux discours sécuritaires, la majorité des familles étrangères des quartiers dits sensibles ne refusent pas la loi et les règles de cohésion sociale communément admises, ni la présence policière ou la sanction judiciaire. Elles dénoncent juste la préservation d'un ordre social et public inégalitaire pour les plus pauvres à l'avantage des catégories résidentielles les plus aisées.

Lorsque la police reçoit l'ordre de ne pas intervenir dans un quartier à cause du risque d'émeute urbaine que l'intervention peut provoquer, la paix politique obtenue cautionne et accroît les conduites déviantes et les comportements délinquants qui à leur tour fonctionnent comme marqueurs identitaires négatifs du quartier et donc de ses habitants. Le sentiment de malaise ou de colère exprimé face à cette iniquité de traitement renvoie à l'infériorité structurellement entretenue de leur statut. Tous les principes et valeurs républicains que les étrangers sont dans l'obligation d'intégrer et d'appliquer dans le cadre du processus de régularisation ou de naturalisation sont dans leur quotidien foulés au pied et contribuent à la construction d'un fort ressentiment à l'encontre des pouvoirs publics et leurs représentants.

Dans l'évaluation des travailleurs sociaux, déconnecter les réalités internes au quartier de leur contexte de production c'est désigner des comportements à risque et une responsabilité individuelle là où il n'y a qu'adaptation à un environnement précarisé et responsabilité structurelle. Faute de favoriser une intégration réelle dans la société d'accueil et d'assurer la sécurisation du quotidien, les familles s'adaptent aux règles et fonctionnements d'un environnement de proximité pour assurer une sécurité sociale et publique effective. Comme nous le verrons plus loin, séparer l'analyse du volet éducatif de son contexte socio-géographique de production devient régulièrement source de crispation pour les acteurs. L'intervention des professionnels de l'enfance est alors assimilée à de l'intrusion et les conseils éducatifs à de la correction des trajectoires parentales, le tout sous-tendu par une injonction à normaliser des comportements éducatifs qui n'auront aucun sens ou si peu dans l'environnement contraint où ils seront censés se développer.

L'exercice discriminant du pouvoir discrétionnaire préfectoral

Comme nous l'avons abordé, une des caractéristiques majeures du droit des étranger est la marge d'interprétation politique et partisane des textes législatifs. Sans conteste variable d'ajustement électoraliste, la gestion migratoire des flux est une compétence qui se décline au niveau des services préfectoraux dans le traitement des demandes de régularisation. Pour les familles étrangères, les militants qui les soutiennent et même les professionnels de l'enfance, le pouvoir des préfets et sous-préfets en la matière apparaît exorbitant parce qu'aléatoire. Par l'opacité de ses règles, ce pouvoir, qualifié par ceux qui le détiennent de discrétionnaire, relève pour les autres de l'arbitraire et provoque force sentiments d'injustice. Pour tous ceux qui accompagnent directement ou indirectement les étrangers dans leurs démarches, de nombreuses procédures de régularisation furent refusées qui paraissaient « méritées », et certaines acceptées qui « ne le méritaient pas ». Pour les services préfectoraux, l'analyse des décisions met en évidence un double mécanisme dans les procédures de régularisation : d'un côté un appui strict sur les textes législatifs et les nombreuses circulaires d'application, d'un autre une appréciation morale et singulière des situations individuelles. En même temps que l'exercice de ce pouvoir discrétionnaire fait régulièrement l'objet d'une condamnation sévère de la part des différents collectifs de défense des sans-papiers, il leur offre un espace permanent de négociations avec les pouvoirs publics. Au-delà du traitement administratif de la demande, l'enjeu est la mise en place d'un rapport de force duquel chacune des parties cherche à sortir gagnante. C'est ainsi que dans le biterrois, nous avons pu constater une utilisation accrue du pouvoir discrétionnaire en faveur des déboutés du droit d'asile qui refusaient de sortir des CADA. De cette manière, le sous-préfet répondait aux demandes du Collectif en même temps qu'il permettait la libération de certaines places dans des structures gérés par l'État et parvenus à saturation. Mais soumises à des quotas, personne n'est dupe du fait que ces régularisations se font au détriment d'autres familles qui pourraient, selon les circulaires, apparaître prioritaires. L'autre avantage du procédé c'est qu'en privilégiant l'appréciation singulière des situations proposées par le Collectif, les services de l'État évitent les régularisations collectives et donc massives qui, politiquement, sont difficilement supportables. De fait, acteurs publics et privés profitent de ces espaces de négociation pour définir des stratégies où se mêlent pressions médiatiques et politiques en même temps que prise en compte « humaniste » des situations individuelles.

Dans le cadre d'une observation participante au sein du Collectif des enfants de sans-papiers de Béziers, nous avons participé à trois temps que nous pouvons qualifier d'informel avec le sous-préfet et son directeur de cabinet. L'un d'eux est consécutif à la parution de la circulaire Valls tant attendue par les étrangers et parue le 28 novembre 2012 avec effet le 3 décembre suivant. Pour la synthétiser, cette circulaire autorise la régularisation des familles qui ont plus de cinq ans de présence sur le territoire national et dont les enfants ont plus de trois ans de scolarité. La rencontre a lieu dans le bureau feutré du sous-préfet en sa présence, celle de son directeur de cabinet, l'animateur du Collectif, un représentant local d'une association nationale d'aide aux étrangers et nous-mêmes. Cette réunion fait suite à une campagne de presse du Collectif et à une demande de rendez-vous consécutif à l'installation du sous-préfet dans ses nouvelles fonctions à Béziers. Alors que son prédécesseur avait catégoriquement refusé toute rencontre estimant que le Collectif ne pouvait être un interlocuteur valable des pouvoirs publics, celui-ci l'accepte dans un souci de « normalisation des relations ».

Extrait du journal de terrain[237] :

> Le sous-préfet insiste sur la consigne du ministre d'une harmonisation des pratiques au moins régionales et sur leur application. Plusieurs réunions se sont tenues à Montpellier avec le préfet qui ont conduit à l'établissement d'un cadre commun de fonctionnement afin d'éviter toute « migration » de population vers des services préfectoraux estimés (à tort ou à raison) plus cléments… […] Si jusqu'à aujourd'hui seuls pouvaient déposer leur dossier de demande de régularisation ceux qui s'étaient préalablement inscrits par l'intermédiaire du site internet de la sous-préfecture, à partir du 10 décembre des permanences libres d'accès seront quotidiennement prévues de 13h30 à 15h30. Enfin, « libres » est peut-être un bien grand mot. En fait le directeur de cabinet précise que seules les 15 premières personnes pourront bénéficier d'une vérification de la complétude de leur dossier. Après examen de sa recevabilité et évaluation sommaire de la pratique et de la compréhension de la langue française, l'étranger recevra dans un délai de 8 jours un récépissé qui le rendra inexpulsable du territoire national. Dans un délai qu'ils espèrent au maximum de trois mois, une réponse sur la régularisation sera donnée.
>
> En dehors de l'aspect formel de la procédure, le sous-préfet se plaint de ce qui est appelé « arbitraire préfectoral » par son ministre de tutelle et de son éventuelle disparition dans un dispositif législatif plus global :
>
> - Même si je peux comprendre la dynamique que le ministre souhaite mettre en place, j'ai du mal à saisir

---

[237] Les commentaires qui accompagnent cet extrait du journal de terrain font l'objet d'un parti-pris méthodologique. Ils sont notés « à chaud » pendant la rencontre et mis en forme directement à l'issue. Ils sont le reflet d'un sentiment et non d'une analyse a posteriori, ce qui, nous semble-t-il, permet de mieux cerner l'état d'esprit de la rencontre.

pourquoi il faut tuer l'arbitraire préfectoral... Nous allons perdre la possibilité d'apprécier au cas par cas les situations qui nous seront soumises... Ce qui n'avait rien d'arbitraire !
- Les pièces sollicitées pour le dépôt du dossier seront-elles identiques à celles demandées actuellement ?
- Non, répond le directeur de cabinet. De nouvelles pièces seront demandées, il faudra des preuves supplémentaires. Un nouveau formulaire sera bientôt mis sur le site de la sous-préfecture en ligne...

Et de convenir qu'il soit envoyé dès l'après-midi par mail à [l'association antiraciste qui centralise les demandes] et à [l'antenne locale d'une association nationale d'aide aux étrangers] de manière à accélérer le processus et à le rendre plus efficace, préfecture et Collectif se trouvant là dans un intérêt commun. Le sous-préfet rajoute :

- Je vous demande de prioriser les dossiers qui doivent bénéficier d'une CST « vie privée et familiale ». Ce seront les plus faciles à constituer et les plus faciles à apprécier... Ceux qui peuvent bénéficier d'une régularisation au titre de salarié, par contre, vont nous demander un examen minutieux, un travail étroit avec la DIRECCTE de vérification des promesses d'embauche, des bulletins de salaire, etc. Il y a dans les dossiers un nombre de faux impressionnant... Sans parler des fausses promesses d'embauche, il y a un tas de faux bulletins qui sont produits... il suffit d'acheter un logiciel à 15 euros pour s'en procurer... Et là, l'examen prendra du temps, beaucoup de temps... C'est pour ça que nous souhaiterions pouvoir examiner les dossiers des familles dans un premier temps...
- Si les familles aussi travaillent, est-ce qu'il est nécessaire de prouver leur emploi ?
- Non... Si les éléments sur la scolarité des enfants et les justificatifs de 5 ans de présence suffisent, ce n'est pas la peine.

La représentante [locale d'une association nationale d'aide aux étrangers] questionne :

- Pour ceux dont le dossier est déjà déposé, faut-il en re-déposer un autre ?
- Non. Pour ceux-là, on va essayer de s'adresser à eux pour qu'ils le complètent avec les nouvelles pièces demandées...

- Et pour ceux qui ont eu un refus de votre part ? Ils doivent déposer une nouvelle demande et payer à nouveau ?

Le sous-préfet et son directeur de cabinet échangent des regards étonnés ayant visiblement omis de considérer cet aspect, et confirment après quelques hésitations qu'il n'y a pas d'autres choix. De fait, c'est une sacrée somme que les familles vont devoir mobiliser rapidement (110€ par adultes et 45€ par enfant). Et pour celles qui ont déposé leur dossier avant l'été, c'est de 350 à 500€ qui doivent à nouveau être trouvés… […]

- Si vous régularisez le jeune qui remplit ces conditions, est-ce que vous examinerez avec bienveillance la situation des parents qui eux sont par exemple à 4 ans de présence sur le territoire national ?... Ce ne sera pas un élément qui vous permettra d'utiliser votre pouvoir discrétionnaire en leur faveur ?... Ce serait idiot de devoir expulser des parents avec des enfants mineurs alors que leur aîné est régularisé, non ?

Il se tourne vers son directeur de cabinet qui se plonge dans la lecture de la circulaire :

- La circulaire prévoit que le jeune doit au moins avoir un parent en situation régulière pour prétendre à régularisation…
- Ce n'est pas une obligation !
- D'accord, mais quand même… Donc a contrario, si les parents sont en situation irrégulière tous les deux, le fils ne peut être régularisé… Donc les parents non plus…
- La circulaire ne dit pas que les jeunes qui ont aucun de leurs deux parents en situation régulière ne peuvent pas prétendre à régularisation…

Le sous-préfet coupe court à la discussion :

- Nous n'en sommes pas là ! Réglons d'abord les dossiers les plus classiques, après nous verrons les autres !

Cet extrait d'entretien met une lumière crue sur la prise en compte administrative des besoins des familles étrangère. La conception institutionnelle des procédures de régularisation se heurte aux réalités de vécu des individus. Même les circulaires d'application font l'objet de marges interprétatives qui offrent des espaces de négociation permanents. Mais à aucun moment ces espaces ne peuvent être formalisés. Ils sont tributaires des « bonnes volontés » individuelles et de la marge de manœuvre politique que les acteurs veulent ou sont en capacité de s'octroyer. Ces réalités subjectivées rendent opaques les processus de régularisation et renforcent les sentiments de frustration et d'incompréhension des familles. Car l'interprétation extensive de la circulaire voulue par les membres du Collectif est contraire à celle restrictive de l'administration préfectorale. Un habitant algérien du quartier du Faubourg – Centre-ville à Béziers aujourd'hui régularisé mais ayant vécu de nombreuses années en situation non-régulière, traduit un sentiment largement partagé :

> [Le durcissement des conditions de régularisation] peut être lié à la personne... Il faut pas oublier qu'un préfet, il a un pouvoir discrétionnaire. Donc toi, si tu es sous-préfet, moi je suis sans-papiers, je discute avec toi. Tu me trouves sympa, tu vas me régulariser... Tu as le droit de le faire, et sans aucune explication... T'as pas besoin de fournir une explication : t'as envie tu le fais... Donc on leur dit : « vous avez le pouvoir de régularisation, on vous demande pas de régulariser 3 000 personnes, mais on a 13 familles, pourquoi vous ne les régularisez pas ? Elles peuvent travailler, elles participent à l'économie de la région, c'est des gens qui sont actifs, qui parlent très bien le français, qui sont motivés »... Donc c'est un plus pour la France... Souvent on dit on va régulariser ces personnes, mais elles vont être à la charge des aides sociales... Eux, ils ne demandent pas ça, ils refusent les aides, « même si vous nous proposez, on en veut pas »... « On veut travailler, on veut vivre par nos propres moyens, on veut juste la carte de séjour, et après... On se fond dans la masse de la société »... Comme ça a toujours été fait ![238]

La soumission à un arbitraire sur lesquels les non-réguliers n'ont directement aucune prise renforce le sentiment d'injustice, d'autant plus lorsque certaines de ces familles revendiquent de manière légitime une utilité dans la société française. Parfaitement conscientes de leurs devoirs et du rapport coût/avantage dans lequel elles sont incluses, elles mettent un point d'honneur à montrer leurs efforts avec l'espoir d'une récompense par la régularisation. Nombreux sont les parents qui travaillent, ont un logement, des enfants régulièrement scolarisés à qui ils offrent un cadre éducatif cohérent, ne sollicitent que très rarement les aides sociales, n'ont jamais commis de faits répréhensibles, parlent le français, et pourtant... Et pourtant leur demande de titre de séjour a essuyé un, deux, trois refus, sans aucune

---

[238] Entretien n°6, bénévole, Béziers.

forme d'explication. Ils font alors l'apprentissage à chaque fois douloureux qu'aux devoirs ne correspondent pas systématiquement des droits, et que le pouvoir politique et la discrétion institutionnelle dominent le réel effort d'intégration dans la société. La méritocratie pourtant largement plébiscitée pour les nationaux devient un principe variable pour les étrangers.

Dans leur réalité quotidienne donc, des familles faisant l'objet d'une Obligation à quitter le territoire français (OQTF) observent régulièrement que d'autres sont régularisées sans remplir ce que sont pour elles les engagements minimums d'intégration requis. Elles découvrent alors que certaines régularisations sont aussi la conséquence de l'appréciation par les pouvoirs publics de critères objectifs qui peuvent la rendre quasi automatique (régularisation à l'accession à la majorité, pour raisons médicales, etc.). La jeune mère arménienne, déjà citée, en situation non-régulière avec deux enfants nés en France depuis cinq ans, pointe ce ressentiment :

> Moi, je connais beaucoup beaucoup monde, étrangers, je connais beaucoup beaucoup monde, y a des personnes qui ont même pas un contrat de travail et qui ont papiers… C'est pas jalousie, c'est dégoûtant. Quand je vois que personnes qui restent à la maison, font rien du tout, tu vois… Tu dis quel dommage, toi tu veux travailler, et eux ont papiers et ne travaillent pas… C'est dégoûtant pour moi… Les gens y disent il faut parler français, faut trouver un contrat, il faut que les enfants soient scolarisés… Comme l'autre fois j'ai dit à la réunion [du Collectif] : « Qu'est-ce qu'il vous faut de plus ? Vous voulez plus ? Mon fils est scolarisé, vous pouvez demander à l'école, mon fils il est même pas absent un jour… S'il était absent, alors certificat médical, de suite, comme quoi il était malade… Il est toujours régulièrement à l'école mon fils, mon mari a contrat, moi aussi, je parle français, les enfants parlent français, mon mari parle français, qu'est-ce que vous voulez de plus ? »… J'ai tout ! Moi quand j'ai déposé le dossier, ils ont regardé : « ça ok, ça ok, ça ok ». Alors pourquoi si tout ok moi refuser dossier ? Pourquoi ?... Si c'est tout ok… Y a un truc que je comprends pas… Et voilà[239].

L'approche méritocratique des parcours individuels achoppe devant la frontière du statut et résonne de manière paradoxale dans le traitement réservé aux demandes de régularisation. Plus qu'un droit, l'étranger a parfaitement intégré que pour être admis à venir et à rester

---

[239] Entretien n°13, bénévole, Béziers.

sur le sol français il faut se soumettre à une série de devoirs qui légitime sa demande de régularisation. Alors qu'il s'applique à lui-même les principes du *workfare* sans bénéficier des avantages solidaires issus de l'État providence, l'étranger ne peut comprendre que l'investissement dans le travail, sa participation à la création de richesses, son respect des règles et des lois ne lui autorisent pas la légalisation de son maintien.

Cette conception utilitariste revendiquée par les étrangers eux-mêmes se heurte aux grands principes de solidarité nationale en direction des plus démunis ou de ceux qui n'ont pas la possibilité de se prendre en charge par eux-mêmes. C'est en partie parce que dans la réalité de leur pays d'origine, ces principes de solidarité ne sont pas portés par l'État mais par la sphère familiale. Alors comment comprendre qu'un individu qui souffre d'une maladie grave ou d'une infirmité – et qui donc coûte à la France – est régularisé avant celui qui travaille et rapporte ? Pour nombre d'étrangers, l'État protecteur est régulièrement en contradiction avec l'État discrétionnaire, ce qui fait que l'attribution d'un titre de séjour, fût-elle temporaire et pour raison de santé, devient une aberration.

Le discours de cette mère fait écho à la situation d'un couple de quinquagénaires sans enfants mineurs à charge, membre du Collectif, qui a bénéficié d'un titre de séjour dans des conditions rocambolesques. Alors que le mari et la femme font l'objet d'une Obligation à quitter le territoire français (OQTF) après avoir été déboutés de leur demande d'asile, le directeur du CADA qu'ils refusent de quitter lance à leur encontre une procédure d'expulsion. Face à leur obstination, il fait appel à la Police de l'air et des frontières (PAF). Arrêtés et transportés en centre de rétention à Toulouse, l'homme fait un arrêt cardiaque et est hospitalisé. Ayant fait partie des premières équipes parties bétonner la centrale nucléaire de Tchernobyl après son explosion, les examens médicaux mettent en évidence de graves problèmes de santé très certainement consécutifs à une forte irradiation. Au vu du diagnostic, la PAF refuse finalement de le reconduire en centre de rétention et concède au couple une autorisation à rester par l'intermédiaire d'un titre de séjour PAF d'une durée de six mois. La PAF accorde en fait ce que la sous-préfecture de Béziers s'était jusqu'alors refusée… Au-delà de la procédure atypique et l'octroi d'un titre de séjour rare, ce qui apparaît comme un avantage illégitime pour cette jeune mère arménienne n'est en fait pour ce couple qu'une incohérence administrative supplémentaire.

En effet, le titre de séjour PAF se révèle rapidement un pis-aller : pour un couple d'un certain âge, diminué physiquement, sans possibilité de travailler, ce titre n'autorise pas l'accès aux minima sociaux ni à un logement. Ce qui fera dire à un militant du Collectif simplement que « l'État ne voulait pas qu'il crève dans [ses] murs ». En matière migratoire, la question de l'avantage de la régularisation est donc fonction du type de titre de séjour obtenu et du point de vue de celui qui l'évalue. Certes ce couple est rentré dans la catégorie des *réguliers* par l'obtention de ce titre de séjour, ce qui lui permet pour une durée déterminée d'évoluer sur l'ensemble du territoire en toute quiétude. Mais en ne lui autorisant pas l'accès aux dispositifs de droit commun, ce titre PAF le fait entrer dans la sous-catégorie des *admis* et non des *inclus*, parce qu'il fait de lui un usager captif des services sociaux pour subvenir aux besoins minimums. Le titre de séjour ne vient donc rien résoudre de la réalité de la problématique, il dédouane simplement l'État d'une partie de ses responsabilités[240], sans l'obliger à les prendre sur la question de l'hébergement pourtant de sa compétence.

Cette absence donc de prise en compte par l'État de la réalité des besoins conduit les services sociaux départementaux à pallier aux carences et à prendre en charge des situations familiales en dehors de leurs missions premières de traitement conjoncturel d'une problématique sociale ou d'une situation de risque éducatif pour l'enfant. Ils se trouvent alors face à un risque induit par le système et non construit par le fonctionnement familial. L'absence systémique de moyens devient moteur de certains dysfonctionnements parentaux et donc de l'émergence d'une notion de risque de danger qui aurait pu être évitée par l'octroi d'un titre de séjour. Émerge alors un conflit de compétences entre l'État et les collectivités départementales, entre la prise en compte strictement sociale des problématiques qui relève de l'État, et celle socio-éducative du département. La crainte que manifestent alors les exécutifs départementaux c'est qu'en étant amenés à pallier aux compétences de l'État – *i. e.* en traitant un risque

---

[240] L'hypocrisie est allée jusqu'au refus du renouvellement du titre de séjour par les services préfectoraux à l'expiration de celui PAF. Ce qui, pour cet homme engagé dans un processus de soins relativement lourds, est synonyme d'une nouvelle instabilité et de risque pour sa santé.

provoqué par l'inaction ou les refus étatiques –, ils soient obligés de pérenniser une aide sociale sans en avoir les moyens réels et de créer ainsi un effet de contagion de la demande auprès d'autres populations structurellement précarisées. Pour éviter cet écueil, les services sociaux départementaux adoptent alors des stratégies singulières d'aide et d'accompagnement.

L'hébergement des familles étrangères : une question politiquement sensible

Dans le traitement social des problématiques des familles en situation non-régulière, la question des conditions de vie est extrêmement prégnante. Hébergement insalubre, indécent ou plus prosaïquement inexistant, nous sommes face à autant de facteurs structurels qui interagissent sur les conditions d'exercice de la fonction parentale. Habituellement, lorsque les nationaux ou les étrangers réguliers *admis* sont confrontés à la problématique du logement, les services sociaux saisissent le dispositif d'urgence dans l'attente d'une solution pérenne. L'admission dans le droit commun est alors fonction de contingences le plus souvent liées au délai administratif de traitement des dossiers et aux vacances du parc locatif privé ou public. Par contre, pour ceux dont le statut empêche d'accéder au droit commun, les professionnels du social se pose immédiatement la question de l'adaptation du dispositif à la réalité de la satisfaction du besoin et à sa pérennisation.

L'âge de l'enfant : une variable dans l'appréciation du risque de danger

En se référant strictement à la loi[241], la répartition des compétences entre l'État et le département en matière d'hébergement des familles est la suivante : toutes celles qui ont des enfants de moins de trois ans dépendent du département, les autres de l'État. Pour les travailleurs sociaux, la lecture en creux du texte législatif conduit au raisonnement suivant : l'absence de logement pour un enfant de moins de trois ans présente un risque éducatif qui nécessite l'intervention du département dans sa compétence de protection ; au-delà cette absence devient une stricte question sociale relevant de l'État. Mais quand à l'absence de

---

[241] Article L.222-5-4° du CASF.

solutions d'hébergement s'ajoute un blocage administratif structurel comme le connaissent les familles étrangères non-régulières, l'enjeu de la répartition des compétences est démultiplié parce qu'il engage chaque service public dans le long terme sans perspectives tangibles de fin de prise en charge. L'application *stricto sensu* des textes fait débat dans les secteurs où les familles étrangères sont nombreuses. Elle conduit les dispositifs d'orientation notamment vers l'hébergement d'urgence, à rejeter ou à ne pas étudier les demandes formulées par les familles structurellement invalidées. La variable de l'âge de l'enfant est évacuée des débats. Pour les travailleurs sociaux, le refus de l'État d'assumer sa compétence sociale est la conséquence du refus de régulariser les situations des étrangers non-réguliers. En empêchant les conditions de l'accès à un logement décent, l'État se décharge de sa responsabilité sur les collectivités départementales et induit une mise en danger de l'enfant à l'origine de nombreux conflits éthiques en même temps que l'instauration de rapports tendus entre les professionnels et leur administration.

Malgré l'affirmation du législateur de faire de l'hébergement une stricte question sociale, comment ne pas prendre en compte l'influence de son absence sur les conditions d'évolution de l'enfant ? C'est tout le dilemme auquel sont confrontés les travailleurs sociaux lorsqu'est prononcé un refus d'accès aux Centres d'hébergement et de réinsertion sociale (CHRS) des étrangers non-réguliers ou réguliers *admis* comme ceux « en attente de régularisation »[242]. Ce refus déplace le problème de la prise en charge des familles vers les services sociaux départementaux d'abord au titre de sa compétence sociale pour les familles, ensuite de celle de protection de l'enfance par l'ancrage dans une situation de risque ou de danger qu'il provoque. Face à l'absence de réponse, et pour ne pas laisser les familles à la rue, les professionnels n'ont pas d'autre choix que de préconiser l'accueil hôtelier. Conçu au départ comme un dispositif d'urgence souple et temporaire, et en dehors du fait qu'il représente un coût exorbitant pour la collectivité départementale, tout le monde est conscient que ce type d'accueil ne satisfait en rien les besoins réels

---

[242] En effet, parce qu'il n'offre aucune garantie de régularisation, de nombreuses familles bénéficient d'un récépissé délivré par les services préfectoraux qui les autorisent à rester officiellement sur le territoire national pendant l'étude de leur dossier mais sans pouvoir accéder aux différents dispositifs de droit commun [Entretien n°22, Solidarité départementale, Montpellier].

des familles. Forcées à la promiscuité, dans l'impossibilité de se préparer des repas ou encore d'inscrire les enfants à l'école du fait d'une durée d'accueil aléatoire, l'hôtel est à son tour une alternative génératrice d'un risque dans l'évolution de l'enfant que pourtant les services socio-éducatifs sont censés combattre. Malgré cette réalité, l'accueil hôtelier représente le plus souvent la seule option rationnelle pour répondre à la chronicité de l'urgence instaurée par le durcissement des politiques migratoires.

Dans un tel contexte contraint, pour les travailleurs sociaux la barrière juridico-administrative des trois ans de l'enfant n'offre aucun sens éducatif. Ils préfèrent alors aborder la question de l'absence d'hébergement sous l'angle du traitement du risque de danger pour l'enfant[243]. S'ensuit alors une série d'entorses à la législation plus ou moins assumée par l'administration et l'exécutif départementaux. Dans l'impossibilité de produire un règlement qui aille à l'encontre de la loi, la majeure partie de la responsabilité de l'orientation incombe aux professionnels qui sont dans la gestion directe des situations[244]. Dans les faits, soutenir ce genre de demande « hors cadre », c'est pour les travailleurs sociaux créer des espaces de tensions d'abord entre professionnels face à l'absence de solutions réelles d'hébergement, ensuite entre les professionnels et leur administration pour faire admettre le bien-fondé de la demande, et enfin entre l'administration et l'exécutif départemental dans la définition du besoin et le traitement de la sensibilité politique du sujet. Les associations de soutien aux étrangers s'engouffrent alors opportunément dans cette série de failles et alimentent le débat politico-institutionnel en renvoyant les parties à leurs compétences premières et à leur cohérence. Les travailleurs sociaux sont alors pris dans un conflit de loyauté entre respect d'une parole institutionnelle et devoir de protection. Comme l'illustre à nouveau la jeune mère arménienne, au-delà des enjeux éthiques et

---

[243] La question de la barrière des trois ans ne trouvera une réponse juridique partielle que le 30 mars 2016 avec un arrêt du Conseil d'État [CE, décision n°382437, 30 mars 2016]. Alors qu'un conseil départemental avait interrompu le paiement des frais hôteliers d'une famille au prétexte que l'enfant avait atteint ses trois ans et que sa prise en charge relevait maintenant de l'État, le Conseil d'État a renvoyé que cette compétence n'excluait pas l'intervention suplétive du département lorsque sa santé, sa sécurité, son entretien ou son éducation l'exigeait par des aides financières. Mais ce qui pour certains est apparu comme une clarification juridique n'exclut pas encore aujourd'hui sur le terrain les divergences d'interprétation.
[244] Entretien n°10 et 12, assistantes de service social, Béziers.

politiques, les conséquences de cette absence de prise de responsabilité par l'État pour le parcours des familles sont dramatiques :

> L.C. – Vous êtes venue à Béziers à la suite d'une place libérée en CADA ?
>
> A.N. – Oui, parce qu'on était à Agde dans un foyer et qu'on venait de Montpellier, ils étaient obligés de trouver place en CADA dans n'importe quelle ville. Pour moi c'était pareil, quoi… Je voulais solution. À Agde, c'était trop petit, mon fils il est né, pour quatre, c'était trop petit… Ont trouvé place ici sur Béziers. Avant CADA c'était Capendegui [*anciens locaux situés dans le quartier de Capendegui à Béziers*], on était là-bas, on est resté un an là-bas et ils ont été obligés de casser le quartier parce qu'il est trop ancienne, et puis on a été juste à côté à la Devèze, et puis ils ont fait le CADA de l'Oasis. Alors on est venu au CADA de l'Oasis, et puis j'ai eu refus de ma demande d'asile en 2009, j'ai obligé de quitter le CADA… J'ai quitté le CADA le 10 mars 2009. Et j'ai parti dans un hôtel encore…
>
> L.C. – Et là maintenant, vous vivez… ?
>
> A.N. – Et là le conseil général ils ont payé deux ou trois mois d'hôtel parce qu'ils ne pouvaient pas payer plus. Mon fils était plus de trois ans déjà, et ils pouvaient pas payer pour enfant de plus de trois ans. Il avait trois ans et quatre ou cinq mois… Ils sont arrêtés de payer, et moi j'ai trouvé des amis qui voulaient m'héberger.

Et d'expliquer comment l'annonce de la prise en charge s'est faite par les services sociaux :

> A.N. – Comme ça, on m'a… Chaque fois je partais [au service social] pour ramener papier hôtel comme quoi prise en charge pouvoir continuer, elle m'a appelé mon assistante sociaux en disant : « madame N., on est vraiment désolé, on peut pas vous prolonger l'hôtel ». Comment ça se fait que vous pouvez pas ? Elle m'a dit : « ouais, le conseil général ne prend plus en charge l'hôtel »… J'y dis y a pas de raisons, quoi ! En plus j'avais déposé mon dossier Tribunal administratif Montpellier, j'ai dit que moi j'attends des réponses… Où je vais aller ? « On peut rien faire ». J'ai retourné à l'assistante sociale… Elle, c'était une fille, […] elle changé de poste maintenant, avant été à C. [siège de l'agence départementale de la solidarité]. Elle est descendue et m'a dit : « je suis désolée, mais eux pas accepté » […].
>
> L.C. – On vous avez dit « ça ne durera pas plus de trois mois » ?

> A.N. – Non... Quand on m'a donné hôtel, ils ont dit : « oui, madame N., il faut trouver une solution ». Je lui ai dit oui, pas de problème, je vais voir comment je peux faire, je sortie du CADA voilà un mois, je peux pas trouver solution comme ça, vite quoi [...].
>
> L.C. – Combien de temps avant on vous l'a annoncé ?
>
> A.N. – Le jour même quoi ! Le matin j'étais partie à l'agence pour le renouvellement et l'assistante sociale m'a dit c'est fini...
>
> L.C. – On vous a prévenu le matin pour libérer l'hôtel le soir ?
>
> A.N. – Non... Si, le jour même ! C'était onze heures, il faut que je libère la chambre, et j'ai parti voir l'assistante sociale, on m'a dit avant midi libérer la chambre.[245]

L'accueil hôtelier s'impose comme une alternative aléatoire et limitée dans le temps qui ne permet pas d'inscrire les familles dans un projet global d'accompagnement. Fait pour ponctuellement traiter l'urgence, il est une transition, un entre-deux qui vient répondre à un besoin conjoncturel. À part que pour les étrangers en situation non-régulière, il devient très rapidement une fin. Pour les professionnels qui le mettent en œuvre, ce type de prise en charge devient une source permanente d'incertitudes qui rejaillit sur l'ensemble des acteurs pendant toute la durée de l'accueil. En dehors des conséquences dramatiques qu'ont pour la famille les aléas de la durée, le travailleur social se sent responsable des angoisses parentales et des troubles pour l'enfant qu'il avait pourtant tenté de résoudre en sollicitant la prise en charge hôtelière. Autant que la situation d'errance, l'accueil hôtelier devient à son tour anxiogène par l'insécurité chronique et les facteurs de risque de danger qu'il génère. Sous le prétexte de ne pas provoquer d'*effets de contagion* – ce qui se synthétise par : « s'il se sait que nous prenons en charge des étrangers en situation irrégulière, tous les étrangers en situation irrégulière vont vouloir venir s'installer dans notre département » –, les professionnels adoptent des stratégies d'invisibilisation des pratiques et des procédures. Mais nous sommes encore loin d'une satisfaction homogène des besoins.

En fait, dans un tel contexte contraint, les travailleurs sociaux donnent trois types de réponses à la demande d'hébergement d'urgence formulée par les familles en situation non régulière ou

---

[245] Entretien n°13, bénévole, Béziers.

régulière *admises*. La première, la *réponse administrative*, consiste à reproduire tel quel le discours institutionnel et à l'appliquer de manière littérale. Ce faisant, le professionnel devient un exécutant qui délaisse le champ de l'intervention et de l'accompagnement sociaux pour celui d'une logique « guichet ». Dans sa pratique, il nie l'évaluation singulière du besoin, ce qui transforme en dispositif de droit commun un dispositif conçu à la base pour répondre aux difficultés singulières. Par là il devient discriminatoire puisqu'il exclut de fait les demandes émanant de certaines catégories d'étranger dans l'impossibilité structurelle d'accéder au dispositif de droit commun.

La deuxième réponse est la *réponse conciliante* qui, autrement dit, tente de concilier l'intérêt des familles et celles des valeurs du service. Elle s'appuie à la fois sur le sens fondamental que revêt l'exercice des missions de protection et sur le souci de conserver à la dynamique de l'aide et du soutien une durée globalement déterminée dans le temps. Cette conciliation inscrit la démarche administrative dans de fragiles équilibres qui font que les solutions dépendent du bon vouloir des individus plus que d'un droit auquel tous les étrangers pourraient prétendre.

La troisième réponse, nous la qualifierons de *militante*. Loin de s'inscrire automatiquement dans une perspective syndicale ou politicienne, elle consiste à évaluer des besoins et définir une stratégie d'action à partir d'une conception éthique et déontologique de l'exercice de la mission de protection. Son versant non-conventionnel est à l'origine de nombreux espaces de négociations et de conflits entre le professionnel et l'administration qui l'emploie. La *réponse militante* insiste sur le droit des familles dans leurs rapports aux services publics ainsi que sur les fondements mêmes de l'intervention sociale auprès des usagers, quelle que soit leur origine. Pour parvenir à leurs fins, il arrive que les travailleurs sociaux, parfois avec l'aval explicite de différents niveaux hiérarchiques, accompagnent les familles dans leur(s) recours contre les différentes administrations ou bien s'allient aux associations d'aide aux étrangers pour les accompagner dans leurs démarches. La *réponse militante* peut conduire à l'adoption de stratégies de contournement de la règle institutionnelle en donnant une dimension politique – au sens propre – à la pratique professionnelle. Tout en refusant les affichages ou les publicités qui pourraient avoir un impact négatif sur l'opinion et les exécutifs locaux, les travailleurs sociaux favorisent l'approche des situations au cas par cas et non collectivement. Ce dernier type de réponse aux demandes d'hébergement des familles étrangères réclame en revanche une forte capacité à gérer la pression institutionnelle, mais aussi politique au sens partisan du terme. Autant dire que la *réponse militante* est la moins usitée de toutes celles observées dans les secteurs de Béziers et Montpellier, mais elle est activement recherchée par les familles, les associatifs et les membres des Collectifs[246].

Pour répondre également aux besoins sociaux des familles étrangères, des facteurs qui ne sont pas directement liés aux pratiques du professionnel interagissent. L'un d'eux est la densité des situations non-régulières dans le secteur d'intervention de l'agence qui peut produire un *effet de saturation* dans la prise en compte politique des étrangers. Plus leur densité est faible et plus les demandes d'aide sociale sont accueillies avec mansuétude et bienveillance par les travailleurs sociaux et leur hiérarchie. À l'inverse, lorsque la densité est importante, la crainte de la contagion crée un frein institutionnel et politique à une prise en compte positive des demandes. Un autre de ces facteurs exogènes, constaté à Béziers, est lié à l'importance des « marchands de sommeil » dans le parc locatif des zones sensibles. Plus « l'offre » est élevée et plus les familles parviennent à maintenir une invisibilité institutionnelle sur la question du logement. L'intervention socio-éducative se limite alors au traitement des demandes financières et à une intervention curative des services de protection de l'enfance lorsque la problématique éducative est avérée. Cette solution alternative, bien qu'illégale, est parfaitement connue des services sociaux, voire entretenue par le versement ponctuel d'aides financières pour aider au paiement des « loyers ». Ce versement se justifie par l'incapacité du système à offrir une alternative de droit commun classique. Les travailleurs sociaux apportent alors une forme de caution institutionnelle à des pratiques illégales qui, par le procédé, deviennent légitimes puisqu'elles s'appuient sur le double objectif de répondre à la satisfaction du besoin des familles et au maintien de son invisibilité publique.

---

[246] Ce qui se traduit de manière effective par des demandes de rendez-vous des familles accompagnées par des tiers avec précisément tel ou tel travailleur social, et pas un autre.

Itinéraire d'une alternative avortée : le « projet caravanes »

L'hébergement des familles structurellement invalidées par les politiques migratoires est généralement soumis à l'état de l'opinion. Pour les Roms, il est largement tributaire du contexte politique national et local dans lequel il s'élabore. L'étiquette négative apposée sur certaines populations se corrèle à un message politique de fermeté en direction de ceux qui sont éloignés de la logique méritocratique d'attribution de l'aide sociale. Le processus s'impose alors comme référentiel d'élaboration des politiques sociales locales, et l'objectif d'aide et de soutien fluctue entre satisfaction des besoins individuels et sociétaux. Cette altération du discernement politique est nationale avant d'être locale. Dans cette première moitié des années 2010, elle est le résultat de ce que nous nommerons le « syndrome Rom ». Dans les territoires étudiés, les populations désignées comme telles sont victimes de conditions de vie extrêmement précaires (« cabanisation », caravanes délabrées et surpeuplées, absence de points d'eau potable, de sanitaires, etc.). Ces conditions font de ces familles l'archétype des bénéficiaires potentiels des dispositifs d'hébergement d'urgence, ne serait-ce que par le danger que l'environnement de vie fait peser sur le quotidien et l'évolution de l'enfant. Mais convenir théoriquement de ce besoin, c'est renvoyer la réalité locale à une dialectique singulière de l'intervention sociale : d'un côté, prendre en compte la situation de risque au regard des critères génériques du bien-vivre, c'est reloger immédiatement l'ensemble des familles, décision politique complexe à valider ; d'un autre côté, ne rien faire, c'est pour un exécutif départemental s'exposer à ternir une image progressiste et prendre le risque de se voir reprocher une action sociale sélective en fonction des origines réelles ou supposées des potentiels bénéficiaires. Ce que nous avons baptisé « projet caravanes » se veut emblématique d'un entre-deux entre ces indicibles, entre pratiques officieuse et militante, entre réponse aux besoins d'individus extrêmement précarisés et ménagement de l'opinion publique, entre action légale et légitime.

En 2010, dans le montpelliérain, un travailleur social est nommé référent social d'une communauté Rom composée de douze familles squattant une villa appartenant à la collectivité départementale et faisant l'objet d'un projet de démolition. Au moment où le conseil départemental démarre une procédure légale d'expulsion, Nicolas Sarkozy, alors président de la République, prononce en juillet le dénommé « discours de Grenoble ». Afin de se démarquer clairement de la politique gouvernementale sécuritaire et stigmatisante, l'exécutif départemental confie alors à une agence de la solidarité le soin d'étudier les possibilités de prise en charge de ces familles. Avec un financement aide sociale à l'enfance, sept sont orientées vers un hébergement hôtelier, dans l'attente d'une situation plus pérenne dont les contours administratifs et les perspectives socio-éducatives peinent à être définis. Comme il s'agissait de « familles avec enfants mineurs n'ayant aucune solution d'hébergement, elles relevaient d'une situation de protection »[247]. Contrairement à Béziers, la note sériant les interventions auprès des familles en fonction des trois ans de l'enfant ne s'applique pas aux Roms de ce secteur. La demande de prise en charge financière de l'hébergement est détournée alors qu'habituellement elle fait l'objet d'une procédure précise : demande par l'agence, passage en commission, retour avec avis. Comme ces situations familiales n'entrent dans aucun des critères objectifs normalement retenus par le département – perspectives de revenus, régularisation administrative, projet d'insertion, etc. –, et comme le traitement de ces demandes est devenu politiquement sensible, l'institution préfère les sortir du protocole d'attribution habituel.

Très rapidement, afin de répondre aux nombreuses problématiques que soulèvent ces situations familiales, un collectif se constitue. Composé d'associations qui leur venaient déjà en aide avant l'intervention des services sociaux, se croisent en son sein des membres du Réseau éducation sans frontières (RESF), des représentants des familles et de la collectivité départementale. Au fil des échanges, un projet de relogement atypique voit le jour et mobilise de nouveaux acteurs. À son écriture participent un représentant du collectif Rom de Montpellier, une chargée de mission à la retraite de la mairie de Montpellier, un représentant des familles et un travailleur social du département propulsé représentant de la collectivité. L'objectif est de créer un village d'insertion constitué de bungalows ou de caravanes à l'image de celui que développe alors la ville de Lyon, mais dans des proportions sensiblement inférieures en termes de capacités et de modalités d'interventions[248]. Aller vers la création

---

[247] Entretien n°15, assistante de service social, Montpellier.
[248] Ce village d'insertion lancé dans le département du Rhône s'appuie sur des fonds européens et concerne une quarantaine de familles. Contrairement à ce qui se passe à Montpellier, la préfecture est associée à sa réalisation et fournit des dérogations

d'un village d'insertion correspond aux attendus de la Communauté européenne et permet de bénéficier de fonds communautaires destinés à la réalisation de projets d'intégration sociale et professionnelle des populations Roms. Un accord informel est trouvé avec la mairie compétente en matière de logement sur son territoire qui met à disposition un terrain, en contrepartie la collectivité départementale dont la « seule » compétence est socio-éducative s'engage à financer l'achat de caravanes. La tâche est confiée au représentant des familles et à un travailleur social :

> Avec L. [le représentant des familles Roms], moi-même m'y connaissant assez peu en termes d'achat de caravanes [rires], il vient m'aider. Nous avons passé un joli après-midi sur le boncoin.fr à regarder à peu près le prix moyen des caravanes [rires] [...]. Donc après appels à quelques copains, surfage sur les sites internet dans les locaux [d'une association locale d'aide aux étrangers majeurs ou majeurs errant sur le territoire national, servant également de service d'accompagnement dans l'accès aux droits], discussions à l'intérieur de la communauté, nous sommes arrivés à un consensus sur 400€ par familles pour acheter des caravanes... L. me disant [rires]... « J'ai un bon plan, je sais où acheter les caravanes ». Moi lui disant : « je veux rien savoir, il faut que tu me donnes des cartes grises » [rires]... En lui disant : « si t'as pas de carte grise, tes caravanes tu pourras pas les poser sur un terrain et tu seras dans la merde ! » [rires]... Pour te résumer l'échange que nous avons eu ! Et puis je suis revenu en disant : « ben voilà, après recherche et évaluation scientifique du prix de la caravane en fonction de la composition familiale, j'en arrive à 400€ par famille ! » On me dit : « pas de souci ! » Donc j'ai réuni les familles [...], en centre-ville, donc dans l'association qui servait de support parce que les familles n'avaient pas forcément de comptes en banque et tout ça.[249]

Malgré l'achat de six caravanes, et malgré ses engagements, la mairie, pourtant du même bord politique que l'exécutif départemental, fait marche arrière et ne permet pas l'accès au terrain municipal promis. Les raisons de cette volte-face politique sont « simples » : rapidement après l'annonce de l'achat des caravanes, les familles sont allées voir le terrain mis à disposition par la ville et ont été surpris dans leurs démarches par les habitants du quartier. Immédiatement, une pétition circule qui provoque le désinvestissement de la mairie

---

pour permettre aux adultes de travailler et de s'inscrire dans une dynamique d'insertion.
[249] Entretien n°15, assistante de service social, Montpellier.

dans le projet sans qu'une alternative soit proposée. Dans l'impasse, les familles tentent alors de s'installer sur un autre terrain déjà occupé par d'autres populations Roms :

> [Les familles] y sont allées avec leurs caravanes... Sur ce, elles ont été menacées par... Heu... Par le responsable de la vente des fruits et légumes au rond-point de la L., qui du coup les a menacés avec des fusils, et du coup ils sont partis en laissant les caravanes. Et quand elles sont revenues le lendemain, les caravanes avaient disparu... Nous avons perdu deux caravanes... Et ce n'est pas un gag [sourire].[250]

Face à l'inertie institutionnelle provoquée par la volte-face municipale, le collectif des familles tente un nouveau projet par l'intermédiaire de *Rom Europe*, avec l'espoir qu'une validation européenne puisse avoir un effet de remobilisation de l'ensemble des pouvoirs publics. En vain.

En synthèse, le « projet caravanes » est emblématique des enjeux politiques et des ambiguïtés administratives qui entourent l'aide aux populations étrangères non régulières. Surtout lorsqu'elles sont structurellement stigmatisées dans l'opinion et ostracisées par les réponses publiques. Victimes des atermoiements des pouvoirs publics étatiques et communaux, certaines se voient proposer un accueil hôtelier au coût exorbitant en dehors de toutes les procédures réglementaires, et d'autres une aide financière pour l'achat de caravane installées de manière sommaire sur un terrain vague, fût-il municipal. Dans les deux cas, ces populations sont dans un temporaire qui a vocation à durer du fait de l'absence de perspectives tangibles de régularisation. Dans les deux cas, État et commune fuient leurs responsabilités. La gestion de ce « temporaire qui dure » rejaillit alors sur la collectivité départementale, simplement parce que la mission de protection de l'enfance n'autorise pas l'inaction. Car si la mise en précarité extrême de l'étranger émeut peu l'opinion, ce n'est pas le cas avec des enfants mineurs à charge.

En premier lieu, cet exemple met en évidence le poids du politique partisan dans l'élaboration des politiques sociales locales. Pour ces non-réguliers Roms, la fenêtre d'opportunité paradoxalement ouverte en réaction au « discours de Grenoble » a permis l'ouverture d'une *fenêtre sociale* singulière. En se démarquant volontairement du parti majoritaire au pouvoir et de ses pratiques, le PS municipal et

---

[250] *Ibid*.

départemental s'arroge une identité politique forte fondée sur des valeurs humanistes qui peinent à trouver des relais dans l'opinion publique. Si elle n'avait pas été une réponse à un positionnement gouvernemental, l'aide à la population Rom aurait pu être un objectif « social » mais elle est devenue surtout pour la commune de Montpellier un moyen de préserver une certaine image dans l'opinion. Pourtant du même bord politique, le projet a immédiatement souffert d'une absence de formalisation de l'engagement des exécutifs territoriaux respectifs. En fait, le projet achoppe lorsqu'il quitte le champ des idées pour la confrontation aux réalités sociétales locales.

En second lieu, les valeurs politiques qui font habituellement l'objet d'une publicisation en vue d'un certain ménagement de l'opinion ou d'une tentative de récupération électoraliste s'appuient, lorsqu'elles sont en faveur de populations « sensibles », sur des mécanismes d'invisibilisation de l'action publique. Alors que rien ne peut se faire sans une décision politique au plus haut niveau, aucun élu ne s'implique formellement dans l'élaboration du projet et les réponses qui lui sont apportées. Le soin de sa mise en œuvre est laissé à des « représentants » ou des bénévoles dont la fonction n'autorise pas dans les discussions de validations officielles. La bivalence du positionnement politique est forte d'un paradoxe proche de l'oxymore : trouver un équilibre entre un intérêt politique – ne pas apparaître ostensiblement comme les défenseurs d'une population marquée négativement –, et un interventionnisme fondé sur des valeurs de référence – en l'occurrence « humaines » et « de gauche ». La volte-face puis l'abandon des discussions par la mairie de Montpellier est le témoin de la fragilité d'une intervention publique basée sur ces principes qui se construisent comme paradoxaux.

Ce qui nous conduit en troisième lieu à nous interroger sur ce qui entraîne la « nécessaire » invisibilité des pratiques d'aide et de soutien en faveur de populations structurellement invalidées et étiquetées de manière négative. Certes des accords sont conclus entre les différentes parties, mais même s'ils engagent l'action ils demeurent tacites. Le « projet caravanes » n'a de sens que parce que la mairie, compétente en matière de logement, propose un terrain, donc une certaine sécurité d'installation qui permet de projeter les familles sur le moyen terme. Avec l'absence de formalisation des engagements, et malgré l'achat des caravanes, le défaut de la mairie ne peut faire l'objet d'aucun recours officiel. Et ce qui devait être une sécurité par l'obtention d'un logement salubre même en caravane devient synonyme d'une nouvelle errance physique des familles. Dans un tel cadre informel et pour aboutir, les pratiques doivent automatiquement sortir des circuits habituels de formalisation. Elles sont l'œuvre d'un nombre réduit d'acteurs jamais officiellement investis dans leurs missions mais pourtant porteurs de la parole institutionnelle. Le positionnement de chacun n'en devient que plus complexe. L'inter-institutionnalisation que normalement devrait réclamer l'élaboration d'un tel projet se construit de manière aléatoire et plus administrative que politique, simplement parce qu'il s'adresse à une population structurellement invalidée et stigmatisée : les Roms. Au-delà des déclarations d'intention, personne n'engage officiellement la collectivité qu'il représente, ce qui ne fait pas d'eux les porte-paroles de leur institution mais des négociateurs informels désignés. Le défaut municipal laisse la collectivité départementale seule à faire face aux besoins sans en avoir fondamentalement les compétences et les moyens.

L'absence de cadre formel fait sortir les pratiques professionnelles du cadre procédural habituel et les obligent à définir de nouveaux circuits d'aide et d'accompagnement. Car se conformer au cadre habituel soumettrait la réalisation du projet à des critères de formalisation inadaptés pour des populations situées en dehors du dispositif de droit commun, et provoquerait une mise en visibilité de l'action publique qui nuirait à la viabilité du projet. Son invisibilité n'est pas seulement un souhait administratif ou politique, elle est également cautionnée par les travailleurs sociaux au nom d'une certaine éthique professionnelle. De fait, en dehors d'être propulsé représentant non-officiel d'une institution qui refuse la lisibilité politique, et en même temps qu'il acquiert et entretient une forme d'invisibilité institutionnelle dans sa pratique, le travailleur social se voit doter d'une toute puissance administrative qui n'en reste pas moins fonctionnelle sinon décisionnelle. Ce qui de prime abord pourrait être considéré comme un avantage pour s'occuper de populations illégalement présentes sur le territoire national, devient un inconvénient majeur lorsqu'il s'agit de passer à l'opérationnalité. Car au lieu d'être inter-institutionnellement structuré, le projet repose sur des volontés individuelles qui, faute d'assise institutionnelle et de systèmes de représentation formels, peuvent à tout moment faire défaut et interdisent les possibilités d'appel ou les procédures de recours. En effet, si le traitement du facteur de risque pour l'enfant guide au départ l'engagement de chacun des acteurs, il se confronte rapidement à la dimension politicienne de l'action publique qui fait que les moyens sont davantage tributaires de l'individu que garantis par les systèmes. Faute de pouvoir agir en toute transparence, l'intervention sociale auprès des familles en situation non-régulière pioche sa légitimité dans l'évaluation du besoin, son adéquation avec les principes fondamentaux qui guident l'exercice des missions et la constitution d'un cadre d'aide et de soutien différent de celui à l'œuvre pour les situations administrativement régularisées. Le bât blesse immédiatement lorsqu'il s'agit de rendre les procédures systémiques. Car si le soutien politique est effectivement ténu et tributaire de facteurs externes aux besoins de traitement des situations individuelles, il n'en reste pas moins essentiel pour fournir une caution institutionnelle aux pratiques singulières qui se mettent en place. Mais victime de la potentielle versatilité des individus et des affichages, la réponse ne peut s'inscrire dans une forme de normalité des pratiques ni s'appuyer sur aucun référentiel. En conséquence, pour le professionnel et la famille, l'intervention sociale auprès des étrangers non-réguliers doit se concevoir dans des processus marginaux de traitement des demandes et de satisfaction des besoins sans jamais avoir la certitude de leur pérennisation. On assiste alors au montage d'une incertitude institutionnalisée qui ouvre autant de perspectives réelles de travail auprès de familles et en faveur de l'enfant, que d'absences de projection et de non-réponses[251]. En l'occurrence, le conseil départemental offre une solution à des problématiques sociales dont le traitement relève a priori de l'État (hébergement) et de la commune (logement), sans qu'ils n'assument ouvertement leurs responsabilités. Ce qui fait qu'en dernier recours la

---

[251] Pour surmonter cette ambiguïté et faire face à l'accueil des familles en situation non-régulière mais dans le besoin, le conseil départemental, pour le coup en accord formel avec la Direction départementale de la cohésion sociale (DDCS), a, dès la fin 2013, œuvré à la réalisation d'un projet d'appartements. Les bénéficiaires prévus sont les non-réguliers qui peuvent prétendre à court ou moyen terme à des perspectives de régularisation. L'État se met donc dans la position schizophrénique d'offrir par l'intermédiaire de la DDCS ce qu'il refuse par les services préfectoraux, à savoir la régularisation. Si le projet présente un intérêt humain indéniable, il s'inscrit également dans une perspective de rentabilité économique de l'action publique non moins importante. Mais ce projet qui devait être une solution palliative pour l'ensemble des non-réguliers, s'est révélé discriminatoire, tout au moins au début, car la DDCS a décidé d'exclure les familles Roms des procédures d'admission.

mission de protection supplante celle sociale dans la construction des projets individuels comme collectifs.

L'aide financière « aide sociale à l'enfance » : entre satisfaction du besoin et considérations institutionnelles

Cadres législatif et réglementaire

Dans le cadre de ses missions d'aide sociale à l'enfance, le conseil départemental doit, entre autres tâches, apporter un soutien matériel aux mineurs et à leur famille « confrontés à des difficultés risquant de mettre en danger la santé, la sécurité, la moralité de ces mineurs ou de compromettre gravement leur éducation ou leur développement physique, affectif, intellectuel et social »[252]. Lorsque le risque de danger est la conséquence d'une précarité économique en lien avec une fragilité relationnelle et un environnement agressif, l'intervention éducative doit comporter un volet social[253]. Pour lutter contre ce type de risque, les services sociaux attribuent des aides financières, dispositif compris dans les aides à domicile, qui contribuent au maintien du mineur dans sa famille. Après évaluation sociale de la situation du demandeur, le versement de l'aide financière s'effectue soit sous forme de secours exceptionnels, soit d'allocations mensuelles versées à titre définitif ou soumises à conditions de remboursement, éventuellement délivrées en espèce[254]. Au-delà de la simple déclaration d'intention, la dynamique s'inscrit dans le « droit à la vie décente », « à la protection sociale et à la sécurité matérielle » consacrés comme principes de valeurs constitutionnelle[255], et dans l'obligation faite aux États parties de la Convention internationale des droits de l'enfant (CIDE) de lui reconnaître le droit « à un niveau de vie suffisant »[256].

L'aide financière fait donc partie des aides à domicile octroyées à partir de l'accord ou de la demande des représentants légaux de l'enfant ou de celui qui en assume la charge. Contrairement aux mesures judiciaires qui s'imposent à la famille, l'aide à domicile

---

[252] Article L.221-1 du CASF.
[253] ODAS, *op. cit.*, p. 7-8.
[254] Article L.222-2 et 3 du CASF.
[255] DC n°86-225 du 23 janvier 1986.
[256] Article 27 de la CIDE.

suppose une démarche active de son bénéficiaire et s'inscrit dans une dynamique préventive. Elle est attribuée lorsque la santé du mineur, sa sécurité, son entretien ou son éducation l'exigent et, « pour les prestations financières, lorsque le demandeur ne dispose pas de ressources suffisantes »[257]. Accordée par le président du conseil départemental où la demande est présentée[258], la décision de son attribution incombe exclusivement à l'institution qui assure l'évaluation de la demande et le financement de la mesure. De nombreux conseils départementaux craignent alors un certain laxisme dans l'attribution de l'aide et « l'appel d'air » qui pourrait s'ensuivre avec l'installation massive de familles nécessiteuses sur le territoire. La sensibilité politique de ce type d'aide sociale est donc importante, et les exécutifs politiques relayés par leur administration jouent sur le droit de la famille à prétendre à cette aide mais pas à l'obtenir automatiquement et avec un montant toujours singularisé. Autre impératif, son versement ne peut également être limité dans le temps, et une décision du Conseil Constitutionnel précise dès 1993 que son attribution ne peut être subordonnée à la régularité du séjour ni à une durée minimale de résidence en France[259]. Le champ large de potentiels bénéficiaires que couvre ce dispositif en fait un enjeu prégnant dans l'élaboration des pratiques, amenant la Cour des comptes à constater une dérive des aides financières vers l'aide sociale plutôt qu'un outil global et ponctuel de soutien éducatif[260]. La crainte la plus claire est de voir le système de versement se pérenniser autant que de besoin et quitter le champ du conjoncturel. Dans un contexte budgétaire et politique contraint, et en l'absence d'objectifs clairement définis, l'utilisation du dispositif d'aide ne correspond pas à la quête d'une justice sociale fonction d'un état de bien-être à atteindre, mais plutôt celle d'une justesse « qui place au centre de la dynamique la question de l'adéquation situationnelle »[261]. Autrement dit, il convient de faire correspondre une difficulté singulière avec une solution adaptable moins à la réalité objective de la situation sociale qu'au traitement du risque qu'elle génère.

---

[257] Article L.222-2 du CASF.
[258] Article L.222-1 du CASF.
[259] DC n°93-325 du 13 août 1993.
[260] Cour des Comptes, *La protection de l'enfance*, Rapport thématique, 2009, p. 69.
[261] SOULET M.-H., *in* DUBET François (dir.), *Inégalités et justice sociale*, Paris, La Découverte, 2014, p. 238.

Au sein des services sociaux du département de l'Hérault, l'évaluation des demandes d'aides financières est généralement effectuée par les assistants de service social dans le cadre de leurs permanences en polyvalence de secteur. Objet d'un écrit signé par le demandeur, l'évaluation fait ensuite l'objet d'un passage dans une instance spécialement créée à cet effet : la Commission d'attribution des aides financière (CAFI). Cette instance réglementaire se réunit de manière hebdomadaire et comprend généralement des représentants des travailleurs sociaux et au moins un membre de l'équipe d'encadrement à qui revient la décision d'attribuer et de fixer le montant de l'aide. Les conditions du versement font donc l'objet d'une autorégulation à la fois professionnelle et institutionnelle qui ne s'appuie sur aucune grille réelle et objective d'attribution sur l'ensemble du territoire départemental mais fait plutôt l'objet de négociations locales.

La question des « ressources suffisantes » et ses conséquences socio-politiques

L'évaluation de la demande d'aide financière est pour le professionnel une obligation législative, mais pour lui se pose immédiatement la question de la détermination du seuil de ressources qui garantit une évolution satisfaisante de l'enfant dans son milieu habituel de vie. Question d'autant plus cruciale que la loi fixe une possible attribution « lorsque le demandeur ne dispose pas de ressources suffisantes ». Pour approcher le sens que peut revêtir le syntagme « ressources suffisantes », les travailleurs sociaux s'appuient sur trois sphères cognitives – quantitative, socio-économique et interactionniste – auxquelles sont associés les trois types de réponses évaluatives et d'accompagnement précédemment détaillées dans le traitement des demandes d'hébergement d'urgence – réponses administrative, conciliante, militante. Leur articulation s'inscrit dans un rapport de causalité qui induit l'élaboration d'une pratique professionnelle à chaque fois particulière.

Pour commencer, selon les dires des travailleurs sociaux interrogés, *l'approche quantitative* de la notion de « ressources suffisantes » renvoie à un seuil fixé réglementairement par l'administration départementale. Elle tente d'apporter des limites qui se veulent objectives (seuil de revenu maximum pour y prétendre, taux d'endettement, etc.). Même si le procédé a tendance à être institutionnellement privilégié[262], il se heurte à la définition du seuil de revenu en dessous duquel une famille ne peut pas mener une vie socialement digne. Le risque est alors de transformer cette aide extra-légale aux montants négociés en aide sociale aux critères d'attribution fixes. La *réponse administrative* qui en découle se veut rationnelle dans l'évaluation des conditions globales de vie et dans leur traitement. Mais alors que ce type de réponse revêt une certaine cohérence pour traiter les demandes de familles ayant accès à l'intégralité du dispositif de droit commun, la rationalité recherchée vole en éclat lorsque l'évaluation porte sur les conditions de vie d'une famille structurellement précarisée. Prenons l'exemple de la famille étrangère en situation non-régulière sur le territoire national, par définition à revenu zéro : elle devrait systématiquement percevoir l'aide financière sollicitée, ce qui, politiquement et budgétairement, devient extrêmement complexe à supporter pour les administrations départementales et leurs exécutifs. Très développée donc pour les nationaux, l'approche quantitative suivie d'une réponse administrative est délaissée dès qu'il s'agit de répondre aux demandes des étrangers en situation non-régulière.

Considérant ensuite *l'approche socio-économique*, les ressources sont estimées suffisantes à partir d'une certaine idée du bien-vivre qui mêle conception sociale de la situation des familles et évaluation quantitative du traitement des difficultés. Les professionnels qui développent cette conception s'appuie sur une appréhension globale des problématiques basée sur la réalité de la satisfaction du besoin. Cette approche va dans le sens de la théorie de l'économiste Amartya Sen pour qui « avoir un revenu inadéquat, ce n'est pas avoir un revenu inférieur à un seuil de pauvreté fixé de l'extérieur, c'est avoir un revenu inférieur à ce qu'il faut pour assurer à la personne dont il s'agit les niveaux déterminés de *capabilité* », autrement dit les capacités d'un individu à faire des choix, à exister et à se maintenir dans la sphère sociale[263]. En termes d'évaluation et d'accompagnement, cette dynamique appelle une *réponse conciliante* des travailleurs sociaux, une réponse qui cherche à concilier tout à la fois

---

[262] Il se retrouve dans les discours sous la forme de la fixation d'une enveloppe budgétaire « à ne pas dépasser » amenant les professionnels à équilibrer mensuellement les montants d'attribution non pas en fonction du besoin mais de l'enveloppe qui leur est allouée, le tout pour pouvoir permettre que le dispositif « profite au plus grand nombre ».
[263] SEN Amartya, *op. cit.*, 2000, p. 160-161.

les besoins de la famille, une certaine conception du bien-vivre de l'enfant, les valeurs du service public et celles portées par la collectivité dans son ensemble. Ce positionnement multifactoriel prend sens avec les nationaux comme avec les étrangers réguliers ou non-réguliers *admis*, mais il présente un tel enjeu politique qu'il est souvent écarté dès qu'il s'agit de traiter les demandes des non-réguliers *exclus*.

Enfin, le syntagme « ressource suffisante » peut s'analyser d'un point de vue interactionniste à partir de la conception toujours singulière du besoin au croisement de la définition du besoin par le demandeur et celle fournie par l'évaluateur. *L'approche interactionniste* privilégie donc les mécanismes sociologiques de désignation du pauvre en même temps qu'elle place le bénéficiaire et le professionnel en qualité d'acteurs dans le processus d'aide et de soutien. Cette démarche active commune induit une évaluation partagée des difficultés et une coproduction de la réponse qui peuvent, selon la catégorie des populations auxquelles elle s'adresse, heurter les choix que dictent l'élaboration des politiques sociales localement instituées. Comme l'a avancé Georg Simmel il y a plus d'un siècle, ce n'est pas la privation matérielle dont souffre la personne qui fait d'elle un pauvre, mais le secours qui lui est accordé[264]. Dans le dispositif des aides financières, c'est la conception même de l'accord qui crée la définition du besoin et le droit à y prétendre, de la même manière que l'information préoccupante et la mesure éducative qui en découle désignent le parent déficient d'un point de vue éducatif, et non la situation relationnelle parent(s)/enfant(s) elle-même. S'ensuit donc une *réponse militante*, une réponse qui s'inscrit dans un engagement sur des valeurs communes plus que sur des principes de fonctionnement. Elle cumule d'une part une estimation conjointe avec le potentiel bénéficiaire des besoins, d'autre part une conception éthique et déontologique du travail social, et enfin la prise en compte de la dimension universaliste de la protection de l'enfance. Elle se constitue au confluent des jeux d'acteurs, dans des espaces contraints de négociations et/ou de conflits, entre les lieux de réception de la demande et ceux de la décision. Elle trouve son origine dans les contradictions et les paradoxes actuels du travail social auprès du potentiel bénéficiaire car elle engage plus particulièrement l'éthicité du professionnel dans sa pratique que le représentant formel d'une institution.

---

[264] SIMMEL Georg, *op. cit.*, 2010, p. 490.

L'ensemble des approches de la notion de « ressources suffisantes » et les typologies d'action qui en découlent mettent en évidence la marge d'interprétation sociale et politique d'un « simple » dispositif d'aide et de soutien à vocation socio-éducative. Quand le législateur associe l'attribution d'une aide financière à la protection de l'enfant, il demande que le potentiel bénéficiaire conscientise les répercussions d'une certaine pauvreté matérielle sur la déficience ou la carence éducative. Il vient pointer que les difficultés à gérer matériellement la satisfaction des besoins peuvent induire des troubles dans la fonction parentale. Verbaliser donc une demande d'aide financière au titre de la protection de l'enfance, c'est pour le parent dire que cette aide est nécessaire au « bon » fonctionnement éducatif et au « bon » développement de l'enfant. De fait, le demandeur acquiert une visibilité accrue dans un champ qui lui serait resté inconnu s'il n'avait pas rencontré de manière conjoncturelle ou structurelle un problème financier. En même temps que l'usager du service social vient nommer par sa demande les risques liés à sa situation, le professionnel du social acquiert une fonction d'évaluateur/contrôleur de l'évolution globale de la famille sur le plan social (capacité de la famille à faire face à ses difficultés) et éducatif (impact potentiel de cette capacité sur la constitution d'un lien éducatif respectueux de l'intérêt de l'enfant). La contrepartie à laquelle s'expose la famille est l'acceptation tacite d'une mise à nue de ses mécanismes de fonctionnement et d'une éventuelle irruption des services sociaux dans la sphère privée motivée par une perspective d'évaluation et de contrôle. Les processus d'attribution de l'aide financière se rapprochent alors de ceux à l'œuvre dans la démarche contractuelle. Se conclut alors une sorte de *marché social* par lequel l'ayant-droit entre dans le rôle de débiteur et le professionnel dans celui de créditeur d'une aide qui devient de manière univoque conditionnelle. La démarche s'inscrit alors dans une asymétrie relationnelle qui impose en retour de l'aide l'élaboration du cadre à une « bonne » éducation de l'enfant. Il n'est pas rare de constater dans les refus d'attribution, notamment pour les étrangers en situation non-régulière, le motif de l'absentéisme scolaire de l'enfant. En dehors de l'illégalité du procédé – seul l'état des ressources de la famille doit faire l'objet d'une évaluation –, il est introduit un principe méritocratique qui rapproche l'aide financière de celui qui régit la prestation familiale pouvant être suspendue pour manquements scolaires. Dans l'évaluation, on assiste à un mécanisme paradoxal de décontextualisation sociale du cadre éducatif, qui se caractérise par une inversion du processus d'aide et de soutien : au lieu d'octroyer une aide financière pour avoir les moyens d'éduquer convenablement son enfant, il faut donner la preuve que l'on est en capacité et volonté de bien l'éduquer en même temps que d'y prétendre. Par la conditionnalité et le mérite, l'action sociale se dote des outils qui permettent une sélection des publics en fonction de ce qu'ils ont à offrir en retour. Le *marché social* légitime alors une forme d'« *inintervention* » sociale en direction de populations catégorisées non plus en fonction de leur droit à satisfaire leurs besoins, mais à partir d'une définition capacitaire légitimant l'accès à ce droit, à l'accomplissement de devoirs *ex-ante* et *ex-post* à la demande, et aux enjeux politiques que soulèvent la satisfaction de cette demande. De cette manière, les étrangers non-réguliers sont souvent renvoyés à leur extranéité plutôt qu'à leur pauvreté ou à la précarité de leur situation, et à leur situation administrative plutôt que sociale et parentale. Et cela simplement parce que le dispositif des aides financières conçu à l'origine pour répondre à des dégradations conjoncturelles de la situation sociale peine à muter en direction de populations structurellement précarisées par leur absence de statut administratif et stigmatisées en fonction de l'origine. De fait, on assiste à un cloisonnement des interventions : alors que le cadre d'octroi de l'aide financière se veut socio-éducatif – *i.e.* la préservation de conditions sociales minimales pour répondre à un souci de qualité relationnelle parents/enfants –, le refus de son attribution n'entraîne pas systématiquement une évaluation du risque de danger qu'il provoque.

Entre satisfaction du besoin et intérêt politique : le combat d'un Collectif de sans-papiers

Si « le pouvoir économique est d'abord le pouvoir de mettre la nécessité économique à distance »[265], force est de constater que pour de nombreuses familles étrangères ce pouvoir-là est régulièrement entre les mains des pouvoirs publics et des services sociaux. Dans la pensée néolibérale, ce n'est plus à la société de garantir les conditions d'un bien-être parental qui rejaillirait sur l'enfant, mais aux parents de fournir la preuve qu'ils lui assurent les conditions minimales de santé,

---

[265] BOURDIEU Pierre, *La distinction. Critique sociale du jugement*, Paris, Les Éditions de Minuit, 1979, p. 58.

d'éducation et de sécurité[266]. De fait, sortir de la précarité, donc de la zone de risque de danger pour l'enfant, relève d'une volonté individuelle potentiellement soutenue par le système, et non l'inverse.

Pour synthétiser le cadre législatif, l'aide financière est sollicitée en cas d'absence de « ressources suffisantes », sans aucune condition d'origine du prétendant ni limite de versement dans le temps. Cette dépense fait partie des dépenses obligatoires des collectivités territoriales. Rien donc dans la loi ne laisse entrevoir de possibilités de traitement différencié entre nationaux et étrangers.

Pourtant, comment expliquer les multiples adaptations de ce dispositif de lutte contre la précarité dès qu'il s'adresse aux familles non-régulières ? Pour apparaître d'un point de vue social et politique acceptable ? Cette question a généré localement un trouble chez les professionnels du social et suscité un embarras politique. À Béziers, considérant l'objectif universaliste de protection, un Collectif d'enfants de parents sans-papiers a mené un bras de fer symptomatique des enjeux contre la collectivité départementale de l'époque.

Au début des années 2000 donc, dans le cadre de l'accompagnement des familles étrangères non-régulières auprès des services sociaux départementaux, les bénévoles du Collectif constatent un traitement aléatoire des demandes d'aides financières selon le lieu où elles sont déposées, les professionnels qui les traitent et les validations hiérarchiques qui en découlent. En 2005, le mouvement connaît un point d'orgue médiatique quand le Collectif et les familles occupent l'antenne de l'Hôtel du département. La publicité faite à l'événement oblige en 2007 l'administration à produire une note qui, dans le traitement des demandes, incite les travailleurs sociaux à calquer le montant de l'aide financière sur celui des prestations familiales[267]. Par quels mécanismes un dispositif extra-légal destiné à traiter singulièrement des situations familiales peut-il se transformer en un droit collectif pour une population catégorisée par son origine et l'absence de statut administratif ? Les

---

[266] STOKES Jacqueline, SCHMIDT Glen, "Race, Poverty and Child Protection : Decision Making", *British Journal of Social Work* (2011) 41, 1105-1121.
[267] Comme le montre les membres du Collectif qui ont la note en leur possession, à aucun moment elle n'est comminatoire. Il est simplement fait mention de « conseils » et de « personnes en situation administrative non régulière » sans référence à une éventuelle origine étrangère.

acteurs locaux trouvent la plus grande partie de la réponse dans le « caractère exceptionnel » que doit revêtir l'attribution de l'aide et non dans la notion de « conditions de ressources suffisantes » :

> C'est-à-dire que le conseil général interprétait le versement de l'aide de manière exceptionnelle, c'est-à-dire de temps en temps, exceptionnellement on aide à la subsistance… Nous, on disait que c'était la situation qui était exceptionnelle, et si elle durait, le versement devait être régulier ! Et on a gagné sur ça !... Les familles perçoivent régulièrement leur aide ![268]

Comme nous l'avons déjà évoqué, le revenu légal des personnes en situation non-régulière est officiellement nul. Comme aucun critère lié à l'origine ou au statut ne peut légitimer un refus d'attribution, elles ont un droit théorique à percevoir l'aide financière de manière quasi inconditionnelle aussi longtemps que la situation n'est pas régularisée et/ou que les revenus de la famille sont nuls. Alors que les idées d'extrême-droite ne cessent de progresser dans la ville et que l'aide au séjour irrégulier est encore un délit punissable, renvoyer l'exceptionnalité de l'aide à la ponctualité de son versement tend, selon l'exécutif départemental, à rendre le dispositif équitable (donc acceptable) par rapport aux droits dont disposent les nationaux. Le plus souvent l'attribution d'une aide financière correspond à un aléa ponctuel (faire face à une dette d'eau ou d'électricité pour éviter la coupure, à une facture de cantine scolaire, etc.) qui influe sur les conditions d'évolution de l'enfant au domicile, et dans l'attente de l'assainissement de la situation. C'est la raison pour laquelle le dispositif des aides financières est généralement sollicité pour une durée limitée dans le temps. Ce qui ne peut être le cas des familles en situation non-régulière qui ne verront évoluer leur situation qu'à l'obtention d'un titre de séjour, une temporalité qui ne dépend ni du service social ni du potentiel bénéficiaire mais de l'État. De fait, le terme théorique éventuel du versement de l'aide financière est renvoyé *sine die*. D'où une demande des militants du Collectif qui renvoient le caractère exceptionnel de l'attribution de l'aide à la situation vécue par la famille et non à un hypothétique objectif de régularisation politiquement difficilement recevable. Car selon eux, tant que la situation administrative reste inchangée, son versement régulier se justifie, transformant ainsi une possibilité – l'évaluation du besoin de l'aide – en système de droit – versement systématique au

---

[268] Entretien n°4, animatrice, Béziers.

regard de l'absence de statut donc de capacité à subvenir à ses besoins par ses propres moyens.

Au-delà des modalités mêmes d'attribution, se pose également la question des montants de l'aide. Pour les travailleurs sociaux, elle doit satisfaire les besoins évalués (nombreux pour les non-réguliers) et les efforts consentis par la famille pour tenter de remédier à sa situation (complexe à qualifier et à quantifier pour les non-réguliers). Pour la collectivité départementale, impossible de satisfaire l'ensemble des besoins. Si elle veut bien céder sur la question de la régularité de versement, elle invite les équipes de professionnels à indexer le montant de l'aide sur celui des prestations familiales. Pour les nationaux et les étrangers réguliers, ces prestations fournissent un à-point non négligeable à un revenu stable, fût-il un minimum social. Mais pour une famille sans revenus, l'aide financière est alors loin de satisfaire l'ensemble des besoins[269].

Assez paradoxalement, pour les membres du Collectif, faire d'un dispositif extra-légal un droit poursuit un objectif louable d'égalité de traitement avec les nationaux. Un membre d'une association d'aide aux étrangers le revendique pour la population Rom :

> L'aide sociale est attribuée individuellement pour une situation, un cas, une famille, tout ça… Le principe, je le comprends, il est tout à fait louable… Mais pour les Roms, c'est tous des cousins, des machins, ils vivent tous ensembles. Dès qu'il y en a un qui lève le petit doigt, y en a dix qui le voient… Donc aux familles, si tu files 50€ à une, 60€ à l'autre alors qu'elles ont le même nombre de gamins et qu'elles vivent dans les mêmes conditions, ça fait tout péter, tu vois ?... Alors expliquer ça aux AS : « alors ok, aide individuelle, vous devez voir chaque famille, mais essayez de donner le même montant. Parce qu'elles se parlent les familles ! Non seulement elles se parlent, mais elles vivent en clan, alors elles se partagent le fric, quoi ! »… Ok, vous pouvez dire « individuel », « confidentialité », je reçois cette famille dans le bureau, mais dès qu'elle est sortie, elle va le dire à l'autre.[270]

Cependant le procédé entre en contradiction avec la nécessaire singularisation de l'évaluation des besoins dont le travailleur social est le garant. Nous assistons au renforcement d'une logique « guichet » qui renvoie plutôt à un traitement strictement administratif de la

---

[269] Soit en 2014 au moment des entretiens, 90€ mensuels pour une famille avec un enfant, 122€ pour deux, 250€ pour trois avec un plafond à 500€.
[270] Entretien n°9, CADA, Béziers.

problématique sociale qu'à une conception dynamique de l'intervention sociale. L'appréciation du contexte de vie de l'enfant est supplantée par la prise en compte de la non-régularité de présence.

Pour l'exécutif départemental d'alors, la bascule vers une logique « prestation » et l'affichage égalitaire de traitement avec les nationaux satisfont les tenants du respect des valeurs humaines et offrent un discours acceptable dans l'espace public. Mais pour ces familles sans revenus, les questions de la survie ou de la réalité du mieux-vivre grâce à l'aide octroyée sont rarement abordées. L'attribution est minimale et, au regard des montants, n'atteint même pas les niveaux considérés comme vitaux. On évoque égalité de traitement et non-discrimination alors que pour les nationaux le dispositif d'aide financière complète les prestations et que pour l'étranger non-régulier il les remplace. À des montants sensiblement identiques. Comme le souligne un cadre départemental, la légitimation du processus passe obligatoirement par la comparaison avec le traitement réservé aux « autochtones » pour une problématique identique :

> C.V. – La réflexion en interne [au conseil départemental] c'est on a des gens qui n'ont pas aujourd'hui les mêmes charges que quelqu'un qui vit en France depuis X années, qui a un logement, qui a un compteur d'eau, qui paie les impôts, etc. Bon… Heu… Aider avec des montants comparables une famille qui a les charges qu'elle a et qu'elle… Et qu'il y ait des gens qui vivent uniquement sans avoir des charges de logement, sans payer de compteur d'eau, d'électricité, etc. Y a nécessité d'un traitement qui soit équitable, pas égalitaire […]. Une des propositions qui a été faite et validée par les élus, c'est pour les situations qui sont irrégulières… Heu… Le… Le… Le politique étant mal à l'aise avec… La possibilité d'aider des situations qui étaient susceptibles de faire l'objet d'une expulsion par l'État… Est-ce qu'on est en train de conforter des situations irrégulières qui demain vont exploser ?... Toutes ces questions-là, les élus se les sont posées… Nous, à notre niveau, on s'est dit ils sont là, à partir du moment où il y a des gamins, ils ont droit à l'aide… Alors comment on met bout à bout les interrogations sur leur avenir immédiat, parce qu'ils sont susceptibles d'être expulsé, et d'un autre côté la nécessité d'accès aux droits… La rencontre de ces deux problématiques a donné cette sorte de *modus vivendi* qui a été de dire : « écoutez, ils ont des droits, puis il faut, puisqu'ils ont de vrais besoins… Mais on va faire en sorte que l'on couvre *stricto sensu* les besoins élémentaires », c'est-à-dire l'alimentaire… L'alimentaire de deux façons, d'une part avec l'aide financière elle-même, et d'autre part en payant les cantines scolaires […].

> Donc finalement le choix a été fait de dire que pour une situation classique, le *minimum minimorum* si je puis dire, ça pouvait être le montant correspondant aux allocations familiales... C'est venu comme ça, presque naturellement... C'était reconnaître qu'ils n'avaient pas les mêmes charges qu'une famille classique qui vit en HLM avec ses charges et qui paie ses impôts, et de l'autre côté un accès aux droits légitime parce que... Manger à sa faim, quoi... Je vous cache pas qu'à certains moments je me suis demandé s'il ne fallait pas trouver des formes différentes, pour être sûr que l'argent alloué aille bien... Heu... Aux gamins, y compris leurs parents... Il va de soi que quand on fait une aide alimentaire, j'étais presque sûr que l'argent aille bien à l'aide alimentaire !
>
> L.C. – Cette certitude n'existe pas non plus pour ceux que vous appelez les « autochtones »...
>
> C.V. – C'est vrai... C'est d'ailleurs un peu cela qui... Bon, l'effet du projecteur était sur cette population-là, n'est-ce pas ?... Il fallait donner des gages.[271]

Cette « population-là », c'était les Roms. Leur visibilité dans l'espace public et l'étiquette négative qui leur est apposée conduisent les pouvoirs publics à penser un dispositif qui par extension s'applique à tous les non-réguliers. Mais pour être acceptable et acceptée auprès de l'opinion, sa légitimation passe d'une part par un affichage de non-discrimination entre régulier et non régulier, d'autre part par une équité de traitement avec les nationaux.

Pourtant, si l'on s'attarde sur l'évaluation objective des besoins de chaque famille, Rom notamment, il apparaît rapidement que cette double procédure pour un dispositif identique satisfait plus l'affichage politique que la réalité des besoins et surfe sur les représentations négatives des non-réguliers dans le discours politique dominant. Constamment désignés comme profiteurs du système quand ce n'est pas du laxisme des pouvoirs publics, aux yeux d'un certain public ils bénéficient d'avantages qui satisfont des besoins finalement peu nombreux. En effet, squatteurs d'un champ, d'un logement, adeptes du branchement sauvage sur les réseaux d'eau plus ou moins potable et d'électricité, en quoi leurs besoins seraient-ils conséquents ? L'alimentaire ne leur suffit-il pas puisque les enfants sont globalement livrés à eux-mêmes, mendiant ou lavant les parebrises ? Nombreux sont les clichés qui éloignent les dispositifs sociaux des réalités de vie de ces populations précarisées par leur statut. Qui prend en

---

[271] Entretien n°22, Solidarité départementale, Montpellier.

considération que les campements se trouvent en périphérie des villes et que se déplacer pour aller à l'école, faire les courses, se rendre à un point d'eau revient comparativement plus cher en temps et en argent ? Qui a conscience que la vétusté extrême de leurs conditions de vie entraîne des frais de vêtements ou de chauffage (groupe électrogène, essence) bien supérieurs à la moyenne ? Qui enfin réalise qu'avoir la « chance » d'un logement en dur se fait au prix d'un loyer exorbitant versés à des marchands de sommeil peu scrupuleux ? Contrairement à certaines idées reçues, les besoins des non-réguliers sont bien supérieurs à ceux qui ont accès aux dispositifs de droit commun, ce qui fait que le souci d'égalité de traitement masque mal la réalité d'une inégalité dans la satisfaction des besoins. Ce que résume parfaitement l'habitante d'un logement en sous-location du quartier du Faubourg à Béziers puisqu'en situation non-régulière : « ça fait trois ans que aides financières pour les enfants 120€ par mois, pas beaucoup… Pour vivre, payer les factures, pour payer le loyer, et manger, habiller, pas possible ! [rires] »[272].

Mais contrairement à ce que ces remarques pourraient laisser penser, loin des considérations égalitaires ou équitables, les familles bénéficiaires de ces modalités spécifiques d'attribution sont satisfaites d'un tel traitement singulier. Non pas parce que le montant alloué couvre l'intégralité des besoins, loin s'en faut. Mais parce que pour des populations régulièrement invisibilisées par le système, la logique « guichet » autorise un droit et une reconnaissance auprès des pouvoirs publics qui leur fait structurellement défaut[273].

L'opérationnalité de l'attribution

Famille et professionnels de l'enfance se trouvent donc avec l'étranger face à la mise en place d'un dispositif hybride d'attribution de l'aide financière, un entre-deux entre la prestation et l'aide extra-légale, entre la définition d'un droit et l'évaluation singulière des situations. Ces familles en situation non-régulière à revenu zéro ont l'obligation de venir mensuellement soumettre leur situation à l'évaluation des travailleurs sociaux pour continuer à percevoir cette aide sans renégociation réelle du montant et sans que la situation n'évolue administrativement avant plusieurs mois. Pourtant, rien

---

[272] Entretien n°13, bénévole, Béziers.
[273] Cet aspect fera l'objet d'un développement ultérieur dans la dernière sous-partie de cet ouvrage.

légalement n'empêche le versement de l'aide financière sur le long terme. Rien, sinon une volonté institutionnelle d'utiliser ce procédé comme moyen formel de régulation et de contrôle des demandes. Ces familles qui doivent gérer leur vie au jour le jour « oublient » parfois ce rendez-vous régulier avec les travailleurs sociaux, ce qui entraîne des conséquences dramatiques :

> Enfin, y a de temps en temps des couacs... Car le versement est soumis à une évaluation, ce qui est normal... Pour peu que la famille rate le rendez-vous, parce que t'as pas de bagnole, parce que tu te fais arrêter dix fois par jour, parce que t'as pas de permis, c'est parfois compliqué... Ou l'AS est en congé, et ça décale... Et nous, en ayant les versements directs pour trois familles, en fin d'année, on peut s'apercevoir qu'un mois a sauté... Mais bon, voilà... T'as des AS qui font attention à ça.[274]

Au-delà de la procédure, le non-régulier est de surcroît confronté à la difficulté d'encaisser l'aide financière finalement obtenue. L'étranger est alors soumis aux aléas d'un système administratif qui d'un côté reconnaît la réalité du besoin, mais de l'autre ne lui donne pas les outils pour le satisfaire pour des raisons aléatoires :

> [Avec un passeport, une carte d'identité d'origine même périmés] on arrive à ouvrir un Livret A, pas plus. Parce que [les Roumains] n'ont pas de domicile fixe, les textes disent qu'ils n'ont pas le droit d'avoir une carte bancaire... [...] Une ouverture de Livret A, il n'y a pas de souci, mais au-delà, on y arrive pas... Pas de revenu, pas de salaire, et surtout pas de domicile fixe... Là aussi, l'ouverture des comptes, ça a été un combat. Il a fallu qu'on passe par la Banque de France, il y a eu des recours... Maintenant sur le biterrois, ils viennent avec la domiciliation postale de [l'association]. Ça a grincé des dents pendant longtemps, maintenant ça passe. Puis après on a le cas des gens qui n'ont pas de comptes bancaires parce qu'aucun papier d'identité... En fait, y a des familles qui n'arrivent pas à ouvrir des comptes... L'AS, elle leur reconnaît des papiers qui attestent de leur identité, en cours de validité ou non. Alors elle leur fait verser un chèque par le trésorier [le trésorier payeur du conseil général] qu'ils vont récupérer tous les mois à l'agence... Et puis y a le cas des familles qui ne peuvent même pas aller retirer le chèque parce qu'ils n'ont pas du tout de papiers, et à ce moment-là c'est nous qui les encaissons... On a trois familles à ce jour, c'est pas trop... Là aussi, c'est avec des conventions avec le conseil général. Ça

---

[274] Entretien n°4, animatrice, Béziers.

> n'a pas été possible pendant très longtemps… Par exemple sur [une autre agence], pour les familles [d'un camp de Rom], ça n'a jamais été possible, ça… On nous a toujours répondu non, parce qu'on était pas une association d'utilité publique, agréée, tout ce que tu veux… Quand on est passé [sur une autre agence], ça a été possible… Est-ce que c'est un manque de bonne volonté, je n'en sais rien ! [rires][275]

À la singularité des problématiques sociales correspond un traitement administratif aléatoire selon le statut, les droits ouverts, mais aussi les individus qui traitent la demande et la caution institutionnelle qui leur est localement apportée. Pour les familles en situation administrative régulière (nationales ou non), la relation usagers/pouvoirs publics s'appuie sur des procédures et des possibilités de recours formellement identifiées. Le non-régulier se confronte le plus souvent à une interprétation restrictive des textes. Le traitement favorable de sa demande est alors lié à la qualité de la relation qu'il noue avec le travailleur social chargé de l'accompagner et de la caution hiérarchique explicite ou implicite qui est apportée à la décision. La prévalence de la subjectivité fait que le professionnel sort régulièrement du cadre habituel de l'exercice de ses missions, et engage plus qu'à l'accoutumée avec cette pratique informelle sa responsabilité professionnelle. À la marginalité des familles correspond un traitement marginal de leurs demandes. Les attentes institutionnelles ont autant de poids dans la décision que l'évaluation de la réalité des difficultés individuelles. S'ouvrent alors de nombreux espaces de négociations internes au service pour pallier aux difficultés du système. Il en découle de réguliers aménagements sans que leur pérennité ne soit jamais garantie et les possibilités de recours formalisées. À chaque situation peut donc correspondre un dispositif singulier d'attribution qui renforce l'incertitude des familles et des professionnels dans son ancrage dans le temps. Se crée alors une tension permanente qui fait passer l'outil « aide financière » en finalité de l'intervention sociale. La pratique professionnelle devient un enjeu politique permanent qui dépasse l'ensemble des acteurs, et contribue à donner aux observateurs extérieurs l'impression d'une soumission des décisions à un arbitraire constant non pas garantie par le système mais par des volontés individuelles à l'origine de disparités dans les réponses selon le lieu de formulation de la demande et l'interlocuteur chargé de son traitement.

---

[275] Entretien n°4, animatrice, Béziers.

D'un point de vue générique l'attribution de l'aide financière est fonction d'un contrôle social de son utilisation et de l'effort potentiellement consenti par le bénéficiaire pour remédier à sa situation. Selon Élisa Chelle, elle s'inscrit dans une publicisation et une politisation de l'indigence des familles étrangères[276] auxquelles s'agrège le mérite de la présence et du maintien sur le territoire national. En plaçant la focale de l'intervention sociale sur l'étranger, on assiste à la remise en cause permanente du statut de l'ayant-droit dans un espace de non-droit partiel ou total. La faiblesse des aides au regard de la réalité des besoins crée une forme de jeu de dupes institutionnalisé dans lequel chacun trouve avantage : la famille qui n'a pas d'autres choix que de se soumettre à des règles informelles pour bénéficier d'une forme précaire de survie ; l'institution, qui malgré l'affichage d'une égalité de traitement, transforme un dispositif singulier en outil de traitement collectif des situations en fonction du statut de l'étranger ; et enfin le travailleur social qui, conscient de l'insuffisance de l'aide accordée, ferme les yeux sur les conditions réelles de prise en charge de l'enfant et leur influence sur son développement. Pour les familles exclues des dispositifs de droit commun, l'aide extra-légale représente un des rares droits auquel elles peuvent prétendre. Sans procédure formellement identifiée, le dispositif tel que prôné par l'aide à domicile s'éloigne de sa vocation préventive et sa co-construction avec l'usager pour aller vers une logique « guichet » et un épuisement immédiat de la dette sociale et morale des pouvoirs publics. Dans ce contexte, le dispositif des aides financières semble répondre davantage à un souci politique qu'à forger un réel outil de prévention sociale des difficultés éducatives. Le travailleur social troque alors ses habits de révélateur et d'accompagnateur de la demande sociale pour le costume d'un administratif au service d'un système de droits parallèle dont il devient un des rouages. En masquant la réponse éducative derrière la demande sociale, lorsque le dispositif des aides financières s'adresse à des populations structurellement précarisées, il s'éloigne de son objectif premier de lutte contre la notion de risque de danger au profit de la satisfaction d'enjeux de posture et d'affichage sans liens directs avec la stricte satisfaction de l'intérêt et du besoin de l'enfant.

---

[276] CHELLE Élisa, *op. cit.*, 2012, p. 20.

Les familles étrangères : entre invisibilisation structurelle et besoin de reconnaissance

Au XXIe siècle, malgré les reconfigurations multiples de la cellule familiale, dans l'esprit de nombre de professionnels la famille nucléaire dont les deux parents travaillent reste la référence pour déterminer les conditions d'exercice d'une parentalité normalisée[277]. Pour une grande majorité de médias, ce modèle s'agrège d'un ou deux enfants au maximum, et la famille apparaît le plus souvent sous les traits racialistes du « caucasien ». À cela peut se rajouter pour une certaine frange de la droite extrême des années 2010 le qualificatif de judéo-chrétien. Caricature ? Oui, puisqu'à part le modèle familial de parentalité et à notre connaissance, aucune étude ne rassemble et ne démontre exactement ces allégations racialisées. Pourtant, difficile de nier la présence au moins d'une partie de ces représentations fallacieuses dans l'opinion.

À son tour, cette référence à un modèle familial « culturel » européo-centré est largement relayé de manière plus ou moins explicite par les professionnels du social et de l'éducatif. Alors que les travailleurs sociaux parent leur discours d'une revendication de neutralité axiologique, la grille de référence à l'analyse des comportements parentaux est largement subjectivée et construite à partir des modélisations dominantes. Par conséquent, toutes les organisations familiales qui sortent de ce cadre parents/enfant sont potentiellement entendues comme déviances et qualifiées « à risque » : familles sans revenus officiels ou dont les ressources sont strictement liés aux minima sociaux, celles de type communautaire ou clanique, celles majoritairement influencées par les pratiques éducatives dominantes du pays d'origine, celles qui se réclament d'une religion « spécifique » comme l'islam, etc. Dans une société plus en quête de normalité des comportements que d'émancipation des individus, les grilles de lecture habituelles des comportements sociaux et éducatifs peinent à s'appliquer pour des familles victimes d'une précarité structurellement organisée par le statut d'étranger et à rendre compte des enjeux comportementaux que cette précarité implique.

---

[277] DECHAUX Jean-Hugues, HERPIN Nicolas, « Vers un modèle de parenté », in BRÉCHON Pierre, GALAND Olivier, *L'individualisation des valeurs*, Paris, Armand Colin, 2010, Chapitre III.

Dans un tel contexte, lorsqu'ils servent à l'analyse du champ socio-éducatif, les processus de désaffiliation et de disqualification sociale revêtent pour les familles étrangères des significations singulières. Selon le statut de ses membres et les perspectives tangibles ou non d'obtenir un titre de séjour, le phénomène se télescope avec les mécanismes induits conjoncturels ou structurels de visibilisation/invisibilisation du fonctionnement des familles.

Pour clore cet ouvrage, à partir des concepts de désaffiliation et de disqualification, il s'agira dans un premier temps de mettre en évidence pour l'étranger une dissociation formelle entre une place sociale et éducative attendue et effective et leur dépendance avec le statut. Dans un deuxième temps, à partir des travaux d'Axel Honneth, nous traiterons de l'impact de l'intervention socio-éducative sur les processus de reconnaissance de l'étranger que nous étendrons à l'ensemble des membres de la famille. L'objectif ultime sera d'aborder le poids des représentations dans les velléités d'émancipation et les processus de reconnaissance des familles étrangères afin de décrire un phénomène qui participe autant de la recherche d'une identité sociale et éducative que de l'étiquette, autrement dit d'une image sociale constituée par l'écart du comportement réel aux normes attendues de fonctionnement.

Extranéité : entre désaffiliation, disqualification et inexistence sociale

Statut et processus de désaffiliation

Dans sa *Métamorphose de la question sociale*, Robert Castel pose autour de trois zones les jalons du processus de participation de l'individu à la vie sociale[278]. De manière synthétique, la zone d'intégration associe travail stable et insertion relationnelle solide. De son côté, la vulnérabilité sociale est une zone intermédiaire globalement instable qui conjugue la précarité du travail et la fragilité des supports de proximité. Par ailleurs la désaffiliation qualifie moins un état qu'un processus. Il y a risque de désaffiliation lorsque l'ensemble des relations de proximité qu'entretient un individu sur la base d'une inscription territoriale, sociale et familiale, se trouve en défaut pour reproduire son existence et assurer sa protection. Entendu

---

[278] CASTEL Robert, *Les métamorphoses de la question sociale*, Paris, Gallimard, 1995.

comme processus, le passage entre ces trois zones participe d'un mouvement d'intégration ou de désaffiliation auquel contribue autant l'individu dans son implication que la société par ce qu'elle lui autorise dans sa lutte contre la vulnérabilité.

En rapportant la question sociale à celle éducative, il est tentant de faire un rapprochement entre ce zonage et la qualité du lien parent(s)/enfant(s). Ainsi, la zone d'intégration parentale correspondrait à une intégration sociale forte doublée d'un strict respect des normes éducatives dominantes. Bientraitance et parentalité positive deviendraient alors les références incontournables dans la prise en charge des enfants, ce qui exclurait pour ces familles une intervention socio-éducative autre que préventive. De son côté, la vulnérabilité socio-éducative serait alors liée à une fragilité du lien parent(s)/enfant(s) qui justifierait l'intervention des services d'aide sociale à l'enfance au titre de la protection administrative. Sous-tendue par une conscientisation préalable de la difficulté et le souhait d'y remédier, l'accord et la demande caractériseraient cette zone intermédiaire de l'action sur le mode de fonctionnement parental. Pour le parent désaffilié responsable de son isolement social impactant l'intérêt et le besoin de l'enfant, s'imposerait un étayage correctif plus soutenu des comportements, apanage de la protection judiciaire de l'enfance. Considérer simultanément ces trois zones viendrait déterminer l'action ou l'inaction des pouvoirs publics en matière de protection et fournirait les bases d'une définition du risque (vulnérabilité) et du danger (désaffiliation) en même temps qu'un objectif à atteindre : la zone d'intégration socio-éducative[279].

Bien entendu, si ce raisonnement rationalise l'intervention socio-éducative, il n'en reste pas moins simpliste par la détermination de liens de cause à effet induits entre situation sociale et éducative. En effet, dans le champ de la protection de l'enfance, pour nombreuses que soient les familles en situation de précarité sociale, mal inscrites dans les réseaux sociaux de proximité et désinsérées, toutes ne font pas l'objet d'une intervention socio-éducative, loin s'en faut. L'accompagnement éducatif judiciaire est renvoyé à la collaboration et l'acceptation de la famille de ses difficultés éducatives et non à sa

---

[279] CLARIANA Lionel, « Protection de l'enfance et familles étrangères : les concepts de désaffiliation sociale et de disqualification parentale à l'épreuve de l'extranéité », *Sciences et actions sociales* [en ligne], N°7 | 2017, mis en ligne le 15 avril 2017.

situation sociale. La grille de lecture sociale des problématiques familiales n'induit donc pas celle éducative, sauf à faire sienne les principes de la logique sécuritaire qui font du précaire un pervers polymorphe potentiellement dangereux pour son entourage et l'ordre social en même temps que pour lui-même. Associé à la question du mérite et à la logique néolibérale, le processus de désaffiliation renvoie à la responsabilité exacerbée de l'individu et à son degré de volonté pour sortir de sa situation. En fonction de quoi l'action des pouvoirs publics est légitimée, et le mérite de l'aide se corrèle intimement à un type d'engagement participatif et collaboratif, et à la capacité de l'individu à y souscrire.

Placer la focale sur les familles étrangères et sur la superposition des systèmes normatifs de référence complexifie sensiblement les ramifications dans la considération de la situation sociale et éducative. Le fait même que les étrangers soient soumis à une procédure conditionnelle et méritocratique de délivrance du titre de séjour contribue à les maintenir dans une insécurité sociale permanente. Et bien que la plupart disposent de contrats de travail et d'une insertion relationnelle stable, ils sont structurellement maintenus dans une zone de vulnérabilité administrative aux conséquences sociales et éducatives que ne connaissent pas les nationaux. Ainsi, face à une réalité sociale identique (travail des deux parents, ouverture de l'ensemble des droits sociaux, etc.), le statut administratif entraîne des trajectoires de vie distinctes. La vulnérabilité est alors marquée par une précarité systémique consécutive à l'incertitude instituée des lendemains. L'accompagnement socio-éducatif seul ne permet pas à l'étranger d'accéder à la zone d'intégration. Il reste tributaire de décisions politiques qui lui échappent et qui créent les conditions de l'apparition de zones de *vulnérabilité* et de *désaffiliation statutaires*. Cependant, si l'étranger non-régulier présente toutes les caractéristiques du désaffilié par l'organisation systémique de son exclusion des réseaux sociaux de proximité, il est moins victime d'un processus que d'un état imposé par la société d'accueil qui lui demande d'adopter un fonctionnement hétéronormé.

La conceptualisation de Robert Castel adaptée à la situation statutaire de l'étranger ouvre alors des perspectives singulières. Elle met en évidence un décalage entre la trajectoire individuelle induite par le système – économique, politique, social et éducatif – et le comportement attendu par la société d'accueil. Selon la sphère d'évolution considérée, les processus revêtent un sens distinct. En effet, la plupart des étrangers émigrent pour trouver des conditions de vie meilleures (émigration économique), pour se rapprocher des membres de la famille (émigration familiale) ou encore pour faire face à une situation réelle ou potentielle de danger (émigration d'asile), souvent aussi en cumulant plusieurs de ces facteurs. Ils ont en grande partie quitté une zone d'intégration ou de vulnérabilité sociale dans la société d'origine pour se retrouver dans une situation de vulnérabilité ou de désaffiliation dans la société d'accueil. Chez les familles déboutées du droit d'asile notamment, il n'est pas rare de constater dans leur parcours l'abandon d'un relatif confort matériel et une inscription dans des réseaux sociaux denses dans le pays d'origine pour obtenir à leur arrivée en France une sécurité strictement physique et non plus sociale. En théorie, ces familles présentent toutes les conditions requises pour une intégration réussie (compétences professionnelles, niveau scolaire élevé, etc.), mais elle leur est refusée pour des raisons qui dépassent la stricte prise en compte des trajectoires personnelles. Au découpage de Robert Castel particulièrement éclairant pour les nationaux, il convient d'ajouter pour les étrangers la prégnance du caractère subi de leur situation. En temps de crise économique, pour les franges nationales les moins dotées en capital social, le mouvement descendant de l'intégration vers la désaffiliation s'accentue. Quant à l'étranger, c'est moins un processus qu'une réalité de vie auquel il se trouve d'emblée confronté à son arrivée. La zone de vulnérabilité ou la situation de désaffiliation qu'il connaît est à la fois le résultat de ce passage entre une société d'origine et une société d'accueil, et une obligation que confère le statut ou son absence. Par conséquent, quand processus il y a, il est la cause de facteurs exogènes et il se décline de manière ascendante, d'une situation de désaffiliation vers l'intégration, ou de vulnérabilité vers l'intégration. Dans ce cadre, l'étranger est tellement soumis à ces impératifs exogènes qui influent sur les conditions d'exercice de sa fonction parentale qu'aucune grille socio-éducative de référence ne peut se calquer sur la stricte situation sociale.

Enfin, le zonage strict intégration/vulnérabilité/désaffiliation peut revêtir un aspect ethnocentré quand il est considéré à partir de l'étranger. Comment analyser la situation d'un non-régulier bénéficiant d'un contrat à durée indéterminée depuis huit ans et particulièrement bien intégré dans les réseaux de proximité ? Comment comprendre la situation de l'étranger *admis* qui, faute de pouvoir légalement travailler, effectue clandestinement de menus travaux pour améliorer les conditions de vie de ses enfants sans la perspective d'une autonomie pérenne et qui entretient des liens forts avec sa communauté de proximité ? L'extranéité rend flou et perméable le passage entre les frontières du zonage castélien, au point parfois de se superposer selon que la situation est appréciée par l'étranger ou par un tiers. Pour l'étranger plus qu'un autre importe la considération de sa sphère de proximité. C'est le regard des pairs qui confère à sa trajectoire une dimension sociale intégrative, et non systématiquement l'obtention d'un quelconque titre de séjour. Le renvoi à une situation de vulnérabilité devient tout à coup relatif parce que déterminé par la mesure d'un écart entre un dedans et un dehors, c'est-à-dire entre la production normative interne à la sphère élargie (familiale, du quartier, de la « communauté d'origine », etc.) et les systèmes de valeurs dominants de la société d'accueil. Le regard des pairs participe d'un processus de reconnaissance indispensable à l'acquisition d'une place dans la communauté de proximité même malgré l'absence de statut administratif. Il devient par contre complexe à enclencher auprès de la « communauté nationale » du fait de l'illégalité et/ou de l'illégitimité de sa présence sur le territoire national ou de son maintien. La constitution d'un capital social est complexe à réaliser pour les étrangers évoluant dans des quartiers d'habitat socialement dégradés. Malgré ce, même de manière ténue, il existe et il s'appuie sur des normes et des systèmes de représentation partagés qui font d'abord sens dans la communauté constituée et présente une utilité collective indéniable par l'adaptation aux impératifs normatifs de la société d'accueil[280]. Pour les étrangers, ce capital social autorise des réseaux relationnels horizontaux « entre acteurs équivalents en statut et en pouvoir » plutôt que l'inscription dans des réseaux de relations verticales dilués dans la soumission à la hiérarchie des normes et à l'asymétrie des pouvoirs.

L'analyse des fonctionnements familiaux en général et parentaux en particulier, ne peut se limiter à la considération de sphères d'appartenance qui borneraient des sphères de compétences singulières. Situations de vulnérabilité ou d'intégration deviennent alors affaire de point de vue selon le référentiel normatif retenu et le contexte d'évolution pris en compte. En le faisant dépendre du statut

---

[280] WORMS Jean-Pierre, « le capital social associatif en France hier et aujourd'hui », *La Tribune fonda*, n°176, décembre 2005, p. 11.

administratif, les conséquences de l'altération de la dimension sociale sont plus complexes à évaluer. Pour être pertinentes et s'inscrire dans un parcours global, les logiques de traitement des difficultés sociales doivent tenir compte des différents niveaux d'appartenance et de reconnaissance dans lesquels la famille évolue. La vulnérabilité consécutive au statut, qui s'impose à l'individu, ne doit pas faire l'objet d'une association hâtive avec la fragilité conjoncturelle du lien relationnel parent(s)/enfant(s). Selon Jean Kellerhalls et Cléopâtre Montandon, les parents adoptent quatre types d'attitude avec les professionnels de l'éducation : l'opposition qui renvoie à l'illégitimité de l'intervention extérieure ; la délégation qui considère l'intervention légitime mais s'appuie sur une volonté de l'interrompre rapidement ; la médiation en lien avec la reconnaissance de la compétence de l'intervenant mais le refus de toute implication en dehors de cette compétence ; enfin la coopération qui associe la légitimité de l'intervention à une démarche dynamique des parents[281]. Appréhendés de façon générique, ces quatre modes potentiels de coordination prennent un sens singulier lorsqu'ils mêlent étroitement problématique sociale liée à l'extranéité parentale et problématique éducative. Au-delà du fait que l'intervention éducative est pour les familles étrangères tributaire d'une forme de conscientisation de la notion de risque de danger pour l'enfant, le contexte sécuritaire impose des critères d'intégration et l'adoption de comportements qui peuvent compromettre le maintien de l'individu dans la communauté constituée. Dans ce contexte, les attitudes d'opposition ou de délégation dépendent étroitement des conséquences potentielles de l'évaluation et de l'intervention socio-éducative en termes juridiques et sociaux au regard de la place réelle ou espérée de ceux qui la subissent et de celle voulue par les intervenants sociaux. Médiation et coopération s'entendent alors comme des principes de soumission à un processus normatif qui s'impose à tous plus qu'il ne se co-élabore. Par la formalisation, la mesure d'aide et de soutien s'inscrit dans une cérémonie de dégradation[282] qui ajoute une disqualification éducative à la disqualification sociale, et fait de l'intégration ou de la désaffiliation moins un processus qu'un état qui s'impose à l'individu et ses proches.

---

[281] KELLERHALLS Jean, MONTANDON Cléopâtre, *Les stratégies éducatives des familles*, Lausanne, Delachaux et Niestlé, 1991.
[282] PAUGAM Serge, *La disqualification sociale*, Paris, PUF, 1991, p. 26.

Entre disqualification éducative et sociale : une précarité structurelle négligée ?

Selon Serge Paugam :

> [Le concept de disqualification sociale] renvoie au processus d'affaiblissement ou de rupture de l'individu à la société au sens de la perte de protection et de reconnaissance sociale. L'homme socialement disqualifié est à la foi vulnérable par rapport à l'avenir et accablé par le poids du regard négatif qu'autrui porte sur lui.[283]

Issue du lien qu'entretient l'individu avec le monde du travail, la notion de disqualification sociale revêt une signification particulière dès qu'elle désigne des populations structurellement invalidées par le système. Car pour qu'il y ait délitement du lien social entre un individu et un système, encore faut-il que ce lien préexiste : impossible d'évoquer son existence lorsqu'une famille demandeuse d'asile est sommée d'intégrer tel CADA en France, ou encore faute de pouvoir accéder à un logement l'obligation faite à un Rom d'habiter une caravane sur tel terrain vague. Ainsi, à l'inverse de la désaffiliation et pour ces cas précis, la notion de disqualification renvoie moins à un processus qu'à un état qu'impose le statut administratif. En n'autorisant pas, sinon partiellement, l'accession officielle à la protection notamment professionnelle et sociale, et en altérant la reconnaissance des pairs par des phénomènes de catégorisation et de stigmatisation incessants, les pouvoirs publics font de la disqualification un postulat et de l'intégration un processus de réhabilitation.

Pour alimenter la réflexion, le nouveau découpage de la disqualification sociale qu'opère Serge Paugam en 2008 renvoie le statut des individus (les fragiles, les assistés, les marginaux) à une situation (fragilité, dépendance, rupture du lien social), autrement dit d'un état à un processus qui prend sens dans le contexte de la relation à l'autre comme personne et/ou institution et/ou système[284].

Au-delà de la situation de fragilité à laquelle sont soumis les disqualifiés, sont nommés assistés ceux qui se trouvent en état de « dépendance vis-à-vis des travailleurs sociaux » et qui bénéficient des revenus liés à la protection sociale. Handicapés physiques ou

---

[283] PAUGAM Serge, *op. cit.*, 2008, p. 102.
[284] PAUGAM Serge, *Le lien social*, Paris, PUF, 2008, p. 83.

mentaux, en difficulté pour assurer l'éducation et l'entretien de l'enfant, ils composent une catégorie dont l'homogénéité réside dans une forme d'incapacité à satisfaire leurs besoins par leurs propres moyens. En même temps que l'assistance est détachée des contingences de l'origine et du statut administratif de l'individu, les situations sociales et éducatives sont amalgamées sous le prétexte qu'elles créent de la dépendance aux pouvoirs publics. Dans le domaine éducatif, et en dehors du champ du handicap, le terme même de dépendance renvoie plus particulièrement à la protection judiciaire de l'enfance dont l'intervention s'impose du fait de l'incapacité de la famille à conscientiser la difficulté éducative et à lui faire face par ses propres moyens. Dans une dynamique à vocation préventive et participative, l'intervention éducative menée à partir de l'accord ou de la demande de la famille ne crée pas une situation de dépendance vis-à-vis des travailleurs sociaux, plutôt des attentes de collaboration entre celui qui dispense l'aide et son bénéficiaire. Entre la situation de dépendance sociale et éducative, entre conditions matérielles d'évolution et qualité du lien interrelationnel, le terme même de dépendance crée un lien de causalité entre social et éducatif sans nuancer les motifs d'émergence de la notion de danger. Or les évaluations réalisées et les retours des travailleurs sociaux qui les effectuent dans les secteurs étudiés mettent en évidence que l'on peut être socialement fragile et dépendant d'un point de vue éducatif, et inversement. La situation vécue ou estimée de dépendance crée une forme d'homogénéité catégorielle qui ne trouve pas de réalité lorsqu'il s'agit de définir l'action éducative en direction des familles étrangères. En effet, par leur situation matérielle ils sont théoriquement les premiers bénéficiaires de l'aide sociale, mais leur difficulté statutaire à accéder aux dispositifs de droit commun fait d'eux des clients captifs des services qui délivrent l'aide extra-légale. Leur marginalisation structurellement organisée ne permet de répondre que partiellement à la réalité des besoins. Avec les étrangers, les travailleurs sociaux de la protection de l'enfance ne sont plus les vecteurs de la sortie d'un état de dépendance, mais des professionnels qui, privés des moyens de pérenniser leur action, maintiennent les familles dans une situation de risque social aux conséquences éducatives acceptables pour l'ensemble des parties.

Quant aux marginaux, ces « personnes en rupture du lien social », selon Serge Paugam, ils ne bénéficient d'aucune aide sociale sans pour autant faire l'objet d'une intervention régulière de type assistantielle, et sont régulièrement soumis à la réprobation sociale. Invalidés par la conjoncture, ils forment la catégorie des exclus du système social, économique et politique. Mais qualifier les étrangers de marginaux au sens prêté par l'auteur, reviendrait à ne pas les considérer comme structurellement invalidés et suggérerait que leur impossibilité d'accès aux filets sociaux et aux mécanismes habituels de cohésion sociale n'est pas le résultat de politiques rationnellement organisées mais d'une volonté ou d'une incapacité individuelle. Pourtant, l'étranger est bien dans une situation de marginalité, il évolue en marge d'une société qui peine à le reconnaître comme semblable. Mais cette marginalité est moins l'expression d'une incapacité personnelle que structurelle. Bien qu'accédant fréquemment à l'emploi, certains étrangers sont victimes d'une cérémonie de dégradation politique qui les laisse en marge du système de solidarité nationale. La précarité matérielle et budgétaire dans laquelle ils sont maintenus n'entraîne pas l'aide sociale à laquelle ils pourraient prétendre, alors pour compenser, ils adoptent des comportements déviants qui justifient à leur tour l'étiquette négative qui leur est accolée. Car si le travail social a du mal à déployer l'ensemble de ses compétences préventives en direction de l'étranger notamment *régulier admis* ou *non-régulier*, dès l'apparition d'un trouble à l'ordre social ou public les pouvoirs publics légitiment leur action corrective voire coercitive. Selon que l'on renvoie la responsabilité à l'individu ou à la société, la situation de marginalité n'est pas la conséquence d'une rupture volontaire du lien social auquel il voudrait adhérer, elle est plutôt l'expression d'une volonté structurelle d'empêcher cet accès en fonction de l'origine.

Avec l'étranger, on est donc loin d'un processus de disqualification qui de manière linéaire part d'une situation de fragilité consécutive à des comportements inadaptés pour conduire à une rupture du lien social. Souvent, une absence de qualification et un manque de reconnaissance par la société d'accueil impose cet état de marginalité, et faute de moyens ou de volonté politique, les pouvoirs publics ne le remettent pas en question. L'étranger évolue donc dans des systèmes parallèles relationnels et fonctionnels. Partiellement ou totalement exclu de la communauté nationale, il intègre d'autant plus les systèmes de référence de la communauté de proximité. Nous qualifierons cette situation de *marginalité induite* et non construite, un état partiel qui s'impose à l'individu puisqu'inclus dans d'autres formes d'intégration que celles dominantes. La marginalité n'est donc pas un état global de l'individu mais un point de vue dépendant de la focale choisie. De cette manière, marginalisation ou dépendance sociale au système d'aide et de soutien n'entraîne pas obligatoirement un état de disqualification éducative.

En 2014, Serge Paugam introduit le concept de « disqualification parentale » considéré comme :

> [...] une dimension de la disqualification sociale dans la mesure où ce processus peut avoir un effet sur la capacité à exercer la fonction parentale : le chômage entraîne une diminution des ressources économiques, laquelle renforce la difficulté des parents à assurer l'entretien et l'éducation de leurs enfants et peut aboutir à l'intervention des professionnels de la protection de l'enfance, intervention qui peut aller jusqu'au placement des enfants.[285]

Malgré les précisions de l'auteur, trois problèmes complexifient l'opérationnalité du concept pour les familles étrangères. Le premier, toujours non résolu, est de maintenir un lien étroit entre disqualification sociale et parentale, alors que le statut administratif est le seul obstacle à une intégration économique officielle que l'étranger pallie par l'intégration de réseaux de proximité et des pratiques déviantes ou délinquantes. Le deuxième est d'envisager une autonomie conceptuelle de la disqualification parentale simplement à partir de l'altération du lien de filiation et d'un processus systémique alors qu'elle relève le plus souvent d'un dysfonctionnement interpersonnel. Plutôt que le concept de disqualification parentale, celui de disqualification éducative serait plus adapté puisqu'il engage l'ensemble des acteurs effectifs et affectifs dans leurs interactions. Le troisième enfin est lié à une conception judiciarisée de la protection de l'enfance. Le raisonnement exclut les familles qui, dans une démarche dynamique, sollicite une mesure d'aide et de soutien éducatif. De fait la protection administrative de l'enfance n'est pas entendue comme un élément de requalification parentale mais comme un stigmate associé à une situation de pauvreté/précarité.

Existence et inexistence sociales : un construit interactif

Désaffiliation et disqualification renvoient à des formes de précarité matérielles et sociales ancrées dans la réalité du vécu des individus. Elles mettent en évidence la perméabilité des états et leur constante évolution. Pour l'étranger, l'intégration devient un objectif à

---

[285] PAUGAM Serge, *L'intégration inégale,* Paris, PUF, 2014, p. 113.

atteindre et non une zone que l'on quitte victime de certains aléas situationnels et conjoncturels. Dans son évaluation, le professionnel doit impérativement prendre en compte que l'étranger, du simple fait de son extranéité et des conditions au séjour imposées, est *a minima* en position de vulnérabilité et/ou de dépendance. Le rapport au service socio-éducatif est empreint de cette réalité à la fois conjoncturelle et structurelle, ce qui rend toute logique de contrepartie dénuée de sens et demande que les outils éducatifs et sociaux habituels s'adaptent constamment pour rechercher la collaboration ou l'adhésion des familles. La question de la rupture ou de la complexe création d'un lien social favorisant l'ouverture et l'acquisition d'une place dans la société d'accueil se réfère le plus souvent au rapport souhaité avec le cadre normatif dominant. Pour ne prendre que cet exemple, bien que l'étranger non-régulier soit exclu du salariat, du système de solidarité nationale et des dispositifs habituels de droit commun, il n'en reste pas moins intégré dans une sphère de proximité. Cette intégration lui offre les palliatifs et les ressources nécessaires à sa survie en même temps qu'elle renvoie le travail social à son impuissance à influer durablement sur les conditions d'évolution de la famille. L'utilisation du dispositif des aides financières montre bien la difficulté à considérer l'origine de la problématique sociale en tant que telle : malgré la chronicisation de certains versements, l'enjeu politique les déconnecte de la réalité des besoins et n'offre pas à la famille les moyens de se sortir de sa précarité. Ce qui n'est en fait qu'un outil du travail social devient avec les étrangers une fin. Dans les pratiques éducatives, ne pas tenir compte de cette réalité déconnecte la famille de sa réalité et le travail socio-éducatif de son sens à la fois préventif et d'émancipation pour ne plus se focaliser que sur la régulation et le contrôle. L'aide et l'accompagnement prennent alors la forme d'un jeu de dupes auquel toutes les parties se prêtent, sans autre objet que de rendre acceptable la notion de risque dans l'évolution de l'enfant et de maintenir un lien ténu avec les familles. Dans un tel cadre, difficile pour les travailleurs sociaux d'appuyer leur pratique sur des grilles référentielles préétablies. Elles se constituent tout au long de l'accompagnement, avec la famille et ses réalités de vie, mais aussi avec les injonctions institutionnelles et politiques plus ou moins formelles. Cette soumission finalement commune aux conditions de présence sur le territoire national fait qu'en même temps que l'étranger noue des liens spécifiques avec son environnement, il établit une relation particulière avec les services sociaux.

En évoquant quatre sortes de liens sociaux fondamentaux, Serge Paugam pose en creux que pour une reconnaissance formelle les conditions de l'intégration sont liées à la participation de l'individu à la vie sociale. Rapportés une nouvelle fois aux réalités structurelles des familles étrangères, ces liens peuvent souffrir dans leur énoncé d'une nécessaire réadaptation fonctionnelle. Le premier, le « lien de filiation », est basé sur la reconnaissance d'une parenté biologique et « constitue le fondement absolu de l'appartenance sociale »[286]. Pour l'étranger non-régulier, ce lien offre aussi une garantie de maintien sur le territoire national qui peut néanmoins varier selon que l'enfant est né ou non en France[287]. On assiste alors à une forme d'inversion du processus générationnel : c'est l'enfant qui permet à la famille de rester en France, pas l'action des parents. Car faute d'assise légale, la légitimité de la présence ne se conçoit pas en qualité de « fils ou fille de », mais dans celle de « père ou mère de ». En même temps que l'enfant est au centre de l'attention des pouvoirs publics, il est celui qui ouvre et garantit certains droits pour tous les membres de la famille, dont celui de rester et d'obtenir certains revenus par l'intermédiaire des prestations ou aides financières. Mais l'importance symbolique de cette parenté biologique est loin de se décliner automatiquement en parenté éducative. Nombreux sont les enfants étrangers éduqués dans une sphère familiale élargie où les parents biologiques n'ont qu'un rôle mineur dans la transmission d'un cadre sécurisant et des valeurs de référence. De fait, la reconnaissance formelle passe aussi par l'appréhension de cette dimension singulière de la relation éducative.

Le deuxième lien est celui de « participation élective ». Il relève de la socialisation extra-familiale « au cours de laquelle l'individu rentre en contact avec d'autres individus qu'il apprend à connaître dans le cadre de groupes divers et d'institutions ». Particulièrement ténu lorsqu'il s'agit de quitter le quartier ou la communauté de proximité, il n'en influence pas moins le quotidien des familles. Pour l'étranger, il s'inscrit dans une série de sphères concentriques de sécurité dont la largeur dépend du statut administratif. En dehors de l'école qui brasse

---

[286] PAUGAM Serge, *op. cit.*, 2008, p. 65-72.
[287] Pendant toute la durée de l'étude (2010/2014) et sur les territoires étudiés, même si parfois un des deux parents a fait l'objet ponctuellement d'une conduite en centre de rétention, nous n'avons jamais été les témoins formels de l'expulsion d'une famille avec des enfants mineurs à charge.

des populations d'origines ethniques et sociales différentes, la zone de socialisation est souvent limitée aux pairs du quartier pour le non-régulier et s'étend à l'ensemble de la ville pour le régulier. Le titre de séjour n'offre pas seulement une sécurité administrative, il autorise le lien et la confrontation à l'autre, question moins récurrente pour le national.

Le troisième lien est constitué à partir de l'analyse durkheimienne des rapports sociaux : c'est le « lien de participation organique ». Il se caractérise par l'apprentissage de l'exercice d'une fonction déterminée dans l'organisation du travail elle-même complémentaire à celle des autres. Or ce qui est valable pour le national, l'est de manière différenciée pour l'étranger. En effet, nombreux sont les non-réguliers et les réguliers *admis* (dont les demandeurs d'asile) à être structurellement exclus d'une participation officielle à l'appareil de production et du salariat. Sont-ils pourtant privés de lien de participation organique ? Dans les faits, la réponse est négative. Simplement leur contribution officieuse à la production de richesses par le travail clandestin, les conduites jugées déviantes (la manche ou les « parebrises ») ou délinquantes, font qu'ils participent d'une certaine façon à un système économique créateur de richesses et s'inscrivent dans un réseau relationnel précis. Mais ce processus de reconnaissance est perverti dans le sens où, ciment de la relation et d'un lien social effectif dans le réseau de proximité, il contribue à l'élaboration du stigmate et à l'étiquetage négatif par la confrontation aux réalités normatives dominantes de la société d'accueil. Ce qui fait donc lien dans la sphère de proximité est aussi facteur d'exclusion dans la sphère élargie.

Le quatrième lien enfin est le « lien de citoyenneté » qui repose sur l'appartenance à une nation et reconnaît à ses membres des droits et devoirs qui en font des citoyens à part entière. Sauf à être originaire de l'espace Schengen ou naturalisé, ce processus de reconnaissance est soit partiel soit impossible pour beaucoup d'étrangers. Par la précarité structurelle de leur situation et écartés du processus délibératif politique, ils sont systématiquement renvoyés à l'infériorité de leur statut et à la conditionnalité de leur admission ou de leur maintien dans la société d'accueil. L'étranger doit sans cesse remplir des devoirs sans jamais avoir la certitude de bénéficier de droits réels en retour.

Pour Serge Paugam l'imbrication de ces quatre liens « constituent le tissu social qui enveloppe l'individu »[288], mais force est de constater qu'elle concerne essentiellement le national. Pour l'étranger ils sont difficilement cumulables, ce qui entraîne une forme altérée de reconnaissance voire un déni de légitimité de présence et peut conduire à des formes avérées et complexes d'inexistence sociale. Le déracinement confine alors à l'inutilité, ce qui renvoie l'étranger à sa non-appartenance au monde[289].

Pour Viviane Châtel, quatre conditions fondent cette non-appartenance au monde et s'appliquent de manière différenciée selon le statut de l'étranger. Il s'agit d'abord d'une « mise-hors-du-droit-commun », quand l'exclusion révèle une inutilité au monde économique et met en évidence une inadéquation avec les normes du bien-être[290]. De nombreuses familles Roms vivent d'expédients (mendicité ou lavage des parebrises), et paradoxalement leur « mise-hors-du-droit-commun », pourtant synonyme d'inexistence sociale, provoque une visibilité extrême dans l'espace public. De leur côté, privés d'activité économique par leur statut, les demandeurs d'asile ont un sentiment d'inutilité et de non-appartenance à un monde avec ses propres codes. La conscientisation de cette mise en marge crée un profond ressentiment pour des populations en volonté et en capacité d'intégrer le marché du travail et la société salariale dans son ensemble. Quant au professionnel de l'action sociale, il ne peut que constater les réalités de précarité économique sans pouvoir, sinon partiellement, activer les leviers habituels de reconnaissance sociale solidaire qu'ouvre le dispositif d'aide et d'accompagnement.

L'inexistence sociale se révèle aussi dans une « mise-hors-de-l'humanité ». Au-delà d'un simple mécanisme d'exclusion, l'individu subit une « mise hors de » la société avec absence organisée ou destruction du « pouvoir d'agir »[291]. Particulièrement à l'œuvre chez les non-réguliers, l'impossibilité systémique d'accès aux dispositifs de droit commun fait de la mesure d'aide et de soutien un palliatif stigmatisant pour son bénéficiaire. La difficulté ou l'absence de

---

[288] PAUGAM Serge, *op. cit.*, 2008, p. 76.
[289] ARENDT Hannah, *Les origines du totalitarisme. Tome 3, Le système totalitaire*, Paris, Éditons du Seuil, 1972, p. 226-227.
[290] CHÂTEL Viviane, *L'inexistence sociale. Essais sur le déni de l'Autre*, Fribourg, Academic Press Fribourg/Saint Paul éditions, 2007, p. 56-57.
[291] *Ibid.*, p. 60.

participation au processus décisionnel crée les conditions de dépendance à un dispositif ponctuel de solidarité qui non seulement maintient la précarité de façon acceptable pour l'ordre social et public, mais vient aussi signifier une appartenance à une sous-humanité dans le monde des précaires. En développant des pratiques singulières pour répondre à la réalité des besoins notamment des non-réguliers, l'intervention sociale et/ou éducative apporte indirectement sa pierre à l'édifice d'infériorisation sociale en même temps que les demandes incessantes de preuves d'intégration alimentent les soupçons sur les comportements des étrangers pauvres. Parce que la légitimité de la présence sur le territoire national est sans cesse remise en question, les familles étrangères ont des besoins sociaux différents en qualité et en nombre de ceux des nationaux, et justifient une aide et un soutien particuliers. Mais cette réalité les installe dans une redevabilité permanente créatrice d'une altérité irréductible à leur statut.

L'inexistence sociale des familles étrangères se révèle également au travers d'une « mise-hors-de-l'éthique » sous la forme d'une stigmatisation des pratiques et des comportements qui ne se réfèrent pas explicitement aux normes et valeurs dominantes. Admettre cette différence revient alors à culturaliser des comportements qui pourtant, loin de correspondre aux canons de la société d'origine, ne sont que le reflet de mécanismes d'adaptation à des contingences de vie dans la société d'accueil. Entre les pouvoirs publics, les familles et les travailleurs sociaux, les référentiels se superposent sans forcément produire un sens commun. La présence ou l'absence de passerelles entre les systèmes de valeurs créent les conditions d'inclusion ou d'exclusion d'un système d'aide et de soutien censé répondre aux besoins.

Enfin, l'inexistence sociale se révèle dans la « mise-hors-du-droit » consécutive à leur visibilité politique, et c'est peut-être l'aspect le plus prégnant du travail quotidien avec les familles étrangères :

> Parce que non visibles ou rendus non visibles, ils se situent hors des politiques sociales, ou pour le dire plus explicitement, ils ne peuvent faire l'objet des politiques sociales. Plus encore que la non apparition sur la scène sociale, on leur dénie même leur statut de sujets sociaux […]. Invisibles, ils n'ont pas de droits sociaux. Invisibles, ils n'ont pas d'égalité civique. Invisibles, ils n'ont pas de liberté politique.[292]

---
[292] *Ibid.*, p. 71.

Le phénomène est renforcé par l'hypersensibilité du traitement politique de l'entrée et la gestion de la présence des étrangers en France. Dans le contexte sécuritaire, les conduites parentales n'ont de cesse d'être renvoyées à une conception hétéronormée de l'ordre social et public en même temps que de sa reproduction. De fait, la « mise-hors-du-droit » exacerbe la question des devoirs qui oblige l'individu à faire constamment la preuve de sa volonté d'intégrer les normes d'une société qui ne lui reconnaît pas de place réelle à être et à rester. Il devient donc possible d'être publiquement et politiquement visible au point de justifier des politiques publiques catégorielles à vocation régulatrice ou coercitive, tout en étant socialement invisible puisque exclus des cibles et objectifs des politiques sociales[293]. Avant même son existence sociale ou éducative, la situation parentale est appréciée à partir de son inexistence politique, c'est-à-dire à partir du statut et du champ du possible qu'il ouvre en matière d'accès aux dispositifs de droit commun. Dans ce contexte contraint, les professionnels de l'action socio-éducative sont eux-aussi astreints à légitimer leur intervention en direction de populations censées ne pas exister pour les institutions. En intégrant bon gré mal gré le processus, ils contribuent à la production d'une visibilité à partir de la stricte prise en compte du manque, sans parvenir à faire advenir en qualité d'acteur le potentiel bénéficiaire de la mesure d'aide et de soutien du fait de son inexistence politique. Les travailleurs sociaux interviennent alors dans un champ juridique dont l'interprétation est teintée de déni politique, qui renvoie plus l'étranger à des interdictions ou des impossibilités à avoir qu'à la détermination d'un droit à être et à rester.

Entre invisibilité et non-visibilité

Pour Guillaume Le Blanc, l'invisibilité sociale s'analyse comme un processus dont la conséquence ultime est l'impossibilité de participer à la vie publique par le fait d'être marginal (au regard du reste de la société), de n'être personne (détenteur d'une parole sans portée), ou encore d'être sans qualité (absence revendiquée ou attribuée). Le passage de la disqualification sociale à l'invisibilité sociale se réalise

---

[293] SOULET Marc-Henri, « L'inexistence sociale : une notion sociologique », *in* CHÂTEL Viviane, *op. cit.*, p. 224.

alors quand le déni social est doublé d'un déni moral de reconnaissance[294].

Pour être au plus près des réalités de vie des familles étrangères, l'approche philosophique est à compléter par une approche sociologique de l'absence de visibilité sociale. Dans cette configuration et de manière paradoxale, les étrangers apparaissent comme des « invisibles variables d'ajustement », autrement dit des populations paupérisées et niées dans leur individualité qui n'existent dans l'espace public que sous la forme de statistiques et de flux[295]. De fait, le qualificatif d'invisible désigne aussi bien ceux que les membres du corps social ne voient pas parce qu'ils sont marginaux que ceux qu'on ne veut pas, qu'on rejette et qu'on réprime pour leur visibilité dérangeante[296]. Dans ce cas, parce qu'il peine à être reconnu dans ses droits, l'étranger double son invisibilité sociale d'une invisibilité juridique. Cela se traduit par un refus de prendre en compte la satisfaction du besoin et l'intérêt des individus, autant de réalités pourtant perceptibles pour le sens commun. Par conséquent, le déficit de droits qui en découle caractérise l'invisibilité sociale par une protection juridique moindre et des droits fondamentaux régulièrement déniés. Comme le montre Danièle Lochak :

> L'entrée par le droit reste pertinente et éclairante. D'abord parce que, en tant qu'instrument des politiques publiques, il reflète la façon dont les problèmes sociaux sont appréhendés et les réponses qui leur sont apportées ; ensuite parce qu'il encadre les pratiques sociales en posant des règles contraignantes auxquelles les individus sont tenus de conformer leurs conduites ; enfin, parce que, en véhiculant une certaine image des rapports sociaux, il contribue à forger les représentations collectives.[297]

---

[294] LE BLANC Guillaume, *L'invisibilité sociale*, Paris, PUF, 2009, p. 151.
[295] Dans un ouvrage magistral, Stéphane Beaud et *al.* envisagent quatre sortes d'invisibles. A ceux variables d'ajustement comme nous venons de le voir, s'ajoutent d'un côté les « hommes et les femmes sans qualité » dont les difficultés ne sont pas prises en compte par les politiques publiques spécifiques, par l'administration et par l'évolution de l'économie, et d'un autre côté les « invisibles masquées par les images toutes faites » et dont la vie concrète est caricaturée ou traitée sur un mode compassionnel [BEAUD Stéphane, CONFAVREUX Joseph, LINDGAARD Jade, *La France invisible*, Paris, La Découverte, 2006, p. 10].
[296] LOCHAK Danièle, « (In)visibilité sociale, (in)visibilité juridique », *in* BEAUD Stéphane, CONFAVREUX Joseph, LINDGAARD Jade, *op. cit.*, 2006, p. 499.
[297] *Ibid.*, p. 507.

Le droit instaure un rapport des services sociaux aux familles étrangères à partir du statut. La notion de risque s'appréhende alors de manière différente selon une catégorisation juridique de l'étranger que vient croiser une catégorisation sociale du précaire. L'ensemble est à l'origine de pratiques singulières en même temps que de systèmes de représentation spécifiques des besoins. Mais le processus d'invisibilisation par le droit dont souffre l'étranger se confronte également et régulièrement aux limites de l'ordre social. Venir le déranger entraîne une visibilité qui participe d'une reconnaissance aux effets négatifs et conduit à l'accroissement de la vulnérabilité de la famille. De fait, quand les politiques publiques construisent le cadre de l'invisibilisation d'une catégorie de population, certains étrangers, en situation régulière ou non, mettent également en place des stratégies pour éviter de mettre en lumière leur situation et prêter le flanc à la coercition ou la répression. C'est ce processus actif et non passif que nous nommerons de *non-visibilité*. Pour parvenir à ce résultat, l'étranger adopte dans l'espace public les comportements conformes aux normes dominantes de la société d'accueil, et adapte son attitude aux attentes des différents interlocuteurs institutionnels. Toute entorse à cette règle rejaillit sur son entourage immédiat qui fait alors pression pour que se maintienne cette non-visibilité du groupe, sous peine parfois d'exclusion de la sphère de proximité afin de préserver la sécurité collective. Le fait même d'adopter un comportement qui provoque l'intervention des services sociaux et éducatifs devient une mise en visibilité négative qui suscite fuite et évitement et dans tous les cas rejet pour éviter tout phénomène de contagion. Ces comportements, qui vont à l'encontre de toute dynamique de prévention, sont régulièrement interprétés comme une incapacité à conscientiser la difficulté sociale et éducative ou comme une volonté manifeste de non-collaboration. Ils entraînent une escalade dans les mesures jusqu'à la saisine du judiciaire alors que l'objectif premier était de « se faire oublier ». L'étranger entre alors dans une sorte de spirale régressive et génère doutes et suspicions chez les professionnels censés l'aider et le soutenir. Il n'est donc pas rare de voir certaines interventions socio-éducatives provoquer un départ précipité des familles, plus ou moins organisé par la communauté de proximité. Le collectif constitué n'a pas alors d'autres objectifs que de retrouver la quiétude relationnelle de la non-visibilité pour rompre le déséquilibre en défaveur de la famille provoqué par l'intervention socio-éducative. Elle soumet de manière concomitante les comportements à l'approbation des professionnels et des pairs et exacerbe, en cas de non-repect, les risques coercitifs. C'est ainsi qu'une famille étrangère en situation régulière qui en héberge deux autres non-régulières n'a aucun intérêt à voir débarquer les services sociaux chez elle de crainte d'enclencher au mieux une procédure d'expulsion, au pire des poursuites pénales pour aide au séjour irrégulier et le non-renouvellement de son titre de séjour. Ce sont des conséquences que les pouvoirs publics peinent à prendre en compte dans l'analyse des refus d'intervention.

De fait, le principe de non-visibilité fonctionne dans les deux sens. En même temps qu'il permet à l'étranger de se fondre dans un moule sociétal favorisant le maintien sur le territoire national, il l'oblige à adopter les comportements qui font sens dans la sphère de proximité pour ne pas en être exclu. « Faire » ostensiblement le « Français » ou « l'Européen » alors que les normes de référence du quartier sont particulièrement marquées par une origine marocaine musulmane comme au quartier du Petit-Bard – La Pergola à Montpellier, c'est certes montrer une potentielle intégration dans la société d'accueil mais peut conduire à être ostracisé dans l'entourage immédiat. En s'engageant et en engageant la famille dans des processus de reconnaissance à portée positive pour la communauté instituée (apprentissage de la langue française, des principes de la Républiques, refus du port systématique du *hidjab*, etc.), l'étranger crée les conditions favorables à sa régularisation mais produit un effet de reconnaissance négatif dans la communauté constituée par le quartier et les pairs. À l'extrême, dans la recherche de ce fragile équilibre, les familles étrangères peuvent *in fine* ne pas obtenir la régularisation tant recherchée et subir l'ostracisation des proches.

Ce comportement, caractéristique des non-réguliers, s'inverse parfois pour un étranger régulier. Comme ce dernier n'a plus le souci de satisfaire aux obligations normatives de la société d'accueil pour obtenir une régularisation, il privilégie la recherche de non-visibilité quotidienne dans la sphère de proximité synonyme de tranquillité et paix sociales avec les pairs. Il adopte les comportements correspondant à « l'identité » du quartier plus qu'à l'ethnie d'origine ou ceux dominants de la société d'accueil. C'est ainsi par exemple que le *hidjab* enlevé par le non-régulier pour tenter de correspondre aux canons d'une laïcité aux contours flous est par contre ostensiblement affiché par le régulier pour coller aux pratiques locales et investi comme un marqueur identitaire de proximité. Mais ce qui fait d'un côté sens positif et engendre la non-visibilité dans la proximité, fonctionne comme étiquette négative dans le reste de la ville parce qu'associé à un « repli communautaire » ou un phénomène de « ghettoïsation ». Autrement dit, les signes extérieurs perdent leur sens distinctif d'appartenance positive selon la sphère d'évolution concernée.

L'intervention des services socio-éducatifs dans la sphère privée, au vu et au su de la communauté de proximité, crée les conditions d'une visibilité négative qui peut provoquer sans le vouloir une mise à l'écart. La mesure censée être d'aide et d'accompagnement qui demande l'adoption de comportements opposés à ceux qui font sens dans la sphère de proximité, est alors à l'origine d'un isolement social et d'une rupture des liens de solidarité localement constitués auquel le professionnel ne peut pallier parce qu'empêché structurellement dans sa pratique à subvenir à la réalité des besoins. Face à ce constat, dans le quartier du Petit-Bard – La Pergola à Montpellier, les interventions du « Lieu de parentalité » gagnent en efficacité préventive quand elles ne sont pas marquées par une irruption dans la sphère privée et qu'elles ne sont pas accolées à des logiques coercitives (possibilité de saisine du judiciaire, etc.). Ancrer donc les pratiques socio-éducatives dans les logiques sécuritaires est contreproductif au regard des objectifs poursuivis de prévention des conduites à risque. Sous prétexte d'agir pour l'intérêt et la satisfaction du besoin de l'enfant, le risque est d'accentuer l'isolement social de la famille et de renforcer la notion de danger par la rupture des liens sociaux de solidarité de proximité qu'elle provoque. Pour gagner en efficacité en direction des familles étrangères, pouvoirs publics et professionnels du social et de l'enfance doivent alors jouer d'une dialectique fondatrice de l'intervention socio-éducatives dans les quartiers sensibles. D'un côté catégoriser des problématiques familiales par l'accès aux droits et l'intégration des règles pour les rendre positivement visibles et permettre l'accès à la régularisation et légitimer leur maintien sur le territoire national ; d'un autre côté faire que l'action socio-éducative garantisse la non-visibilité des familles et assurer leur tranquillité dans la sphère de proximité. Privilégier cette approche qui peut paraître paradoxale c'est satisfaire, auprès de l'opinion, le souci institutionnel et politique de maintenir dans l'ombre les pratiques en faveur des populations « sensibles », en même temps qu'elle permet aux familles structurellement invalidées d'accéder à un mieux-être social et relationnel. Mais l'équilibre qu'autorise cette dialectique ne doit pas faire oublier son extrême fragilité parce que dépendant des individus et non plus du système, et qu'il peut à tout moment favoriser l'insécurité et le mépris qu'il est censé combattre.

Pour quel processus de reconnaissance ?

Par son origine, ses critères phénotypiques ou encore son statut administratif, l'étranger souffre de manière récurrente d'un déficit de reconnaissance qui, selon Hannah Arendt, l'amène à se considérer et à être considéré comme une « sous-humanité »[298]. Cette dé-considération le conduit à devoir plus que d'autres faire la preuve de sa volonté et de sa capacité à être et à rester sur le territoire national dans le respect des normes dominantes et à adopter des modèles hétéronormés d'ordre social et public. Pour les familles, cette intégration passe par l'adoption d'un idéal-type de comportement éducatif que garantissent les pouvoirs publics. À moins d'obtenir la nationalité française, la reconnaissance qui en découle est toujours partielle parce que liée à un statut qui donne accès à certains droits et jamais à leur intégralité, donc à un mode de vie toujours singulier.

Dans le dispositif de protection, l'intervention socio-éducative n'a pas d'autres choix que d'interroger constamment les grilles référentielles qui leur sont habituellement proposées dans l'évaluation des comportements pour les adapter aux réalités du vécu des familles étrangères et aux perspectives ouvertes par le statut. Au-delà elle vient surtout questionner le processus de réalisation de soi que le traitement des difficultés engage. Pour approcher les mécanismes et comprendre comment l'intervention socio-éducative contribue à faire que « l'autre personne est censée posséder une "valeur" sociale »[299] bien qu'exclue des dispositifs de cohésion habituels, un détour par les travaux d'Axel Honneth s'impose.

---

[298] Comme l'évoque Hannah Arendt, « être fondamentalement privé des droits de l'homme, c'est d'abord et avant tout être privé d'une place dans le monde qui donne de l'importance aux opinions et rendent les actions significatives » [ARENDT Hannah, *op. cit.*, 2002, p. 145].
[299] HONNETH Axel, *La société du mépris*, Paris, La Découverte, 2008, p. 230.

Structuration de la relation de reconnaissance sociale et formes de mépris

En confrontant la pensée hégélienne à la philosophie sociale de George Hebert Mead, Axel Honneth envisage la personne en termes d'intersubjectivité à partir de laquelle « la possibilité d'une relation harmonieuse à soi dépend de trois formes de reconnaissance (amour, droit, estime sociale) » issues d'autant de sphères cognitives successives auxquelles correspondent autant de formes de mépris à l'origine des conflits sociaux[300]. Attardons-nous dans un premier temps sur les trois formes de reconnaissance.

La première est l'amour, autrement dit toutes les relations primaires d'où sont issus les liens affectifs puissants entre un nombre restreint de personnes. L'amour est nécessaire à l'élaboration de la confiance en soi[301] et avec l'amitié, ces sentiments sont à l'origine d'un mode particulier de reconnaissance qui permet la « capacité à être seul » en même temps qu'ils autorisent le rapport à l'autre, dans le sens où l'individu tire de l'affection portée à autrui l'acceptation de son autonomie. Après les relations primaires, la deuxième forme de reconnaissance se constitue à partir de relations juridiques desquelles découle le respect de soi. Les droits légaux sont « les signes anonymes du respect social », des règles qui permettent les relations entre les individus. Si la confiance en soi permet d'aller vers l'autre, le droit, par les garanties qu'il offre, autorise un rapport aux autres normé. La troisième forme de reconnaissance vient en droite ligne des pensées d'Hegel et de Mead. Elle est consécutive à la solidarité des membres de la communauté et consiste en la jouissance d'une estime sociale qui permet aux individus de « se rapporter positivement à leurs qualités et à leurs capacités concrètes ». Incluse dans la « solidarité sociale », elle « a pour objet des qualités particulières par lesquelles les hommes se caractérisent dans leurs spécificités personnelles »[302]. De la solidarité sociale découle l'estime de soi. Pour synthétiser :

> C'est seulement lorsque les personnes sont effectivement reconnues comme porteuses de besoins affectifs, comme sujets égaux d'une communauté juridique auxquels reviennent des droits, et, enfin, comme détenteurs d'aptitudes pratiques

---

[300] HONNETH Axel, *La lutte pour la reconnaissance*, Paris, Gallimard, 2013 [2000], p. 10.
[301] *Ibid.*, p. 74.
[302] *Ibid.*, p. 206-207.

> contribuant à la reproduction de la vie commune, qu'elles peuvent développer un rapport pratique à elles-mêmes et nourrir des qualités positives de l'autoréalisation.[303]

À chacune de ces formes de reconnaissance s'attache un type d'expérience du mépris entendu comme refus ou privation de reconnaissance. En déplaçant la focale sur les réalités du travail socio-éducatif avec les familles étrangères, il apparaît que dès leur arrivée, et pour certaines dès le pays d'origine face aux procédures d'admission dans les ambassades ou les consulats français, elles connaissent ce type d'altération des interactions à l'origine des troubles dans le processus de reconnaissance. Dans un tel contexte et assez paradoxalement, le travail socio-éducatif est appelé à participer à l'élaboration des formes de mépris organisées par l'État dit de droit, alors qu'il possède de manière intrinsèque les outils et les capacités pour faire advenir le sujet étranger comme acteur de son devenir.

La confiance en soi

Selon Axel Honneth, la violence physique crée l'incapacité du sujet à disposer librement de son corps, cassant par là-même le processus de socialisation. La confiance en soi s'en trouve ainsi altérée. Dans le champ générique de la protection de l'enfance, à la violence physique au sens large (coups, attouchements, viols, etc.) il convient d'adjoindre les violences psychologiques (dénigrement systématique, « placardisation », désignation en qualité de bouc-émissaire, etc.) et les carences éducatives, autrement dit le risque de danger dans l'évolution d'un enfant du fait d'un milieu déficient. Ces différentes situations de risque et de danger créent les conditions d'une intervention socio-éducative corrective et légitiment l'immixtion des pouvoirs publics dans la sphère privée.

Dans cette sphère cognitive, l'intervention précoce des services socio-éducatifs s'entend comme une action sur les relations primaires. Il s'agit d'établir ou de rétablir les conditions de la confiance en soi de l'enfant avec l'objectif qu'elles trouvent un écho chez les parents par la constitution d'une relation psycho-affective stable et repérée. Pour les familles étrangères surtout, la construction ou la reconstruction de ce lien ne se conçoit pas à partir d'un modèle de « bonne parentalité » hétéronormé, mais dans l'adoption par les tiers éducatifs des normes et valeurs qui font sens dans le quotidien pour qu'ils s'en emparent et

---
[303] *Ibid.*, p. 230.

les fassent singulièrement évoluer. Dans cette conception, priment alors les interactions interindividuelles (parents/enfant/travailleur social) et non celles d'un individu (l'étranger) avec un système (l'institution protection de l'enfance). L'élaboration des conditions de la confiance en soi devient une co-construction aux productions relationnelles et comportementales singulières. La pertinence de l'intervention des professionnels de l'enfance est fonction des attentes et des besoins des familles, et non d'une injonction institutionnelle. Par conséquent, la relation de confiance qu'un travailleur social peut construire avec les différents membres d'une famille devient le moteur de la réalisation de cette confiance en soi nécessaire au processus de socialisation, et plus largement à celui d'intégration. En généralisant l'entrée dans les familles par l'information préoccupante et la définition d'un risque de danger aux contours subjectivés, les professionnels déconstruisent les fonctionnements familiaux et en même temps posent les jalons d'un fonctionnement parental adapté selon des critères qu'ils sont souvent seuls à valider. Pour des familles en rupture de repères, l'intervention socio-éducative ainsi démarrée prend vite le risque de se transformer en une relation système/individu au travers du contrôle et de la coercition, plutôt qu'en relation interindividuelle d'aide et de soutien favorisant les mécanismes singuliers d'élaboration de la confiance en soi, ce que nous avons dénommé l'émancipation. Il ne s'agit donc pas d'apporter des solutions et de faire advenir le sujet tel que souhaité par la société, mais de co-construire les solutions pour que le sujet advienne par lui-même. En intervenant à partir d'une définition hétéronormée du risque et donc du manque, l'action des travailleurs sociaux peut avoir un effet démobilisateur et devenir un facteur d'altération du lien affectif et donc de la confiance en soi.

Après avoir constaté une farouche volonté parentale d'intégrer l'enfant dans la société française par l'intermédiaire de l'acquisition de la langue, les travailleurs médico-sociaux du « Lieu de parentalité » du quartier du Petit-Bard – La Pergola à Montpellier ont mis en évidence certains des mécanismes d'intégration qui altèrent la constitution des liens primaires. Pour les parents qui ne manient pas ou si peu le français, la maîtrise de la langue pour obtenir une régularisation ou une naturalisation devient le symbole d'une intégration « réussie ». Cependant, les professionnels ont constaté que certains enfants ne connaissent pas la langue de leurs parents sans réellement maîtriser le français, un entre-deux créateur d'un mal-être relationnel qui impacte le processus d'identification. En mettant une pression permanente sur les conditions de régularisation ou de maintien sur le territoire national, les pouvoirs publics signifient leur préférence pour l'assimilation plutôt que l'intégration, un positionnement institutionnel et politique propice à l'altération du lien affectif :

> On voit des mamans arriver, complètement paniquées, et puis essayer de parler avec les enfants un mauvais français qui fait qu'au final les enfants, ils parlent ni l'arabe ni le français comme il faut... C'est pour ça que cette année, on a essayé de... On a un projet autour du langage avec plusieurs professionnels [...]. Et on s'est rendu compte qu'on devait d'abord travailler l'estime de soi auprès des familles, auprès des mamans... La confiance et l'estime pour pouvoir... Qu'il y ait au niveau de la langue quelque chose qui se transmette des origines, de la langue... Une transmission culturelle, et après prendre le temps de s'installer ici et d'apprendre le français, mais après... Pas tout de suite.[304]

Dans ce quartier et pour ces professionnels, le travail de réappropriation des origines s'est concrétisé par la création de ce que les habitants nomment les « écoles arabes ». Au sein de l'école publique, durant les temps périscolaires, sont dispensés des cours d'arabe avec l'assentiment et le soutien des pouvoirs publics (Éducation Nationale, consulats du Maroc, de l'Algérie et de la Tunisie). En croisant la définition du projet avec les conditions d'élaboration de la sphère affective d'Axel Honneth, les professionnels insistent sur le cadre de la confiance qu'une mère peut apporter à son enfant et comment elle autorise son identification et l'acquisition d'une place dans la sphère familiale et dans la société d'accueil. La confiance en soi ne passe pas par l'acquisition de systèmes normatifs hétéronormés et éloignés des conditions habituelles de vie. Ce n'est qu'à partir de la consolidation de ce lien affectif que l'intégration d'un collectif solidaire est rendue possible : la confiance en soi est nécessaire pour réaliser les premiers mécanismes de socialisation dans la société d'accueil et détermine les conditions qui aideront à constituer l'estime de soi.

Les travailleurs médico-sociaux de ce secteur ont conçu une intervention préventive précoce de la notion de risque dans la relation parents/enfant en priorisant l'exercice des liens affectifs primaires

---

[304] Entretien n°18, éducateur jeunes enfants, Montpellier.

avant la socialisation. Au-delà du travail sur la langue et l'ancrage facilité dans des réalités multiples, c'est en offrant matériellement les conditions d'inscription de l'enfant dans une généalogie que ces professionnels envisagent un projet d'évolution de la famille respectueux de l'intérêt et des besoins de l'enfant. Avant d'imposer des systèmes de valeurs hétéronormés, ils entendent favoriser les mécanismes d'appropriation par les intéressés de ce qui fonde et fait leur vécu.

Le respect de soi

Priver une personne de certains droits affecte le respect de soi par le fait même que l'on ne lui reconnaît pas « le même degré de responsabilité morale qu'aux autres membres de la société »[305]. Dans leurs confrontations aux réalités quotidiennes, les étrangers sont sans cesse renvoyés à cette infériorité de statut. Aux interprétations sécuritaires du droit s'ajoute le plus souvent une déconsidération globale de leur existence sociale. Alors que le droit est censé protéger les individus contre les aléas de la vie, pour les étrangers il entrave régulièrement l'accès aux dispositifs de droit commun et crée ou alimente la notion de risque de danger pour l'enfant en n'autorisant que des solutions ponctuelles et partielles aux besoins des familles. Ce traitement différencié en fonction de l'origine et du statut administratif maintient l'étranger dans une non-reconnaissance systémique de ses potentialités à être et à rester sur le territoire national en même temps qu'il jette une suspicion permanente sur les raisons de sa venue en France et les conditions de son maintien. Bien que théoriquement soumis aux mêmes droits fondamentaux que le national (déclaration universelle des droits de l'homme, Convention internationale des droits de l'enfant, droit à au logement, droit à vivre en famille, etc.), les conditions de son intégration sont sans cesse remise en cause par des lois plus partisanes qu'universalistes qui tendent à transformer les droits en devoirs et transfèrent les responsabilités du système aux individus. En dotant les pouvoirs publics de dispositifs répressifs ou coercitifs, la société sécuritaire fait glisser la mesure d'aide et de soutien vers le contrôle du mérite des familles. De fait, élaborer même localement des politiques sociales adaptées aux difficultés rencontrées par les étrangers revient à les soumettre à une appréciation politiquement orientée – pour ne pas dire parfois électoraliste – qui

---

[305] HONNETH Axel, *op. cit.*, 2013, p. 227.

éloigne la solution envisagée de la réalité de la satisfaction des besoins. On assiste alors à la création d'un espace singulier de travail dans lequel le professionnel du social, faute de référentiel des pratiques clairement énoncé, invente et réinvente sans cesse ses modalités de travail. Il agit alors le plus souvent au nom d'une certaine éthique – recherche de légitimité – plutôt que dans le respect du cadre législatif et réglementaire – recherche de légalité. Quand la dynamique préventive se veut émancipatrice et rend l'individu acteur de son devenir, la logique sécuritaire le soumet à un arbitraire décisionnel et à une normalisation des comportements localement constituée. C'est ainsi qu'avec les étrangers se développent autant d'approches socio-éducatives des problématiques que de modalités d'intervention en fonction des réalités des quartiers, des dynamiques à l'œuvre chez les populations qui les composent et des singularités de fonctionnement des familles.

Le sentiment récurrent d'être soumis à un arbitraire institutionnel sans jamais être associé aux processus décisionnels met à mal le respect de soi. Les échanges au sein du Collectif des enfants de parents sans-papiers de Béziers l'ont régulièrement mis en évidence. En déniant sans cesse aux étrangers leurs droits à une vie décente et digne pour élever leur enfant, leur légitimité à être et à rester sur le territoire national est autant remise en question que leur légitimité à pouvoir exercer une fonction parentale conforme aux attendus de la société d'accueil. En produisant de manière règlementaire des « systèmes de droit » comme avec l'aménagement du dispositif des aides financières, les professionnels de l'enfance, et au-delà les institutions qui les cautionnent, produisent les outils d'avènement d'une personnalité juridique localement constituée. Le montage incessant de dossiers de régularisation, d'appels aux décisions administratives et judiciaire sont des procédures qui ambitionnent autant de légaliser une présence que de légitimer la satisfaction des besoins les plus élémentaires. Dans l'attente des résultats de chaque procédure entamée, le travail socio-éducatif est non-borné et priorise ses interventions en fonction de critères subjectifs.

La soumission des pratiques socio-éducatives à l'outil « contrat » aurait pu être un moyen de faire émerger la personne juridique à condition qu'il garantisse aux deux parties une réelle liberté de contractualiser et une égale obligation à rendre des comptes sur les objectifs à atteindre. Derrière l'accord ou la demande, la transformation du formulaire d'admission à l'aide sociale à l'enfance en contrat ne suffit pas à masquer l'asymétrie des contractants et l'unilatéralité de la décision. En privilégiant la démarche concertée, les travailleurs sociaux tentent de mettre un pied d'égalité là où le législateur ne prévoit que soumission. Pour la dynamique d'émancipation, l'interaction interindividuelle est préférée à celle du potentiel bénéficiaire avec le système. Le respect de soi passe donc par la reconnaissance des besoins et de l'intérêt de l'individu : dans le processus d'aide et de soutien, la légitimité à être et à avoir supplante alors la légalité que confère le statut.

Contre les réalités législatives, en faisant de l'aide financière aux non-réguliers un « droit » règlementaire calqué sur le montant des prestations de la CAF, la collectivité départementale est productrice d'une forme de reconnaissance que l'État de droit refuse. Le renforcement de la logique « guichet » fait l'objet de vives critiques de la part des professionnels car elle les éloigne de l'évaluation singulière des situations. Mais en même temps, pour les associatifs et les étrangers eux-mêmes, outre l'intérêt financier indéniable, ce dispositif réglementaire apporte une reconnaissance partielle mais officielle d'ayant-droit parce que délivrée par un service public. Il n'en reste pas moins que transformer un dispositif ponctuel et singulier en une aide collective et pérenne pour répondre à des besoins particuliers met en question la place de l'évaluation, et plus largement celle du professionnel dans le processus d'attribution. De fait, faute de droits légaux, des règles internes peuvent garantir, avec des individus structurellement marginalisés, des relations formelles entre un système et une institution qui deviennent des signes effectifs d'un « respect social » autorisant les familles étrangères et les professionnels à penser différemment la question du respect de soi.

L'estime de soi

Enfin, la troisième forme de mépris concerne le statut de la personne. L'estime sociale en est affectée au point que la dépréciation de certains modèles d'autoréalisation a « pour effet que ceux qui s'y conforment ne peuvent reconnaître à leur existence aucune signification positive au sein de la communauté »[306]. Quand pour l'étranger la « communauté » représente autant la société d'accueil avec ses normes de fonctionnement que sa sphère de proximité,

---

[306] HONNETH Axel, *op. cit.*, 2013, p. 228-229.

l'approche de la reconnaissance par l'estime sociale et le travail social se complexifie et n'autorise qu'une perception tronquée du processus qui la fonde. Si nous postulons que l'étranger évolue dans une superposition de sphères d'appartenance – de « communautés » – qui, pour être reliées entre elles, n'en sont pas moins indépendantes dans les systèmes de valeurs qui les constituent, apparaissent alors de manière transversale différents dispositifs solidaires créateurs d'une estime de soi. En effet, nombreux sont les étrangers, même exclus des systèmes de solidarité de droit commun, à être socialement impliqués et estimés au sein de leur communauté d'origine ou du quartier, ou encore à l'intérieur de différents mouvements collectifs de circonstance ou diverses associations représentatives (parents d'élèves par exemple).

Au début collection d'individus aux réalités et aspirations éparses, le Collectif des enfants de parents sans-papiers regroupe des personnes qui se reconnaissent à travers un manque à combler – le titre de séjour – ou le besoin d'aider à le combler – élus politiques, représentants syndicaux, etc. À l'invisibilité politique et sociale dont cette population souffre, s'ajoute un désir de non-visibilité entretenu par les familles pour éviter d'éventuelles mesures coercitives ou répressives. Mais quand leur situation personnelle se dégrade et qu'elles n'ont plus aucune capacité projective, les familles atteignent un point de saturation auquel succède un désir de visibilité et de publicité que vient porter le Collectif et les personnalités publiques qui le composent. Progressivement, l'aspiration individuelle à être reconnu dans la société d'accueil s'estompe pour se transformer en une lutte collective pour la reconnaissance créatrice de ses propres formes de solidarité. Se fondre dans un collectif, c'est retrouver un sens à la lutte quotidienne pour la survie, et créer une solidarité avec des individus autres que ceux de même origine ou condition sociale : des étrangers d'autres pays ou continents, des Français, des élus, des associatifs, des naturalisés, des immigrés réguliers, des descendants d'immigrés, de « simples » citoyens, bref une diversité engagée dans un même mouvement à l'origine d'une nouvelle *communauté constituée*. Pour l'étranger, l'implication dans le Collectif permet d'entrevoir des perspectives que seul il n'envisageait plus. Le passage de l'attente à l'action conduit l'étranger à participer ou à avoir le sentiment de participer même modestement et de façon aléatoire à un processus décisionnel dont il était jusque-là exclu. Rendu acteur par le faire-ensemble, l'engagement dans le Collectif et l'acceptation explicite des risques que provoquent la mise en lumière et la publicité de son action autorisent une forme de reconnaissance qui participe à la création d'une estime de soi qui rejaillit sur l'ensemble de la famille.

Pour le suivi socio-éducatif, un des objectifs des travailleurs sociaux est de rendre la famille coproductrice de l'intervention. À leur manière, les professionnels sont créateurs d'une reconnaissance sociale formelle qui, en dehors de son statut administratif, ramène l'individu à sa stricte condition de parent. Par le processus, l'individu n'est plus réduit à son statut administratif et au champ du possible qu'il ouvre d'un point de vue social, mais reconnu comme un être désirant aux formes capacitaires avérées. Hors de tout cadre coercitif, le processus de reconnaissance qui s'enclenche contribue à l'élaboration de l'estime de soi. C'est ainsi qu'un dispositif construit à partir de l'accord ou de la demande formelle ou informelle des individus est plus porteur d'épanouissement et de réalisation de soi qu'une judiciarisation de l'intervention. L'application *stricto sensu* du principe de subsidiarité permet de garantir un travail collaboratif préalable avec les familles. Privilégier, surtout trop rapidement, le judiciaire, c'est condamner le potentiel bénéficiaire de la mesure à être strictement reconnu par rapport à ses manques et à subir tout ou partie de l'intervention engendrant une forme de *mésestimation de soi* avec en retour méfiance, défiance, bref une mise en question de la légitimité de l'action socio-éducative et de celui qui la conduit.

L'intervention socio-éducative comme processus de reconnaissance

Dans la logique actuelle, les politiques publiques ont tendance à produire une visibilité négative de l'étranger qui rejaillit sur les services sociaux et éducatifs départementaux associés au processus de normalisation des comportements et de régulation des flux migratoires. Les réalités d'une précarité sociale structurellement entretenue et le risque permanent de voir l'exercice des fonctions parentales renvoyé à la question de l'ordre social et public avant celle du mieux-être de l'enfant participent à des formes racialisées ou ethnicisées de l'action sociale. Législateur, politiques, pouvoirs publics, tous tendent aujourd'hui à des formes de collectivisation de l'étiquette négative par les catégorisations qu'ils opèrent. Mais si ces catégorisations présentent l'intérêt de l'efficience politique, elles font perdre au travail social l'approche singulière des situations et la possibilité d'adapter les réponses aux réalités locales de fonctionnement, autrement dit son efficacité. Or en faisant d'une difficulté parentale une information préoccupante, l'intervention préventive sur la situation à risque n'est en fait que la constitution d'un nouveau dispositif normatif qui s'impose aux familles. L'action socio-éducative est alors soumise à une obligation de résultats complexe pour ne pas dire impossible à atteindre pour des familles structurellement invalidées par le système. Ce faisant, par leur seule présence, les professionnels rajoutent au discrédit jeté sur des familles déjà fragilisées par la conjoncture économique et les politiques migratoires restrictives. L'entrée dans le dispositif de protection de l'enfance renvoie la famille strictement à son manque. La mesure qui en découle correspond à un nouveau stigmate que même sa fin et le départ des professionnels ne parviennent pas effacer au sein de la communauté de proximité.

Même si les travailleurs sociaux s'en défendent, les familles étrangères éprouvent un grand ressentiment à l'égard des services sociaux des secteurs étudiés. Car malgré l'affichage incessant de l'aide et du soutien, la conditionnalité de l'attribution de l'aide sociale ou éducative, l'évaluation systématique des conditions de vie, l'absence de participation réelle au processus décisionnel sont autant d'éléments qui font de l'intervention une contrainte qui se rajoutent aux nombreux mécanismes de contrôle et répressifs dont ils font l'objet. Pour l'étranger, l'amalgame est depuis longtemps fait entre les différents dispositifs coercitifs et les pouvoirs publics. Ce ne sont que les relations interindividuelles nouées au quotidien qui permettent de passer outre au système pour s'attacher à la mission du professionnel. Par l'insécurité sociale systémique dans laquelle les étrangers sont maintenus, on assiste à des formes de chronicisation de l'absence ou du déficit de reconnaissance. Cette chronicisation est à l'origine d'amalgames entre situation sociale et éducative, précarité et dangerosité, extranéité et trouble à l'ordre public, etc., que renforce leur statut administratif ou son absence. Pour les en dégager, les professionnels usent alors de pratiques différenciées par rapport au reste de la population. Remettant en question une égalité de traitement source d'inégalité de résultat, ils adaptent les dispositifs aux réalités des besoins des individus, ce qui provoque l'émergence d'espaces de tensions voire de conflits, dans tous les cas de négociations, avec les institutions. C'est à ce prix qu'ils estiment pouvoir donner une image positive du service et engager l'action sociale et éducative dans une réelle démarche préventive et émancipatrice acceptée par les familles.

Articuler donc la pensée d'Axel Honneth avec le traitement de la notion de risque ou de danger socio-éducatif pour un mineur peut de prime abord apparaître comme une gageure et ne pas renseigner sur le rapport institutionnalisé des services de protection de l'enfance avec les familles étrangères. Pourtant, situer le bénéficiaire de l'intervention sociale et éducative comme ayant-droit dans un processus global de lutte pour la reconnaissance renvoie à une volonté politique et institutionnelle de donner la primauté à la satisfaction de ses besoins plutôt qu'à le rendre responsable de sa mise en œuvre. Il s'agit pour les institutions de considérer la famille d'abord comme victime plutôt que responsable de sa situation, de faire passer le parent avant son extranéité et le précaire avant le statut administratif. Globalement défini par rapport à son manque et aux difficultés qu'il est censé générer pour l'ordre social ou public, comment l'étranger peut-il devenir acteur de son projet si on ne lui reconnaît pas un droit institutionnalisé à être et à avoir ?

Les trois formes de reconnaissance que sont l'amour, le droit et la solidarité créent :

> […] les conditions sociales dans lesquelles les sujets humains peuvent parvenir à une attitude positive envers eux-mêmes ; car c'est seulement quand elle a acquis dans l'expérience successive de ces trois formes de reconnaissance un fonds suffisant de confiance en soi, de respect de soi et d'estime de soi, c'est alors seulement qu'une personne est en mesure de se comprendre pleinement comme un être à la fois autonome et individualisé, de s'identifier à ses fins et à ses désirs.[307]

Loin de la restriction du droit moderne à la simple garantie des libertés civiles telles que défendues par Hegel et Mead, Axel Honneth insiste sur l'importance d'améliorer les conditions juridiques de leur mise en œuvre pour que les individus puissent effectivement en jouir. Par conséquent, comme tentent de le faire les services socio-éducatifs des secteurs étudiés, les modèles de reconnaissance juridique doivent pénétrer la sphère des relations primaires en participant à la protection de l'individu contre le danger structurellement organisé. Ainsi se maintiennent les sphères de solidarité par la reconnaissance instituée des collectifs constitués pour autant que le procédé n'impose pas de

---

[307] *Ibid.*, p. 283.

restrictions normatives aux valeurs sur lesquelles se fonde le sentiment d'appartenance à une communauté. À côté d'une « estime symétrique entre citoyens légalement autonomes »[308] peut exister une solidarité sociale entre *individus légitimement autonomes*, autrement dit reconnus en capacité de produire des normes de fonctionnement propres et respectueuses à la fois des valeurs du groupe de proximité et de celles de la société d'accueil.

Comme nous avons pu le constater, en élaborant des dispositifs spécifiques sous la pression conjuguée des acteurs locaux et des professionnels pour satisfaire les besoins des familles structurellement invalidées, les collectivités départementales ont la possibilité de créer les conditions, même partielles, d'un droit à être pour les parents étrangers. Alors que l'universalisme de la mission de protection de l'enfance n'a de cesse de se confronter aux frontières du statut et à celles d'une altérité négative, la dynamique de protection passe par une prévention capable de considérer l'individu strictement au regard de son besoin ou de sa difficulté et l'intégrer en qualité d'acteur à part entière. Avant d'être en faveur des Roms, des Marocains ou autres Arméniens, l'action socio-éducative se déploie d'abord en direction de parents dont les situations interrelationnelles sont uniques, rendant chaque problématique singulière et chaque solution particulière. Loin de l'essentialisation des comportements à partir de l'origine, la couleur de la peau ou autres religions, le travail social et éducatif de singularisation et de particularisation a le mérite de renvoyer la personne à ses potentialités plus qu'à ses limites, et à prendre en considération l'individu là où le système ne voit qu'un collectif abscons. L'approche individualisée favorise l'acteur quand les politiques publiques parlent de responsable, ce qui permet à la mesure d'aide et d'accompagnement de prôner la coproduction de l'émancipation alors que domine la préservation d'un certain ordre social dominant.

Au-delà du « citoyen de second rang »[309] que tentent d'imposer les lois relatives à l'immigration et la conditionnalité sans cesse restrictive au séjour, on assiste à la multiplication des dispositifs discriminants qui rapidement peuvent prendre des formes discriminatoires. En privilégiant la prise en compte contextualisée des réalités de vie et une approche ascendante du traitement des

---

[308] *Ibid.*, p. 298.
[309] SAFI Mirna, *Les inégalités ethno-raciales*, Paris, La Découverte, 2013, p. 82.

problématiques, la protection de l'enfance peut aider à réfuter l'idée de création d'une *humanité de seconde zone*. L'adaptation des pratiques nécessite une prise en compte institutionnalisée des réalités du travail social et leur déconnexion d'une approche politique partisane pour se concentrer sur la nature des besoins et l'adéquation de leur satisfaction avec l'intérêt de l'enfant. Et pour lutter contre cette société du mépris dans laquelle bien malgré eux baigne une grande majorité des familles étrangères, rien ne peut être envisagé sur le long terme sans que l'intervention sociale repense ses objectifs afin que ceux-là mêmes qui sont censés les mettre en œuvre ne voient plus dans l'origine des familles les conditions systémiques du risque de danger pour l'enfant.

Conclusion

Au début de l'année 2015 est mis un terme provisoire à cette recherche. Dans le même temps, l'affirmation identitaire des principes de laïcité et la radicalisation violente à l'origine d'attentats sanglants viennent réinterroger la place de l'enfant et sa famille « étrangère » dans la société française. Dans ce contexte de tension extrême, deux dispositifs législatifs concernant la protection de l'enfance et l'étranger sont en gestation. Pour le premier, dans le cadre de l'élaboration du projet de loi « Famille », plusieurs rapports réinterrogent les apports de la loi du 5 mars 2007 réformant la protection de l'enfance et critiquent sa dimension globalement familialiste[310]. Le second annonce pour les étrangers une énième mutation de la sécurisation des parcours d'intégration et de gestion de l'immigration régulière et irrégulière qui sonnent comme une nouvelle réponse sécuritaire aux attentats de janvier et novembre 2015. La conséquence est la promulgation en mars 2016 de deux lois – relatives à la protection de l'enfant[311] et au droit des étrangers en France[312] – qui, chacune à leur manière, ouvrent d'autres perspectives à l'institutionnalisation des rapports des services de protection de l'enfance aux familles étrangères et à la conception *culuralisée* et surtout racialisée du risque de danger et de son traitement.

Comme nous l'avons abordé, l'image de la famille dernier bastion de la préservation de l'ordre moral autant que public et plus petite entité sur laquelle repose l'organisation globale de la société s'affirme plus comme réalité politique que sociale. Dans le champ de la protection de l'enfance, la famille n'a de sens qu'au travers du lien affectif et éducatif qui unit un ou des adultes à un ou plusieurs mineurs. En s'intéressant plus particulièrement aux mécanismes à l'œuvre chez les familles étrangères, il est apparu que la dimension nucléaire – le père, la mère, les enfants – n'avait aucune opérationnalité pour appréhender et traiter les processus à l'origine du risque de danger pour l'enfant. Pour approcher la réalité de fonctionnement des familles étrangères, nous avons préféré la notion de *sphère* qui n'établit aucune corrélation systémique entre le lien biologique et/ou juridique et celui éducatif. Car c'est dans cette sphère

---

[310] THÉRY Irène, Filiation, origines, parentalité ; ROSENCZVEIG Jean-Pierre, Nouveaux droits pour les enfants ; GOUTTENOIRE Adeline, Protection de l'enfance et adoption.
[311] Loi n°2016-297 du 14 mars 2016.
[312] Loi n°2016-274 du 7 mars 2016.

de socialisation de proximité que se produisent les interactions primaires à l'origine du risque de danger en même temps que sa résolution. Chaque membre, à sa manière, apporte sa pierre à la définition et à la satisfaction des besoins et de l'intérêt du mineur. Entité donc mouvante dans le temps et dans l'espace, la sphère familiale est productrice d'interactions à l'origine d'un système éducatif et normatif à chaque fois singulier qui fait sens et s'impose dans un contexte géographique et social donné, et ne peut donc s'appréhender de manière collective. En effet, impossible de comprendre les comportements éducatifs sans tenir compte des systèmes de valeurs qui régissent la sphère familiale, la communauté de proximité – les autres habitants de l'immeuble, du quartier et/ou ceux de même origine –, et sans considérer le rapport que chaque membre entretient avec les normes dominantes de la société d'accueil. Dans un cadre en constant mouvement, les perspectives ouvertes par les pouvoirs publics en matière de régularisation et de maintien sur le territoire national influent sur la stabilité des adultes et la sécurité de l'enfant en même temps que sur l'exercice des mesures d'aide et de soutien. La récente loi relative à la protection de l'enfant abandonne la dimension familialiste qui prévalait jusqu'alors pour se recentrer sur la satisfaction des besoins fondamentaux de l'enfant[313]. Comme pour l'étranger, se développe une conception de l'élaboration du cadre éducatif du mineur qui n'est plus limitée aux père et mère mais à l'entourage immédiat (extension de l'évaluation de l'information préoccupante à l'ensemble des membres de la famille en contact avec l'enfant, etc.) et une recherche élargie de solutions (transferts possibles de certaines prérogatives de l'autorité parentale à des tiers, création d'un « tiers digne de confiance administratif », etc.). Dans ce même mouvement, l'autorité parentale en tant qu'ensemble de droits et devoirs des responsables légaux de l'enfant laisse place à la notion plus large de « responsabilité éducative ». Ce qui peut être considéré comme une avancée législative pour les nationaux renforce en fait les aléas interprétatifs des comportements des étrangers et renvoie la responsabilité des dysfonctionnements aux individus plus qu'au système. Pour des familles étrangères structurellement précarisées et quotidiennement en proie aux logiques sécuritaires, la responsabilité

---

[313] Modification de l'article L.112-3 du CASF. Lire à ce sujet ROSENCSVEIG Jean-Pierre, « La loi n°2016-297 du 14 mars 2016 relative à la protection de l'enfant », *JDJ*, n°353, mars 2016.

éducative dans l'origine du *bien-faire* parental peut rapidement dériver vers la recherche d'un modèle de « bonnes pratiques » majoritairement soucieux d'ordre et de sécurité publics. Par l'élargissement aujourd'hui de la « responsabilité parentale » à la « responsabilité éducative », le cercle de ceux qui doivent rendre des comptes sur l'éducation d'un enfant s'élargit sensiblement sans que les professionnels ne soient dotés d'autres moyens et outils pour parfaire leur évaluation et leurs accompagnements.

Vient ensuite la notion de prévention de la notion de risque de danger pour l'enfant. Quand le législateur abandonne la stricte référence aux parents pour lui préférer celle de *sphère*, c'est davantage la question de l'évaluation qui est évoquée que celle de la réponse sociale. En effet, malgré l'ambition affichée, à aucun moment la loi relative à la protection de l'enfant de 2016 comme celle réformant la protection de l'enfance de 2007 n'abordent la question des moyens pour remédier aux difficultés sociales structurelles rencontrées par les familles. En définissant quatre seuils d'intervention, la loi relative à la protection de l'enfant réaffirme la nécessaire subsidiarité des mesures : aux « actions de prévention en faveur de l'enfant et de ses parents » succèdent « l'organisation du repérage et du traitement des situations de danger ou de risque pour l'enfant », puis « les décisions administratives » et pour finir celles « judiciaires prises pour sa protection »[314]. Mais *quid* de l'aide sociale et matérielle. Alors qu'au début des années 2000 le rapport Naves – Cathala désignait déjà la prévention comme le « parent pauvre » de la protection de l'enfance et la précarité des familles comme facteur prédominant de risque, en matière de prévention socio-éducative le dispositif issu de la loi de 2016 a une nouvelle fois du mal à dépasser le stade de la déclaration d'intention. Dans un contexte de baisse drastique des dépenses publiques et des dotations de l'État aux collectivités territoriales, les lignes budgétaires qui les premières font les frais d'une discussion à la baisse sont celles liées à l'hébergement des familles et à l'attribution des aides sociales. Les collectivités territoriales peuvent d'autant plus se le permettre que le minimum social auquel peut prétendre une famille pour élever son enfant dans des conditions qui ne génèrent pas

---

[314] ONPE, *Protection de l'enfant : les nouvelles dispositions issues de la loi n°2016-297 du 14 mars 2016 relative à la protection de l'enfant*, Note d'actualité, mars 2016, oned.gouv.fr.

une situation de risque ou de danger n'a jamais fait l'objet d'une définition formelle mais toujours d'une appréciation locale.

Sans réelle étude exhaustive de l'utilisation des aides extra-légales et en laissant les pouvoirs publics constituer des critères locaux d'attribution, le risque est grand de voir le référentiel sécurité s'imposer dans la conception opérationnelle territoriale des politiques sociales. Quand l'aide sociale abandonne le champ générique de la solidarité nationale pour celui individuel et méritocratique, elle poursuit d'avantage un objectif partisan d'ordre social que celui de satisfaire la réalité du besoin des individus. Largement soumis aux influences de l'opinion, le rapprochement des élus et du citoyen trouve aujourd'hui ses limites structurelles dans la définition du champ de la protection de l'enfance. Dans un contexte économique récessif, la dynamique préventive a tendance à se concevoir de manière sélective et restrictive : on n'est plus aidé et accompagné seulement parce que l'on est pauvre, mais parce que l'on se plie aux modalités d'évaluation de sa précarité et à la conditionnalité de l'aide. Depuis les attentats de 2015, le renforcement du contexte sécuritaire ne permet pas raisonnablement d'envisager une révision des modalités d'attribution de l'aide sociale en direction des étrangers. Au contraire, plus que jamais les politiques locales de prévention socio-éducative se heurtent aux frontières du statut et aux représentations ethnicisées ou racialisées de la question sociale et éducative.

Quid enfin de l'étranger en sa qualité de parent ? À l'altérité consécutive au statut se superpose une approche « culturalisée » de son mode de fonctionnement. En le faisant apparaître comme *régulier* ou *non-régulier*, *inclus*, *admis* ou *exclus*, notre ambition était de mettre en évidence la polysémie de l'étranger au regard de la question sociale et par extension éducative. Loin de l'unité réductrice dont il fait l'objet dans le discours politique, pour gagner en efficacité l'intervention socio-éducative a tout intérêt à se singulariser en fonction de la multiplicité des profils et à rendre acceptable et légitime son action dans la sphère publique et politique. La dernière loi relative à la protection de l'enfant a timidement rappelé l'universalisme de ce combat, notamment en supprimant la catégorie des Mineurs isolés étrangers (MIE) pour la remplacer par celle apparemment moins discriminante des « mineurs privés temporairement ou définitivement de la protection de sa famille ». Mais très vite cette appellation a été délaissée au profit du Mineur non accompagné (MNA) qui n'a en rien modifié la prise en charge très souvent différenciée dont fait l'objet le mineur étranger au regard du national. Pourtant également privé de l'accompagnement de sa famille, les réticences ou les refus manifestes des collectivités départementales à prendre en charge ces mineurs étrangers au même titre que les autres sous de fallacieux prétextes budgétaires[315] montrent l'existence d'une catégorisation ethnicisée et discriminatoire de la question éducative[316].

Dans le même temps, alors que la loi relative à la protection de l'enfant insiste sur la sécurisation des parcours et l'établissement systématique d'un véritable projet pour l'enfant, la loi relative au droit des étranger en France fait de la notion de parcours un vecteur incontournable du processus d'intégration des familles. Alors que le premier texte législatif place l'enfant au centre du dispositif de protection tout en prônant la cohérence de sa prise en charge, le second induit que l'accueil des étrangers est conditionné à des principes méritocratiques et des attendus normatifs. Pour l'étranger prétendant à l'installation sur le territoire français, il n'est plus question de construire un Contrat d'accueil et d'intégration (CAI), mais de s'engager dans un « parcours personnalisé d'intégration républicaine visant à favoriser son autonomie et son insertion dans la société française »[317]. En fait de sécurisation, l'étranger doit conclure avec l'État un Contrat d'intégration républicaine (CIR) qui le soumet à des impératifs et des obligations de résultat (formation linguistique, etc.). Une nouvelle fois, le contrat se résume à la construction d'un cadre contraint et contraignant qui renvoie l'étranger à son infériorité de statut et à la précarité structurelle de sa situation administrative et économique. La prise en compte de son extranéité prime alors sur la considération de sa place de pauvre ou de parent, justifiant par là-même et une nouvelle fois les processus coercitifs de normalisation. Par les mobilités que l'État sécuritaire impose aux étrangers notamment non-réguliers (expulsion des camps, contrôles à répétition,

---

[315] Les Actualités sociales hebdomadaires titrent d'ailleurs l'article explicitant la parution du décret : « Mineurs isolés étrangers : un décret fixe les modalités de répartition sur le territoire » [*ASH*, 27 juin 2016].

[316] Décret n°2016-840 du 24 juin 2016 pris en application de l'article L.221-2-2 du CASF relatif à l'accueil et aux conditions d'évaluation de la situation des mineurs privés temporairement ou définitivement de la protection de leur famille, JO du 26 juin 2016.

[317] La Cimade, *Les changements introduits par la loi du 7 mars 2016 relative au droit des étrangers en France*, Document de formation, mars 2016.

conduites en centre de rétention, etc.) et par l'absence de perspectives tangibles qu'ouvrent des politiques migratoires sans cesse plus restrictives, impossible pour les dispositifs de protection de mettre en place une réelle prévention des conduites parentales à risque. Toujours en mouvement, l'intervention socio-éducative doit prendre en compte dans ses pratiques que la quête de sécurité des parcours individuels ne passe pas forcément par la stabilité des familles, et que la notion de risque structurellement induite par le système n'appelle pas les mêmes réponses correctives que dans le cas d'une défaillance parentale consécutive à des dysfonctionnements individuels. De fait, s'il veut rester en phase avec la réalité du vécu des familles et qu'elles collaborent activement au suivi, le travail social et éducatif auprès des familles étrangères n'a pas d'autres choix que de se renouveler en permanence et d'inscrire ses référentiels strictement dans le traitement objectif du besoin.

En conclusion, les deux territoires héraultais étudiés mettent en évidence les enjeux systémiques d'une réponse socio-éducative aux défis posés par les familles structurellement précarisées, tant au niveau de la définition du risque et de son évaluation que de la satisfaction des besoins sociaux et de l'intérêt de l'enfant. Pour des étrangers qui ne cessent d'osciller entre injonction à être et impossibilité à avoir, au quotidien les travailleurs sociaux n'ont pas d'autre choix que de constituer des pratiques singulières qui préservent à la fois le désir de non-visibilité des familles et celui d'invisibilité de l'institution qui les emploie. Contrairement à l'intervention socio-éducative en direction des nationaux, l'appréhension de la notion de risque et son traitement ne seront avec l'étranger que des adaptations locales à des réalités particulières de fonctionnement éducatif imposées par le contexte d'évolution des familles plus que par leur inadaptation aux normes dominantes du *bien-faire* éducatif. Vouloir calquer une grille référentielle identique des pratiques en direction des familles conjoncturellement ou structurellement précarisées, incluses ou exclues de l'accès aux dispositifs de droit commun, membres de la « communauté nationale » ou racialisées dans ses fonctionnements, c'est aller au-devant d'incompréhensions et de tensions qui interdiront toute approche préventive des problématiques familiales. Par contre, adapter l'action des pouvoirs publics à la réalité de la situation sociale et éducative reviendra à assumer le poids politique de la dimension universaliste de la protection de l'enfance sans la garantie d'une adhésion de l'opinion publique. C'est dans la prise en compte de cette dialectique que s'amorce le règlement de la question socio-éducative posée par les familles étrangères.

Bibliographie

AMAOUCHE Malika *et al.*, « Pour une approche matérialiste de la question raciale. Une réponse aux Indigènes de la République », *Vacarme*, 2015/3 (n°72), pp. 170-197.

ANESM, *Recommandation de bonnes pratiques professionnelles. Le partage d'informations à caractère secret*, Décembre 2010.

ARENDT Hannah, *Les origines du totalitarisme. Tome 3, Le système totalitaire*, Paris, Éditons du Seuil, 1972.

BANCEL Nicolas, BLANCHARD Pascal, BOUBEKER Ahmed, *Le grand repli*, Paris, La Découverte, 2015.

BEAUD Stéphane, CONFAVREUX Joseph, LINDGAARD Jade, *La France invisible*, Paris, La Découverte, 2008 [2006].

BECK Ulrich, *La société du risque. Sur la voie d'une autre modernité*, Paris, Champs, 2008.

BECKER Howard S., *Outsiders. Etudes de sociologie de la déviance*, Paris, Métailié, 1985.

BIANCO Jean-Louis, LAMY Pascal, *L'aide à l'enfance demain : contribution à une politique de réduction des inégalités*, Paris, La Documentation Française, 1980.

BLANC-CHALEARD Marie-Claude, *Histoire de l'immigration*, Paris, La Découverte, 2001.

BODIN Romuald, *Les métamorphoses du contrôle social*, Paris, La Dispute, 2012.

BONELLI Laurent, « Un ennemi anonyme et sans visage », *Cultures & conflits*, 58, 2005, p. 101-129.

BOUCHER Manuel, « Le travail social face aux familles populaires : la "nébuleuse" de la parentalité en question », *Pensée plurielle*, 2012/1 n°29, pp. 75-98.

BOUCHER Manuel (dir.), *Penser les questions sociales et culturelles contemporaines : quels enjeux pour l'intervention sociale ?*, Paris, L'Harmattan, 2010.

BOUCHEREAU Xavier, *Les non-dits du travail social. Pratiques, polémiques, éthique*, Toulouse, Erès, 2012.

BOUQUET Brigitte, *La prévention : concept, politiques, pratiques en débat*, Paris, L'Harmattan, 2005.

BOURDELAIS Patrice, FASSIN Didier., *Les constructions de l'intolérable*, Paris, la Découverte, 2005.

BOURDIEU Pierre, *La distinction. Critique sociale du jugement*, Paris, Les Éditions de Minuit, 1979.

BOUTANQUOI Michel, MINARY Jean-Pierre, *L'évaluation des pratiques dans le champ de la protection de l'enfance*, L'Harmattan, Paris, 2008.

BRECHON Pierre, GALAND Olivier, *L'individualisation des valeurs*, Paris, Armand Colin, 2010.

CALON Michel, LASCOUMES Pierre, BARTHE Yannick, *Agir dans un monde incertain. Essai sur la démocratie technique*, Paris, Seuil, 2001.

CASTEL Robert, « Du travail social à la gestion sociale du non-travail », *Esprit*, n°3-4 mars/avril, avril 1998, pp. 28-47.

CASTEL Robert, *Les métamorphoses de la question sociale*, Paris, Gallimard, 1995.

CHÂTEL Viviane, *L'inexistence sociale. Essais sur le déni de l'Autre*, Fribourg, Academic Press Fribourg/Saint Paul éditions, 2007.

CHELLE Elisa, *Gouverner les pauvres. Politiques sociales et administration du mérite*, Rennes, PUR, 2012.

CICOUREL Aaron V., *The Social organization of Juvenil Justice*, Transaction Publishers (1549), 1995.

Cimade, *Les changements introduits par la loi du 7 mars 2016 relative au droit des étrangers en France*, Document de formation, mars 2016.

CLARIANA Lionel, « Protection de l'enfance et familles étrangères : les concepts de désaffiliation sociale et de disqualification parentale à l'épreuve de l'extranéité », *Sciences et actions sociales* [en ligne], N°7 | 2017, mis en ligne le 15 avril 2017.

CLARIANA Lionel, « Le risque de danger à l'épreuve de la "question musulmane" », *Le Sociographe*, n°58, 2017, pp. 25-35.

CLARIANA Lionel, « Protection de l'enfance et familles étrangères non--régulières : une précarité sociale structurellement entretenue ? », *Sciences et action sociale* [en ligne], n°3 | 2016, mis en ligne le 29 janvier 2016.

Conférence des ministres européens chargés des Affaires familiales de Lisbonne, *La parentalité positive dans l'Europe contemporaine*, « Evolution de la parentalité : enfants aujourd'hui, Parents demain », XXVIIIème session, 16-17 mai 2006.

Conseil de l'Europe, *Les idées-forces. Construire une Europe pour et avec les enfants*, Conférence de lancement, Monaco, 4-5 avril 2006.

Cour des Comptes, *La protection de l'enfance*, Rapport public thématique, octobre 2009.

CUCHE Denys, *La notion de culture dans les sciences sociales*, Paris, La Découverte, 2010.

DAADOUCH Christophe, « Etre parent étranger en France, de quel droit ? », in *Rhizome*, Bulletin national santé mentale et précarité, *De l'exil à la précarité contemporaine, difficile parentalité*, n°37, décembre 2009.

DAUPHIN Sandrine, « Les pratiques éducatives, la société et l'Etat : bref historique », *Informations sociales*, 2009/4, n°194, pp. 8-11.

DERVILLE Grégory, « Le système territorialisé de protection de l'enfance : enjeux et difficultés de la mise en œuvre de la réforme du 5 mars 2007 », *Informations sociales*, 2010/6 n°162, pp. 122-129.

DE ROBERTIS Cristina (dir.), *Le contrat en travail social*, Paris, Bayard éditions, 1993.

DE SINGLY François (dir.), *Enfants – adultes, vers une égalité de statut ?*, Paris, Universalis, 2004.

DGCS, *Protection maternelle et infantile, Soutien à la fonction parentale, protection de l'enfance et modes d'accueil*, 2016.

DI Charles, MORO Marie-Rose, « La protection de l'enfance. Entre offre institutionnelle et la demande des familles en situation migratoire », *Le Journal des psychologues*, 2008/3, n°256, pp. 50-54.

DJAOUI Elian, « Intervention au domicile : gestion sociale de l'intime », *Dialogue*, 2011/2 n°192, pp. 7-18.

DJAOUI Élian, « Travailler avec l'intimité des familles. Tensions et paradoxes », *Informations sociales,* 2006/5, n°133, pp. 20-29.

DOMENACH Jean-Marie, GIROS Patrick, LAFONT Hubert, MEYER Philippe, THIBAUD Paul, VIRILIO Paul, « Le travail social, c'est le corps social en travail », *Esprit*, n°4-5, avril-mai 1972, p. 236-253.

DONZELOT Jacques, *La police des familles*, Paris, Minuit, 2005 [1977].

DUBET François (dir.), *Inégalités et justice sociale*, Paris, La Découverte, 2014.

DUPONT-FAUVILLE Antoine, *Pour une réforme de l'Aide sociale à l'enfance. Texte du rapport Dupont-Fauville et documents*, Paris, Editions ESF, 1973.

DURKHEIM Emile, *Education et sociologie*, Paris, PUF, 2009 [1922].

ELIAS Norbert, SCOTSON John L., *Logiques de l'exclusion*, Paris, Fayard, 1997.

FASSIN Didier (dir.), *Les nouvelles frontières de la société française*, Paris, La Découverte, 2010.
FOUCAULT Michel, *Surveiller et punir*, Paris, Gallimard, 1975.
FOURNIER Lydie, « Une gestion publique entre rupture et rhétorique », *L'Homme et la société*, 2009/4, n°174, pp. 41-62.
GARCIA Sandrine, *Mères sous influence. De la cause des femmes à la cause des enfants*, Paris, La Découverte, 2011.
GAVARINI Laurence, « l'enfant abusé, nouvelle figure de l'enfance en danger », *Mouvements*, 2002/4 n°23, pp. 136-144.
GOFFMAN Ervin, *Stigmate*, Paris, Éditions de Minuit, 1975.
GOFFMAN Erving, *Asiles. Etudes sur la condition sociale des malades mentaux et autres reclus*, Paris, Éditions de Minuit, 1979 [1961].
HAJJAT Abdelalli, MOHAMED Marwan, *Islamophobie, comment les élites françaises fabriquent le problème musulman*, Paris, La Découverte, 2013.
HONNETH Axel, *La lutte pour la reconnaissance*, Paris, Gallimard, 2013 [2000].
HONNETH Axel, *La société du mépris*, Paris, La Découverte, 2008.
HUNTINGTON Samuel P., *Le choc des civilisations*, Paris, Odile Jacob, 2000.
IGAS, *Contrôle du service d'aide sociale à l'enfance de l'Hérault*, RM2012-061P, juin 2012.
INSERM, *Troubles de conduites des enfants et des adolescents*, Paris, Éditions de l'Inserm, 2005.
JAY GOULD Stephen, *La mal mesure de l'homme*, Paris, Odile Jacob, 1997.
KAHN Pierre, « La laïcité est-elle une valeur ? », *Spirale. Revue de la recherche en éducation*, 2007, n°39, pp. 29-37.
KARSZ Saül, *Pourquoi le travail social ? Définition, figures, clinique*, 2ème édition, Paris, Dunod, 2011.
KARSZ Saül, « Le social à l'épreuve du néolibéralisme », *Les Cahiers de la recherche sur le travail social*, n°14/88, Université de Caen/Centre de recherche sur le travail social.
KELLERHALLS Jean, MONTANDON Cléopâtre, *Les stratégies éducatives des familles*, Lausanne, Delachaux et Niestlé, 1991.
KHOSROKHAVAR Farhad, *Radicalisation*, Paris, Editions MSH, 2014.
LAGRANGE Hugues, *Le déni des cultures*, Paris, Seuil, 2010.
LAFORE Robert, « Les mutations institutionnelles de la protection de l'enfance : sens et portée », *Les Cahiers Dynamiques*, 2010/4 n°49, pp. 16-26.

LE BLANC Guillaume, *L'invisibilité sociale*, Paris, PUF, 2009.

LENOIR Rémi, « Contrôle (du) social. La construction d'une notion et ses enjeux », *Informations sociales*, 2005/6, n°126, pp. 6-15.

MARTINELLIO Marco, *Penser l'ethnicité*, Liège, Presses Universitaires de Liège, 2013.

Ministère de l'Emploi et de la Solidarité, Comité de pilotage de « L'opération pouponnière », *L'enfant en pouponnière et ses parents, conditions et propositions pour une étape constructive*, Paris, La Documentation française, 1997.

Ministère de la Santé et des Solidarités, *La cellule départementale de recueil, de traitement et d'évaluation*, Guide pratique, protection de l'enfance, 2008.

MISSAOUI Lamia, *Gitans et santé de Barcelone à Turin*, Canet, Libres del Trabucaïre, 1999.

MUCCHIELLI Laurent (dir.), *La frénésie sécuritaire. Retour à l'ordre et nouveau contrôle social*, Paris, La Découverte, 2008.

NOGRIX Philippe, *Rapport du groupe de travail "l'amélioration de la procédure de signalement de l'enfance en danger"*, avril 2005.

NOIRIEL Gérard, *État, nation et immigration, vers une histoire du pouvoir*, Paris, Belin, 2001.

ODAS, Rapport, *La place des parents*, juin 2010.

ODAS (Les cahiers de l'), *Protection de l'enfance : observer, évaluer pour mieux adapter nos réponses*, avril 2005, http://odas.net/Politiques-de-soutien-a-l-enfance.

OGIEN, Albert, *Sociologie de la déviance*, Paris, PUF, 2012.

OMS et International Society for Prevention of Child Abuse and Neglect, 2006, *Guide sur la prévention de la maltraitance des enfants : intervenir et produire des données*, http://apps.who.int/iris/bitstream/10665/43686/1/9789242594362_fre.pdf.

ONPE, *Protection de l'enfant : les nouvelles dispositions issues de la loi n°2016-297 du 14 mars 2016 relative à la protection de l'enfant*, Note d'actualité, mars 2016, oned.gouv.fr.

PARAZELLI M., « L'expérience de la prévention précoce au Québec », 2012, www.pasde0deconduite.org.

PAUGAM Serge, *L'intégration inégale*, Paris, PUF, 2014.

PAUGAM Serge, *Le lien social*, Paris, PUF, 2008.

PAUGAM Serge, *La disqualification sociale*, 8ème édition, Paris, PUF, 1991.

PERETTI-WATEL Patrick, *La société du risque*, Paris, La Découverte, 2010.

POUTIGNAT Philippe, STREIFF-FENART Jocelyne, *Théories de l'ethnicité*, Paris, PUF, 1995.

RAPOPORT Danièle, *La bientraitance envers l'enfant*, Paris, Belin, 2006.

RAWLS John, *Justice et démocratie*, Seuil, Paris, 1998 [1993].

REA Andréa, TRIPIER Maryse, *Sociologie de l'immigration*, Paris, La Découverte, 2008.

RENOUX Marie-Cécile, *Réussir la protection de l'enfance avec les familles en précarité*, Editions Quart-Monde, Paris, 2008.

ROSENCSVEIG Jean-Pierre, « La loi n°2016-297 du 14 mars 2016 relative à la protection de l'enfant », *JDJ*, n°353, mars 2016, pp. 25-27.

RURKA Anna, *L'efficacité de l'Action éducative d'Aide à domicile*, Paris, L'Harmattan, 2008.

SAFI Mirna, *Les inégalités ethno-raciales*, Paris, La Découverte, 2013.

SAINATI Gilles, SCHLALCHLI Ulrich, *La décadence sécuritaire*, Paris, Édition La Fabrique, 2007.

SANCHEZ Jean-Louis (dir.), *La place des parents dans la protection de l'enfance. Contribution à une meilleure adéquation entre les pratiques et le droit*, Les Cahiers de l'ODAS, ODAS, juin 2010.

SAYAD Abdelmalek, "Les trois âges de l'émigration algérienne en France », *Actes de la recherche en sciences sociales*, n°15, 1977, p. 59-79.

SCHULTHEIS Franz, FRAUENFELDER Arnaud, DELAY Christophe, *Maltraitance. Contribution à une sociologie de l'intolérable*, Paris, L'Harmattan, 2007.

SEN Amartya, *Repenser l'inégalité*, Paris, Le Seuil, 2000.

SERRE Delphine, « Les assistantes sociales face à leur mandat de surveillance des familles. Des professionnelles divisées », *Déviance et Société*, 2010/2 Vol. 34, pp. 149-162.

SERRE Delphine, *Les coulisses de l'Etat social. Enquêtes sur les signalements d'enfant en danger*, Paris, Raison d'agir, 2009.

SIMMEL Georg, *Sociologie. Etudes sur les formes de la socialisation*, Paris, PUF, 2010 [1908].

STOKES Jacqueline, SCHMIDT Glen, "Race, Poverty and Child Protection : Decision Making", *British Journal of Social Work* (2011) 41, 1105-1121.

TERSIGNI Simona, « Prendre le foulard : les logiques antagoniques de la revendication », *Mouvements*, 2003/5, n°30, p.116-122.

THOMAS Carole, « Interdiction du voile à l'école : pratiques journalistiques et légitimation d'une solution législative à la française », *Politique et Sociétés*, vol. 27, n°2, 2008, p.41-71.

VERDIER Pierre, « Morale, éthique, déontologie et droit », *Les Cahiers de l'Actif*, n°276/277, 2010, pp. 17-29.

WACQUANT Loïc, *Les prisons de la misère*, Paris, Raisons d'Agir, 1999.

WEBER Max, *Le savant et le politique*, Paris, Poche, 2002.

WHITOL DE WENDEN Catherine, *L'immigration*, Paris, Éditions Eyrolles, 2017.

WORMS Jean-Pierre, « le capital social associatif en France hier et aujourd'hui », *La Tribune fonda*, n°176, décembre 2005, pp. 5-30.

Table des matières

INTRODUCTION 9

1ÈRE PARTIE
DU RISQUE DE DANGER À LA NORMALISATION
DES COMPORTEMENTS

**La construction socio-politique du risque de danger
en protection de l'enfance** 21

    Notion de risque et logique de prévention 23

    L'information préoccupante à l'épreuve de la parentalité et du
    contrôle social 34

**Construction de la notion de risque de danger : enjeux et réalités
de l'évaluation socio-éducative** 49

    Les objectifs de l'évaluation socio-éducative 50

    Risque et danger dans les quartiers du Faubourg – Centre-ville à
    Béziers et du Petit-Bard – La Pergola à Montpellier 63

    La part des représentations dans l'évaluation
    du risque et du danger 71

**« Culturalisation » et « communautarisation »
du risque socio-éducatif** 95

    Sociologie de l'étranger en protection de l'enfance 96

    Une conception « culturalisée » de la violence intrafamiliale 106

    La communauté : réalité effective ou construction cognitive ? 114

    La question du religieux à l'épreuve de l'évaluation du risque ... 123

2ᵉᵐᵉ PARTIE
ENJEUX SOCIAUX ET ÉDUCATIFS DE L'INSTITUTIONNALISATION DE L'ACTION PUBLIQUE

Pouvoirs publics locaux et influence du référentiel « sécurité » 137

    L'accès discriminé à la sécurisation du parcours de vie 138

    Populations étrangères et sentiment d'insécurité 145

    L'exercice discriminant du pouvoir discrétionnaire préfectoral .. 151

**L'hébergement des familles étrangères :
une question politiquement sensible 160**

    L'âge de l'enfant : une variable dans l'appréciation
    du risque de danger 160

    Itinéraire d'une alternative avortée : le « projet caravanes »........ 167

**L'aide financière « aide sociale à l'enfance » :
entre satisfaction du besoin et considérations institutionnelles.. 174**

    Cadres législatif et réglementaire 174

    La question des « ressources suffisantes »
    et ses conséquences socio-politiques.. 176

    Entre satisfaction du besoin et intérêt politique : le combat d'un
    Collectif de sans-papiers 180

    L'opérationnalité de l'attribution 186

**Les familles étrangères :
entre invisibilisation structurelle et besoin de reconnaissance... 190**

    Extranéité : entre désaffiliation, disqualification et inexistence
    sociale 191

    Pour quel processus de reconnaissance ? 211

CONCLUSION 225

BIBLIOGRAPHIE 235

Sociologie et questions de société aux éditions L'Harmattan

Dernières parutions

BIO : OÙ EN SOMMES-NOUS ?
Santé - éthique - environnement
Blériot Céline - Préface de Marie-Monique Robin
L'auteur mène l'enquête sur les bienfaits réels du bio. Elle a commencé par étudier l'évolution du monde agricole et de nos assiettes avec l'arrivée de la mécanisation et de la chimie. Observant d'importants dangers sanitaires et environnementaux, elle a découvert un label AB pour deux bios aux concepts quelque peu… différents. Elle a cherché à savoir pourquoi ces bios étant meilleurs à de nombreux points de vue, ils ne remplacent toujours pas l'agriculture dite conventionnelle. Après analyse de nos comportements et de notre société de consommation, elle met en lumière un jeu d'acteurs aux intérêts divergents voire très préoccupants, fort révélateur d'une cohabitation entre le développement et le durable.
(Coll. Perspectives organisationnelles, 19.00 euros, 178 p.)
ISBN : 978-2-343-12259-5, ISBN EBOOK : 978-2-14-004196-9

UN MODÈLE FRANÇAIS NOUVEAU ?
Charlin Jacques
Des paramètres nouveaux, scientifiques, sociétaux, économiques et écologiques ont vu le jour au tournant du millénaire et sont de plus en plus présents. Ils devraient nourrir la réflexion politique sur le temps long. Ce travail est-il fait ? À quoi pourrait ressembler notre pays dans son organisation sociale au milieu du siècle ? Cet ouvrage ouvre quelques pistes de réflexion sur l'organisation sociétale nouvelle qu'il faut tenter d'imaginer.
(Coll. Questions contemporaines, 24.00 euros, 236 p.)
ISBN : 978-2-343-12267-0, ISBN EBOOK : 978-2-14-004364-2

SÉCURITÉ INTÉRIEURE : Enjeux et perspectives
Durand Franck - Sous la direction de Franck Durand
Deux disciplines sont apparues de façon concomitante à la fin du dix-neuvième siècle : la psychanalyse et la criminologie, qui toutes deux s'efforcent d'expliquer le comportement criminel afin de le prévenir. Puis, passant du niveau individuel au niveau collectif, la réflexion porte sur les risques sociaux et sociétaux constituant de nouvelles menaces contemporaines, questionnant l'origine et les formes de la violence. Face à celles-ci, les pouvoirs publics s'emploient à développer une politique de prévention de la délinquance.
(Coll. Droit de la sécurité et de la défense, 19.00 euros, 180 p.)
ISBN : 978-2-343-12253-3, ISBN EBOOK : 978-2-14-004142-6

LE POLITIQUE PAR L'IMAGE
Iconographie politique et sciences sociales
Sous la direction de Christine Pina et Éric Savarese
Qu'est-ce que les images peuvent nous apprendre sur le politique ? Tandis qu'historiens, sociologues et anthropologues considèrent depuis longtemps les documents iconographiques

comme de véritables matériaux empiriques, il n'existe pas de véritable « tradition » d'analyse de l'image en science politique. Cet ouvrage collectif constitue ainsi une invitation à investiguer le politique à partir des images. Car les tracts, les affiches ou les photographies constituent des traces de la diversité des pratiques et des représentations du politique, mais également des supports utilisables pour réaliser des entretiens de recherche.
(Coll. Logiques politiques, 30.00 euros, 300 p.)
ISBN : 978-2-343-12509-1, ISBN EBOOK : 978-2-14-004103-7

JEUX ET CULTURE DE LA RENAISSANCE
L'album d'estampes de Nicolas Prévost
Parlebas Pierre
Les 36 Figures de Nicolas Prévost mettent en scène les pratiques ludiques du XVIe siècle telles qu'elles se déployaient dans leur milieu habituel. On observe l'importance accordée au corps, le degré de violence accepté, le rôle non négligeable de la participation féminine, le niveau technologique des instruments utilisés, le rapport aux animaux. Mettant en spectacle le phénomène éminemment social du jeu, ces images vivantes soulignent comment la Renaissance vit une période de transformation qui affecte notamment les rapports avec le monde matériel et les rapports entre les personnes.
(Coll. Mouvements des Savoirs, 18.50 euros, 162 p.)
ISBN : 978-2-343-12513-8, ISBN EBOOK : 978-2-14-004184-6

LE DROIT DE NE PAS AIMER
Le droit de ne pas aimer : les racines du sextrémisme
Junker Ida
Que serait la femme sans amour ? Romans, films, médias... L'amour est inculqué aux fillettes dès leur plus jeune âge, et conditionne leurs comportements jusqu'à devenir une forme d'aliénation : une «burqa transparente» (selon Belinda Cannone). Là où elle est censée incarner la douceur, la maternité ou la séduction, une femme qui décide d'en finir avec cette surenchère affective doit se montrer suffisamment forte pour résister au discours culpabilisant. Le «sextrémisme» proclamé par les Femen apparaît alors comme un moyen de transcender la condition féminine.
(Coll. Sexualité humaine, 14.00 euros, 120 p.)
ISBN : 978-2-343-10649-6, ISBN EBOOK : 978-2-14-004354-3

LE TRAVAIL, ENTRE PUBLIC, PRIVÉ ET INTIME
Comparaisons et enjeux internationaux du *care*
Coordonné par Aurélie Damamme, Helena Hirata et Pascale Molinier
De quoi la crise du care est-elle le nom ? De la crise des solidarités familiales ? De celle de l'État-providence ou encore du travail gratuit des femmes ? La perspective du *care* déplace les frontières entre le privé et le public, l'intime et le politique, la théorie et l'empirie. Cet ouvrage restitue l'effervescence actuelle des recherches sur le care. Il propose un regard pluriel, à partir d'enquêtes empiriques, sur le travail du *care* au Japon, au Brésil, en France, aux États-Unis, en Colombie, au Liban et en Argentine.
(Coll. Logiques sociales, 25.50 euros, 254 p.)
ISBN : 978-2-343-11672-3, ISBN EBOOK : 978-2-14-004336-9

LA LAÏCITÉ À L'ÉPREUVE DES IDENTITÉS
Enjeux professionnels et pédagogiques dans le champ éducatif et social
Sous la direction de Manuel Boucher
Dans un contexte de remise en cause de la laïcité de la part d'anti-mouvements culturels et politico-religieux, les éducateurs et pédagogues sont questionnés : doivent-ils réaffirmer la laïcité associée au modèle d'intégration républicain ou bien le réinventer en fonction de nouvelles réalités sociodémographiques et politiques ? Cet ouvrage tente de développer les capacités de réflexion et d'action des professionnels du champ social et éducatif, acteurs clés de l'émancipation laïque.
(Coll. Recherche et transformation sociale, 25.50 euros, 242 p.)
ISBN : 978-2-343-12641-8, ISBN EBOOK : 978-2-14-004282-9

LAÏCITÉ, ÉMANCIPATION ET TRAVAIL SOCIAL
Sous la direction de Guylain Chevrier
La laïcité, indissociable d'une liberté intime, se construit toujours dans un cadre collectif. Cette liberté, aucun professionnel de l'action éducative et sociale ne peut se dispenser de la penser. Peut-on grandir, évoluer et s'émanciper sans que soit garantie la liberté de conscience ? Sur cette question, l'ambition de cet ouvrage est double : convoquer la réflexion au sujet de la laïcité comme principe émancipateur, et fournir des outils à tout professionnel ou cadre du travail social désireux de penser sa pratique.
(Coll. Les Ecrits de BUC Ressources, 28.00 euros, 270 p.)
ISBN : 978-2-343-12358-5, ISBN EBOOK : 978-2-14-004107-5

VIEILLISSEMENT, VULNÉRABILITÉ ET ANIMATION SOCIALE
Sous la direction de Nicolas Combalbert et Sophie Rothé
Cet ouvrage collectif s'adresse principalement aux travailleurs sociaux, notamment aux animateurs sociaux et socioculturels, qui évoluent auprès de personnes âgées. Il traite du vieillissement normal et pathologique et plus particulièrement des personnes âgées en situation de perte d'autonomie ou de dépendance. Il vise à aider les acteurs de terrain, à ajuster leurs posture et pratique professionnelles, à interroger les limites de leur action dans un cadre institutionnel.
(Coll. Logiques sociales, 27.50 euros, 272 p.)
ISBN : 978-2-343-12561-9, ISBN EBOOK : 978-2-14-004214-0

POLITIQUES DE LA VIE
La Nature au prisme du social
Seguin Thomas
La définition de la nature de la vie, ainsi que de sa physionomie, est, en quelque sorte, l'objet même du politique et de sa décision. Si une société sait comprendre et respecter la vie en elle-même, elle saura établir un rapport compréhensif et équilibré avec les entités naturelles. La vie prise ainsi dans sa saisie intégrale induit l'élaboration d'une physique sociale qui pense les conditions de l'harmonie sociale ainsi que celles d'une société vivante.
(Coll. Logiques sociales, 22.50 euros, 222 p.)
ISBN : 978-2-343-11728-7, ISBN EBOOK : 978-2-14-004083-2

EMMANUEL MACRON... ET LES AUTRES
Les gagnants et les perdants d'une élection imprévisible
Saison 2
Pierrat Ghyslaine
Cet essai décrypte les figures politiques contemporaines au prisme de leur enfance : leurs atouts, leurs handicaps, et dévoile leurs secrets. Macron, Hulot, Juppé, Baroin, Bayrou, Hollande, Sarkozy, Hamon, Mélenchon, NKM, Fillon, Le Pen, Hidalgo, Valls, Le Maire, Taubira et tant d'autres, tous vous captiveront ! L'auteur prend également position sur la fonction modernisée du président, sa nouvelle présidentialité, le statut nécessaire de la Première dame de France. Elle conceptualise la notion de double médiatique et alerte sur ses dangers. Elle transmet aussi les valeurs à sauvegarder.
(22.00 euros, 350 p.)
ISBN : 978-2-343-12468-1, ISBN EBOOK : 978-2-14-004031-3

2016
Un, deux, trois, votez !
Leconte Jean-Pierre - Emef - Jipéhel
Une nouvelle fois, « La Plume » et « Le Crayon » ont décidé de se réunir pour commenter à leur façon, avec humour et une parfaite mauvaise foi, l'actualité politique de la France et du monde de l'année 2016, une année avant tout électorale. Entre les régionales, cantonales, européennes, les primaires de la droite, le référendum en Grande-Bretagne, les présidentielles aux États-Unis... il y avait du grain à moudre (multiples illustrations en couleur).
(31.00 euros, 278 p)
ISBN : 978-2-343-11325-8, ISBN EBOOK : 978-2-14-004024-5

À QUI LE POUVOIR ?
Ouvrage collectif sous la direction de Claude De Vos – Hommage à Jean-William Lapierre
La question de l'État est plus que jamais d'actualité. Les anciennes sociétés colonisées ont le plus grand mal à fonder des États stables et aptes à résister aux tensions et déchirements que suscitent leurs divisions ethniques, linguistiques ou religieuses. Les États constitués se trouvent quant à eux confrontés à la globalisation qui conduit à l'homogénéisation des modes de penser. Alors, dans l'état de crise économique, sociale et morale dans lequel vit aujourd'hui une grande partie de l'humanité, la politique et la démocratie ont-elles encore un avenir ?
(Coll. Des Hauts et Débats, 31.00 euros, 304 p.)
ISBN : 978-2-343-11950-2, ISBN EBOOK : 978-2-14-003878-5

LES AFFRES DE LA PHILANTHROPIE
Essai sur l'imaginaire, la dignité et la bêtise dans le monde globalisé
Nke Fridolin
Voici une exégèse critique du vécu historique nègre présentée à travers deux entrées privilégiées : l'humanitaire et la pitié. Tels sont les fondamentaux de l'humanisme abstrait contemporain, qui consiste à mystifier les autres acteurs de la scène internationale, en les asservissant par le recours à la force, en aveuglant leur intelligence. Le bilan humain est fort éloquent, ainsi qu'en témoignent les massacres perpétrés en Irak, en Côte d'Ivoire, en Libye, en Syrie...
(Coll. Émergences africaines, 22.50 euros, 224 p.)
ISBN : 978-2-343-12242-7, ISBN EBOOK : 978-2-14-003956-0

HISTOIRE ET CRITIQUE DU SYSTÈME CAPITALISTE-REPRÉSENTATIF
(Volume 1) Contre le capitalisme représentatif, la démocratie directe salariale
Toulouse Jean-Michel
Cet ouvrage, présenté en deux volumes, a pour ambition de montrer que les formes représentatives de la vie politique n'épuisent pas la capacité démocratique des peuples et que ceux-ci peuvent mettre en œuvre une démocratie citoyenne directe. Ce premier volume comprend une partie historique qui présente un certain nombre d'expériences vécues (de la démocratie athénienne des Ve et IVe siècles avant J.-C. jusqu'à la Commune de Paris de 1871), et une partie juridique qui expose les fondements du droit constitutionnel classique.
(Coll. Questions contemporaines, 39.00 euros, 414 p.)
ISBN : 978-2-343-11888-8, ISBN EBOOK : 978-2-14-003969-0

DÉMOCRATIE DIRECTE CITOYENNE : VERS UN NOUVEAU PARADIGME ?
(Volume 2) Contre le capitalisme représentatif, la démocratie directe salariale
Toulouse Jean-Michel
Ce second volume traite de la théorie générale de l'État, et sa critique « marxienne », des partis politiques, ces « enfants illégitimes » du système représentatif et du suffrage universel, et de la démocratie directe qu'il faut distinguer de la démocratie « participative », dernier avatar du dessaisissement des peuples. Enfin, il aborde la question de l'entreprise, dernier refuge de la monarchie aristocratique, et des Conseils, instruments politiques de la démocratie directe.
(Coll. Questions contemporaines, 39.00 euros, 416 p.)
ISBN : 978-2-343-11924-3, ISBN EBOOK : 978-2-14-004037-5

Structures éditoriales du groupe L'Harmattan

L'Harmattan Italie
Via degli Artisti, 15
10124 Torino
harmattan.italia@gmail.com

L'Harmattan Hongrie
Kossuth l. u. 14-16.
1053 Budapest
harmattan@harmattan.hu

L'Harmattan Sénégal
10 VDN en face Mermoz
BP 45034 Dakar-Fann
senharmattan@gmail.com

L'Harmattan Mali
Sirakoro-Meguetana V31
Bamako
syllaka@yahoo.fr

L'Harmattan Cameroun
TSINGA/FECAFOOT
BP 11486 Yaoundé
inkoukam@gmail.com

L'Harmattan Togo
Djidjole – Lomé
Maison Amela
face EPP BATOME
ddamela@aol.com

L'Harmattan Burkina Faso
Achille Somé – tengnule@hotmail.fr

L'Harmattan Côte d'Ivoire
Résidence Karl – Cité des Arts
Abidjan-Cocody
03 BP 1588 Abidjan
espace_harmattan.ci@hotmail.fr

L'Harmattan Guinée
Almamya, rue KA 028 OKB Agency
BP 3470 Conakry
harmattanguinee@yahoo.fr

L'Harmattan Algérie
22, rue Moulay-Mohamed
31000 Oran
info2@harmattan-algerie.com

L'Harmattan RDC
185, avenue Nyangwe
Commune de Lingwala – Kinshasa
matangilamusadila@yahoo.fr

L'Harmattan Maroc
5, rue Ferrane-Kouicha, Talaâ-Elkbira
Chrableyine, Fès-Médine
30000 Fès
harmattan.maroc@gmail.com

L'Harmattan Congo
67, boulevard Denis-Sassou-N'Guesso
BP 2874 Brazzaville
harmattan.congo@yahoo.fr

Nos librairies en France

Librairie internationale
16, rue des Écoles – 75005 Paris
librairie.internationale@harmattan.fr
01 40 46 79 11
www.librairieharmattan.com

Lib. sciences humaines & histoire
21, rue des Écoles – 75005 Paris
librairie.sh@harmattan.fr
01 46 34 13 71
www.librairieharmattansh.com

Librairie l'Espace Harmattan
21 bis, rue des Écoles – 75005 Paris
librairie.espace@harmattan.fr
01 43 29 49 42

Lib. Méditerranée & Moyen-Orient
7, rue des Carmes – 75005 Paris
librairie.mediterranee@harmattan.fr
01 43 29 71 15

Librairie Le Lucernaire
53, rue Notre-Dame-des-Champs – 75006 Paris
librairie@lucernaire.fr
01 42 22 67 13